二十世纪世界史

ERSHI SHIJI SHIJIE SHI

王红生 著

图书在版编目(CIP)数据

二十世纪世界史/王红生著.—北京:北京大学出版社,2009.8
ISBN 978-7-301-15591-2

Ⅰ.二…　Ⅱ.王…　Ⅲ.世界史-20世纪-高等学校-教材　Ⅳ.K15

中国版本图书馆 CIP 数据核字(2009)第 128048 号

书　　　名：	二十世纪世界史
著作责任者：	王红生　著
责 任 编 辑：	刘　方
标 准 书 号：	ISBN 978-7-301-15591-2/K·0606
出 版 发 行：	北京大学出版社
地　　　址：	北京市海淀区成府路 205 号　100871
网　　　址：	http://www.pup.cn　电子邮箱:pkuwsz@yahoo.com.cn
电　　　话：	邮购部 62752015　发行部 62750672　出版部 62754962
	编辑部 62752025
印 刷 者：	北京汇林印务有限公司
经 销 者：	新华书店
	650mm×980mm　16 开本　17.5 印张　260 千字
	2009 年 8 月第 1 版　2015 年 8 月第 2 次印刷
定　　价：	35.00 元

未经许可,不得以任何方式复制或抄袭本书之部分或全部内容。
版权所有,侵权必究
举报电话:010-62752024;电子邮箱:fd@pup.pku.edu.cn

目录

第一章 导言 20世纪的性质与发展动力 /1
- 第一节 时代性质 /1
- 第二节 20世纪世界史发展的基本趋势与动力 /6
- 第三节 教学目标与要求 /9

第二章 20世纪初的西方文明 /11
- 第一节 20世纪初西方文明的成就 /12
- 第二节 西方文明的扩张 /14
- 第三节 西方文明的动力——自由资本主义 /16
- 第四节 西方文明面临的挑战 /19
- 第五节 西方文明的评价 /21

第三章 改革与革命:20世纪初的东方 /27
- 第一节 改革成为革命的催化剂:土耳其、墨西哥、中国 /28
- 第二节 改革成为革命替代物:印度宪政改革 /35
- 第三节 东方改革与革命的历史地位 /38

第四章 大国争霸与第一次世界大战 /41
- 第一节 两大军事集团的形成 /43
- 第二节 火药桶:巴尔干危机 /47
- 第三节 一战过程 /52
- 第四节 大战的后果 /56

第五章 俄国十月革命 /58
- 第一节 俄国的革命传统与列宁主义 /58

第二节 战争与革命/64
第三节 1917年:从二月革命到十月革命/69
第四节 关于十月革命评价的几种观点/73

第六章 亚非拉现代民族解放运动/75
第一节 帝国主义对亚非拉殖民地半殖民地控制的加强/75
第二节 传统社会的解体与阶级关系的变动/80
第三节 民族解放运动的基本特征/84

第七章 法西斯运动与法西斯政权的建立/93
第一节 意大利法西斯运动与墨索里尼上台/93
第二节 希特勒与德国法西斯上台/100
第三节 日本法西斯运动与法西斯政权的建立/108
第四节 法西斯政权的特征与性质/112

第八章 第二次世界大战/116
第一节 凡尔赛—华盛顿体系的建立与终结/116
第二节 第二次世界大战过程/129
第三节 第二次世界大战的后果/134

第九章 合作、对峙、缓和:1945—1975年美苏关系/136
第一节 美苏合作与雅尔塔体制的建立/136
第二节 美苏对峙与冷战格局的形成/138
第三节 冷战的逐步缓和与东西方关系的调整/148
第四节 两极体系之下的世界和平/155

第十章 中东问题/157
第一节 中东地理与历史概况/157

第二节　阿拉伯民族主义与一战后阿拉伯地区新国家的形成/159
  第三节　犹太复国主义与以色列国的成立/161
  第四节　五次中东战争/166
  第五节　海湾战争与美国入侵伊拉克/174
  第六节　中东问题的实质/176

第十一章　欧洲统一进程/178
  第一节　欧洲历史与文化/178
  第二节　欧洲一体化过程/180
  第三节　欧盟的未来发展前景与历史地位/193

第十二章　苏联社会主义道路的探索/196
  第一节　斯大林"一国建设社会主义"理论的提出与实践/196
  第二节　赫鲁晓夫时期的改革/203
  第三节　勃列日涅夫时期的辉煌与问题/206
  第四节　戈尔巴乔夫的"新思维"与苏联解体/209
  第五节　有关苏联改革及其命运的思考/213

第十三章　艰难前进中的发展中国家/215
  第一节　殖民体系的瓦解/215
  第二节　影响发展中国家发展的问题与发展过程/217
  第三节　发展中国家的发展道路和理论范式/227

第十四章　东亚的崛起/233
  第一节　东亚的革命与东亚的政治崛起/234
  第二节　东亚的改革与东亚的经济奇迹/243
  第三节　东亚的合作与东亚的未来/249

第十五章　21世纪初的中国与世界/251
  第一节　21世纪:历史的终结还是美国时代的终结?/251

第二节　经济全球化和一个更加相互依存的世界/256

第三节　形形色色的冲突与中国面临的挑战/259

第四节　我们应有的心态/263

大事年表/267

主要参考书目/274

第一章
导　言　20世纪的性质与发展动力

人类刚刚告别20世纪,步入21世纪。在过去一百年里,人类在许多方面的发展变化超过以往的几百年甚至上千年。人类创造社会财富的能力在过去一百年里有了巨大的飞跃,同时大规模杀伤性武器的发展与扩散使得人类的安全比以往任何时候更加脆弱。常言道:"历史能使人明智","温故而知新",回顾反思过去一百年人类的历史进程,无疑能为21世纪的发展指示正确的道路。

第一节　时代性质

历史意指已经发生的事物的进程,它不以后来人的主观意志为转移,但历史研究,则是后来人对过往事物的认识与理解,它同当时人们的主观意识形态密切相关。人们为了更好地描述研究历史,往往将历史分为不同的时期与阶段。人们这样做的时候,就要预先设置一个标准,根据这一标准,确定一个时期的结束,另一个时期的开始。标准的设立受历史学家们当时所处时代,所持有观念的影响,带有强烈的主观色彩,因而存在不同的分期法。

经常见到的有古代(ancient)、中世纪(medieval)、现代(modern)三段划分法。就社会性质而言,古代社会是原始社会和奴隶社会,中世纪是封建社会,现代社会则是资本主义社会。这是根据西方历史过程而产生的概念,能否相应地用来界定非西方社会则存在争议。就我们所要了解的最近一百年世界历史而言,争论则在于近一百年来人类是否开始一个与现代社会不同的发展阶段,如果确实开始了,又从什么时候开始。如果尚未开始,又如何看待近一百年来人类的发展。

马克思主义史学重视社会性质的界定。1917年俄国十月革命成功后,俄国及其后苏联的历史学家为突出十月革命的历史意义,将十月革命当做一个历史分水岭,作为一个划时代的历史标志。十月革命以前的世界历史称为"近代历史",十月革命以后称为"现代",近代相当于资本主义社会阶段,而"现代"则是指以俄国十月革命为开端的一个新的时期——社会主义革命与胜利的时期。这样,历史三段划分法就被历史四段划分法取代,成为"古代、中世纪、近代、现代"。

在非马克思主义历史学家中也出现四阶段论者,即不再将"现代社会"看做是人类的最后与最高的阶段,而是认为"现代"之后还会出现新的社会形式。但他们在关于新时代始于何时以及新时代的性质上意见不一。

一些学者强调,1870年代是个重大历史年头,理由是在19世纪70年代里世界发生了许多重大事件,比如:苏伊士运河通航和美国东西铁路贯通导致世界交通因而大变;经济上,许多欧美国家完成了工业化;政治上,德国、意大利完成统一,日本在明治维新后走上资本主义发展道路。垄断金融资本主义兴起,自由资本主义开始衰落,新的一轮帝国主义瓜分世界狂潮在涌动,先是瓜分非洲,后又瓜分亚洲,中国沦为半殖民地。70年代后,随着工业化和城市化进程的加快,欧洲工人阶级的力量不断壮大,社会主义思潮得到传播与蔓延。1871年,法国巴黎工人和市民成立了巴黎公社,进行了无产阶级夺取政权的第一次尝试。因此,一些史学著作将1870年代作为一个时代的结束,另一个时代开始的标志。马克思主义历史学家们也重视1870年代的重要性,将此看做是资本主义进入其最高也是最后阶段——帝国主义阶段的标志。

20世纪60年代,英国历史学家巴勒克拉夫发表了《当代史导论》一书(1964),该书力图打破西方传统的古代—中世纪—现代三分法,提出"当代"(contemporary)这一概念。他认为当代并不是一般人所认为的始于二战结束的1945年,而是在现代社会与当代社会之间存在的一个巨大的分水岭,一个过渡时期,这个过渡时期始于俾斯麦退出政治舞台的1890年,一直到1961年肯尼迪就任美国总统。分水岭的一边是当代,它仍处于开始阶段,分水岭另一边是源远流长的包括文艺复兴、启蒙运动和法国大革命人们所熟悉的三次历史发展高潮的"现代"史。塑造当代世界的诸种力量就是在这一时期形成的。不能把20世纪仅仅看做是19世纪的延续;其次,"近来的"历史或者"当代"史不只是通常所谓"现代"史的后段,我们必须把当代史看做是一个不同与先前时代的独特的历史发展时代,它具有区别于先前时代的自身的各种特征,正如现代史有别于"中世纪史"一样。这样,在巴勒克拉夫那里,古代—中世纪—现代—当代的四分法就取代了原有的三分法。到60年代初,战后出现的变化趋势更加明朗化。在共产主义集团内部,中国与苏联之间意识形态的争论起自于1957年,1959年达到了高潮。在亚洲,1955年在万隆会议上建立起来的统一阵线已让位于中国与印度、缅甸、巴基斯坦之间的领土争端。1958年因而被视为"当代亚洲史的转折点"。在非洲,1958年是形势日趋紧张的一年,1960年就有17个国家获得独立,被看做是"非洲解放年"。在西欧,1957年的《罗马条约》表明了朝向地区一体化新形式迈进的最初阶段的完成。所有以上这些问题的一个共同点是,它们都标志了新的历史时期的形成。在20世纪中叶,世界依然为这一历史转折时期的各种问题所缠绕;10年之后,世界已稳定下来而处于一种新的格局之中。

英国历史学家霍布斯鲍姆在其《极端的年代》一书中,将1914—1991年作为一个独特时期进行评述。极端的年代(age of extremes),意指19世纪自由资本主义的衰落,导致法西斯资本主义和共产主义这样的极端势力的兴起,最后,这两种极端势力先后瓦解。1914年开始的第一次世界大战被看做是19世纪西方文明崩溃的起点。这个文明,经济上是资本主义,法律宪政结构上属自由主义,其典型的支配阶级,则为中产阶级。科学、知识、教育、物质的进步,以及道德的提高,都在其中发光发热。这个文明,也深信欧洲是天下中心,是科学、艺术、政治、工业、一切革命的诞生地。它的经济力渗透深广,它的军事武力征服各地;世界的绝大部分,都屈服在它的脚下。但从第一次世界大战爆发,一直到第二次世界大战战争结束的数十年间,却是这个社会的灾难时期。在此期间,资本主义经济也面临巨大的危机,一向被认为是19世纪自由派资本主义最大成就的全球性单一世界经济体系,此时似乎也走上了败亡之路,连美国经济,好像也随时都会濒于倒闭。法西斯势力快速地在世界各地挺进。在危急时刻,自由派资本主义与共产主义暂时携手,起来合作迎战,方才挽回了民主的一条小命。经历了经济大萧条、法西斯、战争的挑战,自由资本主义总算从这三场灾难中死里逃生。随后的几十年,西方资本主义又面临以苏联为首的社会主义力量的挑战。较量的结果以苏联的瓦解,西方的胜利告终。

霍布斯鲍姆并不像西方许多人那样认为这是"历史的终结",历史终结于西方自由资本主义,而是认为长达7000—8000年的人类历史告一段落,在此之前,绝大多数人类都以农牧为生,到此终于落幕,这种社会、经济、文化发生的大变动,其意义远远超出了资本主义与共产主义对峙较量及其结果。他从三个方面总结了20世纪发生的变化:第一,这个世界再也不以欧洲为中心,欧洲已经日渐衰败。但欧洲的衰落并不意味着西方文明和资本主义的衰落,因为美国实际是欧洲在海外的延伸,更在"西方文明"的头衔之下,与旧大陆认作同气连枝的一家人。不论美国未来的展望如何,从90年代回头望去,美国却可以将此世纪视为"美国人的世纪",是一页看它兴起、看它称雄的历史。而19世纪那些工业化的国家,如今集合起来,也仍为地球上的一霸,是全球财富、经济、科技力量最为雄厚集中的一群。因此,就此而言,若以为旧有以欧洲为尊或以西方为中心的世界,已经全面衰败,那就过于肤浅了。第二,在1914年至20世纪90年代之间,世界尤其在经济事务上,已经逐渐演变成一个单一的运作单位,这是前所未有的历史现象。而旧有以领土国家政治为界定的"国家经济",却一落而为跨国性作业的复杂体。不仅经济性和科技性的活动,就是个人生活的许多重要层面,也在其中进行改变,主要由于以前所难以想象的传输工具的高速进步。第三,旧有人际社会关系模式的解体,而一代与一代之间的连接,也就是过去与现在之间的联系,也随之崩裂而去。这种现象,在西方资本主义最发达国家里尤为显著。在那些国家中,不论正式或非正式的思想,一向皆为一种非社会(a-social)的绝对个人主义价值所把持;因此而造成的社会后果,即使连力倡这种个人至上的人士也不免为之悔叹。不过,这种趋势举世皆有,不光发达国家如此;再加上传统社会及宗教的没落,以及实存社会主义的瓦解——或自我瓦解——更加有愈发强化之势。如此一个社会,由众多以自我为中心、以追求自我满足为目的的各个人所组成(所谓满足,究竟是冠以利润、乐趣,或其他任何名目)。而各个人之间,除了这个相通点外,毫无关系。霍氏对正在到来或即将到来的新社会心怀忐忑,他说,值此世纪之末,也许这是有史以来,第一次可让我们看见,像这样一个与过去完全不同的世界,将会以何种面目存在。在这样一个世界里,我们不知道,我们的旅程将把我们带向何方;我们甚至不知道,我们的旅程应该把我们带往何处去。

20世纪结束时,人们越来越感到以信息技术为标志的第三次科技革命给人类社会带来的巨大变化。美国政治学者查尔斯·库普乾在《美国时代的终结》一书中提出这样的观点,历史既有进化性,也有循环性。由于创新和发现推动着人类进步,这种进步有利于某些类型的政治和社会结构的产生和发展。随着生产和通讯方式的改变继续向前推进,这种曾经代表着进步的政治和社会结构会变得过时落伍,被另一更先进的结构取代。结果是,作为一个整体的历史是在不断向前运动,而不同时期却有不同的代表先进的文明,形成一个循环兴衰的过程。

在他看来,人类已经经历了游牧社会、农业社会和工业社会,现正进入数字时代。游牧社会让位于农业社会,因为犁和灌溉沟渠证明比长矛在提供食品方面更为有效。居无定所被定居村落取代,又最终被农业帝国取代,万物有灵论被有组织的宗教取代。接着,农业社会让位于工业时代,因为工厂证明比农场在提供财富方面更为有效。村落与城市中心相比黯然失色,帝国让位于民主共和国,有组织的宗教,尽管仍然是私人生活的重要组成部分,但它作为共同体身份主导来源的角色却让位给了民族主义。潜在的生产方式的改变具有深刻的政治和社会影响,造成了从游牧时代到农业时代再到工业时代的变迁。

一个新的时代——数字时代现在正在开启。推动这次历史变迁的技术是,能够处理和存储大量信息的微型芯片,以及在全球范围内提供廉价、即时通讯的电缆、交换塔和卫星等基础设施。数字技术的引进标志着通讯工具而不是生产工具发生了根本性的变革。但是,数字时代带来的通讯工具和信息处理的转变在数量和质量两个方面都足以改变潜在的生产方式。因此,随着数字技术和以信息为基础的企业取代了工厂生产线,工业社会便开始瓦解了。数字时代的开启和工业社会的衰退将对工业化形成的主要政治和社会结构——共和国民主和民族主义——带来重大冲击。实际上,工业时代的逝去和进行中的向数字经济的转变,肯定会动摇民主制民族国家的基础。历史的一个周期正在结束,但另一个周期才刚刚开始。美国是由于其工业资本主义、共和国民主和民族国家而获得世界超级大国地位的,工业时代的结束也必将意味美国时代的结束,世界重新回到多极状态中。

现在,已经没有多少人否认人类在过去一百年里所发生的巨大的变化了,无论是用"现代"、"当代"、"极端年代"、"数字时代",还是"后现代"。但另一个事实也是不可否认的,20世纪与19世纪的密切联系,我们完全可以期待一百年后的人们可能得出这样的结论:20世纪比起21世纪与19世纪有更多的相似性。因此,本书倾向于将20世纪看做一个过渡的时期,正处于从工业社会向后工业社会,从现代向后现代社会过渡的时期,说20世纪60年代就开始新的时代,未免为时尚早。20世纪,尤其在二战后,伴随第三次科技革命,确实出现新社会的曙光,但黎明尚未真正到来。

第二节 20世纪世界史发展的基本趋势与动力

百年历史风云千头万绪,掌握其基本发展线索与脉络既有益也有必要。本书力图通过如下一些概念建构阐述20世纪世界史的基本框架。

首先是"资本主义(capitalism)",20世纪是资本主义继续发展的世纪。资本主义最初产生于西北欧,19世纪末已扩散到整个欧洲、北美,到20世纪末已支配了整个世界。在过去的一百年里,资本主义也曾面临几次严峻的挑战,但通过自身调整,资本主义世界安然度过了危机,比起一百年前,资本主义对全球的影响更加广泛,控制也更加有力。

第二个概念是"社会主义(socialism)",20世纪是社会主义的悲喜剧。19世纪欧洲已经有了社会主义思潮,并经马克思和恩格斯变为科学社会主义思想体系,1871年通过巴黎公社进行第一次演习。但是,直到1917年,俄国十月革命成功,苏联进行"一国建成社会主义"的实践,社会主义才真正成为世界政治经济中的一支重要力量。二战后,随殖民体系的瓦解,一批新独立国家选择了社会主义道路,社会主义成为一种挑战资本主义发展道路的替代物。尽管90年代初苏联解体,世界社会主义运动经历一次重大的挫折,以中国为首的一批国家仍在坚持社会主义发展道路的实践和探索,社会主义仍在焕发着青春与活力。

第三个概念是"民族主义(nationalism)"。民族主义思潮缘起于西方,20世纪成为东方社会思想的主轴。在民族主义思潮的影响下,亚非拉许多国家和地区掀起了民族解放运动的高潮,并在二战后的几十年里先后获得了政治独立。独立后的新国家面临巩固国家统一、整合社会、发展经济、维护独立的繁重任务,民族主义既是这些国家发展的动力,在某些条件下也成为阻碍这些国家发展的因素。

第四个概念是"法西斯主义(fascism)"。与资本主义、社会主义、民族主义等概念相比,法西斯主义是20世纪独有的概念。它最初源起于意大利,20年代初,以墨索里尼为首的法西斯组织在意大利上台,30年代德国和日本也走上了法西斯专政的道路,并发动了第二次世界大战。在美苏领导下的世界民主阵营,通过浴血战斗,最终战胜世界法西斯。法西斯主义虽然早已灭亡,但法西斯主义的某些影响通过各种方式仍然存在。

20世纪是独立国家大发展的100年,一战后,国联的成员国数目仅为30余个,二战后成立了联合国,最初会员国有50余个,到2000年,联合国会员增加到近200个。总体说来,在20世纪各国发展中,基本受到如下三对动力的推动:

第一对动力是战争与和平。20世纪上半叶,人类先后经历了两次大规模的战争,战争给人民的生命财产带来了巨大的损失,战争同时也改造了社会,改变了世界,一些旧的帝国被推翻,战争加强了国家资本主义的发展和政治民主化进程,给殖民地半殖民地人民的解放运动提供客观有利的条件;而20世纪后半叶,世界又享受了难得的较长时期的和平时代,人们担心的第三次世界大战至今尚未发生,和平环境为全球经济发展、社会安定提供了条件。

第二对动力是革命(revolution)与改革(reform)。20世纪是革命频仍的世纪,人们见证了共产主义革命、法西斯革命、民族主义革命甚至宗教革命(如伊朗伊斯兰革命),革命往往与战争和暴力相联系,给人们的生命和财产带来巨大的破坏,但许多国家在革命中荡涤了污泥浊水,如同暴风雨后的天空更晴朗、空气更新鲜,为日后发展开辟了道路。改革过去常作为与革命相对应的概念加以使用,甚至存在褒革命贬改革的倾向,同样也存在相反的倾向。其实,两者相互之间存在密切的联系,一个社会如能通过和平渐进的方式取得进步是人民的大幸、国家的大幸、世界的大幸,可惜这需要一定的条件,世界历史中成功的改革比成功的革命还更为罕见。

第三对动力是全球化(globalization)和本土化(localization)。全球化并不是始于20世纪,全球化与资本主义发展扩张紧密相连,早在19世纪中叶,马克思就正确地指出"资本主义将世界连成一体"。这一趋势随着信息革命的进程和跨国公司的盛行而更加明显。全球化进程的加速给世界带来了许多革命性的变革。源于非洲的音乐舞蹈登上了欧美、亚洲的舞台,中国制造的商品及餐饮店遍及全世界的各个角落,美国的好莱坞制作的大片占据了世界各国的影视市场,英语成为世界各国精英通用的语言。但是,另一种倾向也不能忽视,本土文化、民族文化、地方文化也越来越得到肯定和追捧,西方的现代价值观的普世性已经受到严重的置疑,本土价值观随着经济的发展而更加张扬,世界文化的多元性随着经济的全球化过程更加突显而不是暗淡下去。因此,经济全球化和文化本土化同时在推动世界的发展变化。

第四对动力是国家建设(state-building)与社会整合(social integration)。20世纪的世界各国都面临发展问题的挑战,无论是新独立国家,还是老牌的资本主义国家。有的学者用现代化来界定世界各国的发展过程,将世界现代化看成有始无终的过程,新独立的国家自然要现代化,已经现代化的欧美国家还要第二次、第三次的现代化。这种说法从理论上是否恰当自当存疑,但所有国家都面临发展问题则毋庸置疑。为什么有些独立国家发展得快,有许多国家则长期陷在困境中,有许多不同的思路。其中之一是关于国家与社会的关系问题。战后,东亚出现经济奇迹,让人们得出国家在经济发展中的作用至关重要的结论,东亚地区发展快,因为东亚地区与其他地区如南亚相比,普遍有一个强势政府。后来,人们发现国家重要,社会因素同样重要,东亚不仅有强势政府,而且东亚的发展得益于其社会与文化因素,如儒家文化。实际上,国家与社会并不是一对博弈的关系,而是一对可以相互加强的关系。

以上四个基本概念与四对动力构成本课程讲述的基本框架。

第三节　教学目标与要求

作为一门通选课,《20世纪世界史》这门课开设的目的在于了解20世纪世界历史的发展、变化过程,提高学生的素质。要真正达此目的,需要教与学之间就教学达成某些共识。

首先,要正确处理好史实与史识之间的关系。大家知道,历史是一门建立在历史事实基础上的学问。人们经常提到社会是历史的产物,而不是逻辑的产物。按道理应该发生的事没有发生,而本不该发生的事却发生了。我们要了解历史事实,因为历史事实有其价值。因为历史与现状关系密切,前事往往是后事之因,了解历史事实是明了现状的前提。历史与文化关系密切,而文化关及人的心态与行为方式。历史事实自身还具有美学功能,实际发生的事往往比小说虚构更为精彩。了解历史事实重要,对历史事实的认识同样重要。人们不可能将所有过去发生的人与事挖掘整理成历史,历史知识具有高度的选择性,每个时代的人们有自己选择的标准,如19世纪的历史学家谈的更多的是帝王将相,20世纪末的历史学家可能会更多地关注社会底层人们的活动。此外,对同一件事,同一时代的人,出于身份、世界观、学养等因素,可能会有不同的视角与观点,得出不同的结论。要获得有价值的历史认识,必须大力借鉴历史学之外的社会科学知识,也就是运用跨学科的研究方法,这对于学习现当代史尤为重要。

其次,作为一个中国人,要学好20世纪世界史,必须具有世界眼光,中国情怀。世界史是关于世界的历史,但至今为止,尚未有一部世界各国通用的世界史教材。今后也不可能有,各国都有自己的世界史编写体系,即使在同一个国家中,也还有几种不同的教材。无世界眼光,光怀有一颗火热的中国心,可能眼光短浅,情绪偏激;光有世界眼光,缺乏中国心,可能对历史冷漠。无论是偏激,还是冷漠,都不可能正确认识历史,达到提高素质、能力的目的。

进一步阅读书目

〔英〕巴勒克拉夫著,张广勇、张宇宏译:《当代史导论》,上海社会科学出版社,1996年版。

〔英〕霍布斯鲍姆著,郑明萱译:《极端的年代》,上、下册,江苏人民出版社,1998年版。

〔美〕查尔斯·库普乾著,潘忠歧译:《美国时代的终结》,上海人民出版社,2004年版。

罗荣渠:《现代化新论》,北京大学出版社,1991年版。

第二章
20世纪初的西方文明

文明指人类改造自然和社会的物质和精神成果的总和。因此,我们经常提到古代文明、现代文明、农业文明、工业文明、东方文明、西方文明、资本主义文明、社会主义文明,以及基督教文明、印度教文明、伊斯兰文明、儒家文明等等,说明世界历史中不止一种文明样式,文明是复数的。

然而,文明的概念最初来自于西方,它最初是单指现代西方的资本主义工业文明。18世纪法国的百科全书派的学者们就认为,文明是指人类社会将要达到的那种有教养、有秩序、公平合理的高级发展阶段。傅立叶将人类社会历史的全部历程分为四个发展阶段:蒙昧阶段、宗法阶段、野蛮阶段、文明阶段。文明阶段就是指从16世纪发展起来的资本主义制度。这样,文明就是单数的了。

为了区分西方文明区域以外世界的物质与精神成果,西方的人类学家使用了文化的概念。例如,马林诺夫斯基将文化界定为一个总概念,指人类所创造的一切物质和非物质成就;文明是一个分概念,指文化发展中的进步方面,任何时代和地域的民族、部族或人群都有自己的文化,但不一定都达到文明程度。

我们自然不能接受单数文明的概念,但也不能否认,在不同时代,不同文明在其发展程度上具有巨大的差异性,有强势文明与弱势文明之分。20世纪初,西方文明无疑是一种强势文明。本章将首先考察欧洲经济、政治和文化上的优势,以及已经出现的对欧洲文明的早期挑战,最后评价西方文明的影响与地位。

第一节 20世纪初西方文明的成就

大致说来,文明有三个层面的内容,即物质的、制度的和精神的,20世纪初西方文明的力量及其先进性就体现在这三个方面所取得的成就上。

首先,西方资本主义产生出史无前例的生产力。到19世纪中叶,欧洲已经成为世界的工业工场。1870年,欧洲的工业产量占世界工业总产量的64.7%,加上美国所占的23.3%,欧美地区几乎垄断了世界的工业生产,形成欧美工业、非西方国家农业的世界经济结构,甚至农业也由欧美国家支配。到1913年时,美国成为世界经济第一的国家,工业产量上升到世界的35.8%,欧洲的工业产量相应地下降到47.7%,但欧美整体的工业产量在世界工业产量仍居绝对支配地位。

生产力的发展带来了大量的剩余资本,欧洲人变成了世界的银行家,为建造横穿大陆的铁路、开凿沟通海洋的运河、开发矿山、建立种植园提供所需的资金。到1914年时,英国在海外的投资已达到200亿英镑,占其全部国民财富的1/4;法国的投资达87亿英镑,相当于其国民财富的1/6。

欧洲资本和技术大量输出的结果是全球经济空前统一,到1914年时,除了在全球陆地架设了巨大的电报和电话线路网外,还在诸大海的海底铺设了516000多公里的电缆。到1914年时,已有总吨位为5000万吨的3万多艘船只装载货物往还于世界各地。几条运河的开凿便利了世界贸易,其中最重要的是苏伊士运河(1869)和巴拿马运河(1914);前者将西欧到印度的航程缩短了4000海里,后者将纽约到旧金山的距离减少了近8000海里。几条横穿大陆的铁路的建成打开了诸大陆经济开发的大门。美国和加拿大分别于1869年和1885年铺设了第一条铁路;横穿西伯利亚的铁路于1905年建成;柏林到巴格达以及好望角到开罗的铁路也于1914年基本铺设完工。

世界交通的便捷促进了世界经济一体化的过程,而全球经济一体化又导致全球生产率的惊人增长。1860年至1913年间,世界工业总产量至少增加了6倍,1851年至1913年间,世界贸易额增加了12倍。

西方是世界经济发展的最大受益者,据一位经济学家估计,殖民地或半殖民地地区的生活水平是欧洲宗主国生活水平的1/10至1/5。更确切地说,英国在19世纪的最后25年中,其生活费用下降了1/3,而在这同一时期内,工资却略略增长了5%,从而使生活水平提高了35%以上。西欧其他国家在这些年间也取得了类似的进步。

20世纪初的欧洲通过进口粮食和从海外引进粮食新品种,基本上消除了饥荒,欧洲基本进入温饱时代,无论是贵族、资本家,还是普通老百姓,可以吃穿更为得体,住的条件也大为改善,一家人不再挤在一间小屋中,大人小孩各有自己的居住空间,房内的床不再是短小的木板床,而是宽大的软床。用上了抽水马桶,卫生设施大为改观。老百姓出行可以选择火车、汽车、轮船,电话联系和电灯照明已经普及。

生活水平的提高和卫生设施的改善大大延长了人的寿命。英国、法国、瑞典的死亡率已从1850年的25‰下降到1914年的19‰,而在其他非欧美国家中,即使在最好的年头,其死亡率也在40%以上。与此相关的数字是婴儿死亡率,由于1870年后医学的发展,婴儿死亡率大大下降。人的期望寿命,即人可达到的寿命,在英国从1840年代的40岁上升到1933年的59岁,而在印度,到1931年还不到27岁。教育更加普及,10岁以上的人中会读书识字的人的比率在西北欧国家到1900年时已达100%,而欧美之外的国家,几乎没有多少人读书识字。

西方文明的成就还在其实行的政治经济制度上体现出来。20世纪西方政治制度大致可以分为两种,一种是共和制,另一种是君主立宪制,前一种以美国和法国为代表,后一种以英国和德国为代表。在欧美各国,无论是实行君主立宪制还是共和制,都有成文的宪法,保障个人自由,推行议会和选举制度,维护新闻言论自由,防止专制主义的产生。从1815年至1870年这些年月里,欧洲政治生活的显著特征,是为争取立宪政体、代议制议会、责任内阁和个人自由之保障而进行自由主义的宣传鼓动。在1871年至1914年之间,即使在这些自由主义的目标还未完全到达的那些地方,男性普选权也已实现。这意味着群众性政党可以自由创立,政治领袖必须去求助于广大的选民。在宪章派时代,或者在法国激进改革派时代,扩大选举权之所以不能实现,是因为那时民众正处于激动不安状态。各国政府现在为了种种原因在主动地扩大选举权。除此之外,为了对抗在1871年后日益增强的社会主义力量,以及出于人道主义的考虑,各国政府承担起了解决由于工业化引起的社会问题和经济问题的责任。现代福利国家的结构正在形成。值得一提的是,最早推行福利制度的不是英、美、法这些自由、民主、平等鼓吹最力的国家,而是俾斯麦政府时期的德国。

  20世纪初欧洲文明在非物质层面的表现更是惊人。知识,正确或真正的知识,有关自然的科学知识取代了迷信与巫术。三个多世纪以来,对自然科学力量的信奉已经成为现代社会的特点,但是以前任何时候都不像第一次世界大战之前半个世纪那样,这种信念为那么多人所接受,被他们那样坚定、乐观地所持有,并且抱有那样少的疑虑和保留态度。科学成了整个工业化运动的基础。在1875年之后的30年里,美国的专利数量增加3倍,德国增加4倍,其实,在所有的文明国家里都成倍成倍地增加着。通过地理知识,文明人对地球整体轮廓及各种各样的居民有一个总的认识。人道主义渗入到欧洲人思想中,它最初来自于基督教,现将之世俗化并摆脱宗教的束缚。一位英国人,在其1860年出版的名为"终极的文明"一书中,通过与非文明的事物的对比来定义文明:一夫多妻,杀婴,妓女合法化,反复无常的离婚,杀戮,不道德的赌博,酷刑,种姓,奴隶制,这些被认为是不文明的、黑暗的东西,应该消除的东西。前面四种现象中,"一夫多妻,杀婴,妓女合法化,反复无常的离婚"至少在基督教产生后不为欧洲的习俗所容,在1800年左右,酷刑不再采用。在19世纪已将种姓与奴隶制非法化。但在欧美以外的地区,以上现象仍然盛行。

第二节　西方文明的扩张

  伴随着经济全球化的过程,逐步形成由中心与外缘区域组成的世界体系。西北欧是世界资本主义的发源地,资本主义在那里产生和发展起来,并扩散到全世界。以阿姆斯特丹、伦敦、巴黎三城市为代表形成了一个核心圈,在此核心圈外是工业的欧洲。1920年代的一个法国人在描写1870年后上升的两个欧洲时,把前者称为"蒸蒸日上的欧洲",并且用一条想象出来的线把它限定起来,即从格拉斯哥、斯德哥尔摩、格但斯克、的里亚斯特、佛罗伦萨一直延伸到巴塞罗那。它不仅包括大不列颠,还包括比利时、德国、法国、意大利北部以及奥地利帝国西部某些地区。实际上欧洲所有的重工业全都集中在这个地带。这里的铁路网是最密的,欧洲的财富都聚集于此,具体表现为生活水平高和资本的集中。这里还拥有几乎全部的欧洲实验室,欧洲所有的科学活动差不多都在这里进行。立宪和议会政府,五花八门的自由主义、人道主义、社会主义和改良主义运动的力量都在这同一地带表现了出来。这里的死亡率低,寿命可望较长,健康状况和卫生设施最好,人们差不多都识字,有非常高的劳动生产率。世界上具有相类似条件的地区只在一些欧洲海外移民区,特别是美国的东北部。

在工业欧洲之外是"外缘地带"的欧洲,包括大半个爱尔兰、伊比利亚半岛和意大利半岛的大部分,还有位于当时德国、波希米亚和奥地利等国本土东面的整个东欧。这是一个农业地带,这里人民较为穷困,文盲较多,很可能死得比较早。富人是地主,往往是些住在农庄外面的地主。该地带靠着把谷物、家畜、羊毛或木材卖给工业化程度较高的核心地带维持生计,这种情况在1870年后变得更加严重。不过,由于太穷,却难于买回更多的工业制成品。它向伦敦或巴黎借款,以此获得资本。它的社会哲学和政治哲学从德国和西方国家输入,因而带有它们的色彩。它从第一地带借来工程师和技术人员,建筑桥梁、安装电讯系统,派年轻人到第一地带的大学去学习医药学或其他专业。许多欧洲人海外移民区,比如拉丁美洲和美国南部,也可认为是属于外部地带。

欧洲人世界之外还分布着一个第三地带,即广袤无际的亚洲和非洲大陆。它们除日本外,全都处于落后的依附状态。亚洲和非洲大片大片的地区,全都变成了欧洲列强的殖民地。非洲几乎全部沦为欧洲的殖民地,在面积达16819000平方英里的亚洲地区,至少有9443000平方英里处于欧洲直接统治之下。

同1870年相比,1914年的世界工业大国的排名有了一定的变化,美国和德国取代英国和法国成为世界工业生产总值第一、第二位的国家,英、法落在了美、德之后,但世界经济的中心与外围结构没有变化。

第三节 西方文明的动力——自由资本主义

20世纪初西方文明是一种资本主义工业文明,其成就的动力来自资本主义所创造出来的先进生产力。

首先,1870年后,工业革命进入一个新阶段,蒸汽机的使用,纺织业和冶金业的增长,铁路的出现是19世纪上半叶的特点,而1870年后,新的动力资源被开发出来;已有的机械工业扩展了,新的工业门类出现了;工业在地理上扩展了。世界经历了第二次工业革命。

蒸汽机车更加精良,到1914年它仍然占据主要地位,但电力由于其无与伦比的优越性开始被利用,同时,内燃机车的发明给世界带来了汽车、飞机、潜水艇,这些出现在1914年之前的20年里,而汽车与飞机工业的发展使石油成为最被人追求的自然资源之一。在新的化学工业中,工业研究实验室取代了个人的发明,化学家们发明了化学肥料,从煤焦油中提炼出一系列新产品:从人工食品添加剂到高性能炸药。由于有了高性能炸药,才可能建成大隧道、大运河。化学科学的发展使人工合成纤维成为可能,从而给纺织工业带来了一场革命。电力使室内室外照明发生转变。还有交通通讯方面的革命性的变化,1870年代发明了电话,1901年意大利人马可尼发明的无线电报使各个大陆的联系更加快捷。在1914年之前,电影和收音机已经出现。新的药品不断制造出来,它们按英文字母顺序,从麻醉剂(Anesthetics)到X射线(X-radiation)——被发现并服务于人类。许多疾病得到了控制。大规模地改进冶炼技术使钢产量大大提高,钢是新工业时代关键性的产品,1870—1900年,世界钢产量从52万吨增加到2830万吨,铣铁产量从1400万吨增加到4100万吨。钢铁产量的增长推动了机械制造、钢轨、车厢、轮船业的发展。反之亦然,铁路里程倍增,从1870年的21万公里增加到1900年的79万公里。

19世纪的经济发展与市场自由主义的理念、政策、机制紧密相连。这种理论的核心信念在于,认为人类社会应该从属于自发调节的市场。作为工业化排头兵的英国是这些理念的倡导者,在其领导下,在19世纪中叶发起了向自由贸易进军的运动。由于废除了谷物法,英国人在

1846年着手制定一项系统的自由贸易政策,在食品上甘愿依赖从海外进口。1860年,法国也实行自由贸易政策。紧跟着其他国家也采取了同样的行动。其间,在一些国家中虽也出现保护关税政策的运动,直到1914年,经济体制的特点仍然是货物不受国界所限,具有极大的流动性。在政治方面,欧洲流露出比以往任何时候都更加强烈的国家主义;而经济活动则处于普遍的自由主义环境里,在这种环境下,商业应该不受政治国家的限制,因而经济活动依然主要是国际性和全球性的。

总体上讲,在1914年之前,欧洲经济的伟大成就在于创建了这样一个体制,即靠着它,工业的欧洲能够取得数量庞大的进口物质供它本身消耗,并且支付自如。除了俄国、奥匈帝国和巴尔干国家以外,所有的欧洲国家在进口上无一不超过它们的出口。从18世纪末起,英国就是一个进口占优势的国家。从1800年至1900年,英国的出口总值增加了8倍,而进口总值却增加了10倍。在1914年之前的那10年里,英国人每年入超达7.5亿美元左右。那么如何去支付这些进口呢?在这种贸易连年入超的状况下,如何维持支付平衡呢?欧洲工业品的出口支付了部分甚至大部分的进口,但不是全部。这个差额由所谓的无形输出弥补了。这类输出包括船运业务、保险服务、借贷产生的利息,而所有这一切都带来了外汇收入。而能否从事这些业务也成了衡量一个国家经济先进与否的标志,在整个19世纪,英国几乎控制了世界经济,除了它的"世界工厂"的地位外,更重要的是它控制了世界的航运、保险业务以及银行业务,英国伦敦成为世界金融中心。

国际性经济全仗国际货币体制来支撑,而这种体制的基础又是要人们几乎普遍地承认金本位制。早在1816年,英国就采用了金本位制,将英镑与黄金挂钩,英镑与黄金之间按一定比率可以自由兑换。1870年代,西欧和美国都采用了一种排他的金本位制。谁只要持有任何"文明的"货币——英镑、法郎、美元、马克等——就可以随时去兑换黄金,反过来,一个黄金持有者亦可以把它兑换成任何一种货币,而且直到1914年,货币之间的兑换率都保持极高的稳定性。

金本位制促进了世界金融中心的形成,由于英国是最早推行金本位制的国家,又由于英国鼓吹自由主义经济,主张市场的独立性,在实际经济活动中,也确实实践其经济理念。最突出的例子是,1854—1856

年,当英国与俄国在克里米亚激战正酣时,伦敦银行界还为俄国政府筹措贷款,将商业独立于国家政治之外,这就使得许许多多的人,不管是英国人还是外国人,都把他们的资金存放在伦敦,因此,大量可用的资本就被聚集在那里了。

　　银行信用业的发展、完善促进了工业革命的高涨和扩散。在商品经济活动中,产品从生产者那里到消费者手中,要经过许多中间环节,任何一个环节的断裂都可能导致经济活动的失败,保险与银行业是资本主义发展的必然需要。尤其在国际贸易中,一国的生产厂家将所生产的某种产品卖给另一国的商人,两者相互间素昧平生,生产者自然担心货出手后不能及时收回货款,如让买方商家预先支付货款的话,商家也有理由担心,厂家能否及时将合格产品发出,而相关银行起了必不可少的中间环节的作用,银行以对账单"贴现"的方式支付厂家货款,然后通过国际银行网络向商家收取货款。银行用这种方式解除制造商的负担,同时为购买货品的商家提供短期信用贷款。伦敦显然成了一个以这个世界为基础的金融金字塔的顶端。它是货币兑换的主要中心,是世界债务票据交换所,是全世界都伸手向它借钱的货币储存处,是银行家的银行,保险业主常去再保险的地方,同时也是世界海运中心和许多国际财团总部所在地。

　　工业化以及国际金融业的发展推动了世界经济一体化的进程,各个地区发挥自己地区的经济比较优势进行生产,全球经济空前未有地统一起来。1866年,英国一位经济学家深为诧异地看到,今天的英国在芝加哥和奥德萨有它的粮仓,在加拿大和波罗的海有它的森林,它的牧羊场在澳大利亚,它的金矿和银矿在加利福尼亚和秘鲁,它喝从中国运来的茶叶,从东印度种植场弄来的咖啡。到第一次世界大战时,大多数欧洲"内缘"国家都是如此。

　　一个名副其实的世界市场业已创立起来。货物、劳务、金钱、资本和民间往来,差不多不再顾及国界。世界市场的形成,使这个世界出现一个统一的经济体制,商品买卖的价格是世界一致的,人们到最便宜的地方买他们所需的产品,又将货物运到最贵的地方去出卖,无论是生产者还是销售者都感到世界性竞争的压力,他们不仅要与街对面或者马路另一头的人竞争,还要与全世界竞争。

第四节　西方文明面临的挑战

　　自由竞争加剧的结果是促使资本的集中与垄断组织的出现。大约在1880年或1890年，一个巨大的变化席卷了资本主义社会。从前的特点是非常小的经营单位数不胜数，由个人、合股或者小公司进行小规模的经营管理。后来，规模庞大和非个人的有限公司成了越来越突出的特征。作为商业组织的一种形式和鼓励投资的手段，"有限责任"公司的吸引力来自法律。大多数国家在19世纪立法规定，万一破产，私人投资者的个人损失只限于他在企业里所持有的股票总数。有限公司最初以流行形式与铁路一道出现，随后便成为工业和商业组织的寻常结构。随着机械变得越来越复杂，只有拥有巨大的合伙资本才能为它提供资金。有限公司在规模和数量方面的同时发展（依赖出售股票和发行债券），造成银行界和金融界的影响扶摇直上。金融家凭借社会储蓄的庞大资金，拥有了创立、促进、为难、合并、消灭这些合股企业的新力量，因而，工业资本主义发展带动了金融资本主义。

　　合股组织使经济过程集中于统一管理之下成为可能。在零售业里，大约在1890年，美国和法国出现了规模巨大的百货商店。在工业方面，钢铁业的发展提供最为突出的例证。大型高炉问世以后，钢从任何方面来讲都成了一宗大买卖。依赖独立的生产者供应煤和铁，对于钢的经营或者高炉生产都不再是稳妥的了，因为这些人可能会把东西只卖给他们认为合适的人。因此，炼钢工厂开始经营它们自己的矿山，或是买下矿山的全部产权，要不然就将煤矿和铁矿置于附属地位。部分钢铁厂为了确保它们的市场，开始不只是生产钢，同时还生产钢铁制品，如轮船、铁路设备、军舰和军火。这样，从采矿到结束生产，全部过程就集中在一个"垂直的"整体里了。同时，"水平的"结合也在进行，企业在同等水平上互相联合起来减少竞争，对付价格和市场的波动，保护自己。对一些产品固定其价格，对一些产品商定限制生产，一些产品在它们自己中间划分市场。它们在美国被称为托拉斯，在欧洲被称为卡特尔。19世纪结束的时候，在多数新兴工业里，如化学、制铝和石油工业，它们已经是很普遍了。

自由竞争最终导致资本主义经济垄断趋势的加强,从而产生出一系列与自由资本主义时期有所不同的现象,引起人们的注意。

在第一次世界大战期间,列宁对帝国主义做了深入的研究。在《帝国主义是资本主义的最高阶段》(1916)等著作中,根据马克思主义的基本原理,总结了《资本论》问世后半个世纪中资本主义的发展,指明资本主义已经发展到一个新的阶段——帝国主义阶段。列宁把世界资本主义发展中的新的重大变化概括为帝国主义的5个基本经济特征:(1)生产和资本的集中发展到这样高的程度,以致造成了在经济生活中起决定作用的垄断组织;(2)银行资本和工业资本已经融合起来,在这个"金融资本"的基础上形成了金融寡头;(3)与商品输出不同的资本输出有了特别重要的意义;(4)瓜分世界的资本家国际垄断同盟已经形成;(5)最大资本主义列强已把世界上的领土分割完毕。列宁依据当时帝国主义各种矛盾的激化,指出帝国主义是寄生的、腐朽的和垂死的资本主义。① 在帝国主义时期,帝国主义国家的垄断资产阶级和无产阶级的矛盾、帝国主义国家和殖民地半殖民地国家的矛盾、帝国主义国家之间的矛盾,达到空前尖锐的地步。帝国主义是无产阶级社会革命的前夜。而帝国主义时期形成的国家垄断资本主义则是为未来的社会主义提供最完备的物质准备。根据对帝国主义政治和经济情况的分析,列宁发现帝国主义时代政治经济发展不平衡,必然导致帝国主义国家之间爆发战争,并得出社会主义不能在所有国家同时胜利,而将首先在一国或者几国获得胜利的重要结论。

19世纪末20世纪初世界发生的种种新变化影响了西方思想界。一般认为,19世纪是一个充满乐观情绪的时期。然而,进入20世纪后,一种悲观主义的情绪和思潮开始日益蔓延。一些人开始对工业文明的成就及其前景产生怀疑。他们质疑维护19世纪自由资本主义发展的关于自由主义和理性的学说。早在1840年,德国经济学家李斯特在其《政治经济的国家体制》一书中,就提出自由贸易作为一种制度,主要有利于英国,并且宣称,倘若一个国家老是在一个半乡村式的非制成品供应国的

---

① 列宁:《帝国主义是资本主义的最高阶段》,《列宁选集》第二卷,人民出版社,1972年版,第842—843页。

地位上停滞不前的话,它就不可能成为一个强盛、独立的国家,更不用说变成一个完全文明的社会。另外,19世纪最后几十年德国的工业化和现代化的进程也似乎向世人显示,是国家而不是个人自由在经济发展中起着关键性作用。而19世纪末出现的新思潮,比如达尔文的进化论,似乎也在向世人暗示,人只不过是一种高度进化的生物,他的能力仅仅是适应一种环境而已。一些人将达尔文主义发展为社会达尔文主义,鼓吹一种民族之间、国家之间的斗争哲学。他们认为,人在本质上不是一种有理性的生物,因而肆意摈弃理智,强调和助长无理性,强调意志、直觉、冲动和情绪,鼓吹暴力与战争在推进人类文明进程中的作用。

值得注意的是,世界大国之间的日益加剧的争霸导致19世纪末20世纪初发生了几场战争,它们分别是:1898年的美西战争,1899—1902年的英布战争,以及1904—1905年的日俄战争。这些战争进一步促使人们对自由主义的学说产生怀疑,对自由资本主义的前景产生悲观的情绪。

第五节　西方文明的评价

由于19世纪以来欧洲的政治、经济和文化居于优势地位,欧洲人自然而然地认为:他们的卓越地位起因于其文明的优越性,而这又反映出他们作为一个种族的优越性。他们深信,上帝创造了不同的人,它将白人造得更聪明,所以白人能指挥劳动,能指导低能的劣等种族的发展。因而有了"白人的责任"这一概念——用理想主义的忠于职守的罩衣来遮盖当时的帝国主义的一种说教。当时西方媒体无一例外地鼓吹西方文明的优越感,为自己的扩张行为脸上贴金。英国人说,统治殖民地实际上是承受一种负担,尽白人的一种历史责任;法国人说,非欧洲人住的地方是蛮荒之地,法国人是将先进的法国文明带给落后地区,是在履行传播文明的使命;德国人说是传播文化;美国人说,这种征服是盎格鲁撒克逊人给殖民地人民带来的保护与祝福。社会达尔文主义和种族主义人类学家将此看做是白人比有色人种更适合生存的证明。这些论调在今天看来都太极端,但当时一般欧洲人都认为,非欧洲人在当时历史上是落后的,文明开化的白种人对他们负有保护、指导的

责任。1899年,英国诗人吉卜林在其一首诗中写道:

> 让我们承担起白人应负的责任吧!
> 将我们最优秀的人才派出去,
> 带着你们的儿女去过那种动荡艰苦的生活,
> 去服务于被你们征服的人民。
> 等待你们的是巨大的痛苦,
> 在那尚未开化的蛮荒之地,
> 你将见到那些愁眉紧锁的人民,
> 他们半是魔鬼、半是孩子。

吉卜林的诗反映了当时西方人的心态,在他们眼中,东方人要不是不成熟,像孩子般的幼稚与单纯,要不就是野蛮凶残,他们都有待西方人的教化。

马克思代表了另一种西方人,作为19世纪生活在欧洲的西方人,他对西方文明的成就、动力、未来前景,既有着与其同时代人的真切感受,同时,他作为共产主义学说的创始人与无产阶级革命家,对资本主义文明的分析是冷静客观的,对非西方世界人民在世界资本主义的压迫下的悲惨命运是抱有同情的态度的,这是他与当时一般西方人不同的地方。众所周知,《资本论》是马克思花费了毕生心血分析资本主义社会的生产力与生产关系的巨著,而马克思关于资本主义文明的评价与对殖民主义历史地位的评价则鲜明地体现在《共产党宣言》与《大不列颠统治印度及其未来结果》这两篇短得多但内容丰富的文章中。

在《共产党宣言》中,马克思明确指出:"资产阶级在历史上曾经起过非常革命的作用。"因为,"资产阶级在它的不到一百年的阶级统治中所创造的生产力比过去一切世代创造的生产力还要大,还要多"。因为,"资产阶级在它已经取得了统治的地方,把一切封建的、宗法的和田园诗般的关系都破坏了"。不仅如此,"资产阶级,由于一切生产工具的迅速改进,由于交通的极其便利,把一切民族甚至最野蛮的民族都卷入到文明中来了"。"它使乡村从属于城市一样,它使未开化和半开化的国家从属于文明的国家,使农民的民族从属于资产阶级的民族,使东方从属于西方。"①以上观点同当时的一般西方人的看法没有太大的不同,马克思与其他西方人不同之处在于,他认为资本主义文明不是人类的终结,资本主义生产自身存在不可调和的矛盾,资本主义产生出自己的掘墓人——无产阶级,无产阶级与资产阶级的矛盾不可调和,只能越来越尖锐,无产阶级最终将战胜资产阶级,社会主义共产主义终将取代资本主义。

马克思运用同样的思维逻辑来评价殖民主义的历史地位与作用。他认为,殖民主义起了两重作用:一种是建设性的作用,另一种是破坏性作用。建设性作用既有物质的,如办工厂、建铁路等,也有非物质的,如建立行政制度、推行西方式教育等。建设性与破坏性相互联系,如同一个硬币的两面,不可分割,建设性中有破坏性,破坏性中有建设性。在印度建设现代化纺织工厂,是一项建设性的事业,但它摧毁印度传统的手工纺织业就是破坏性的了;而英国破坏印度传统的农村公社属于破坏性方面,但在马克思眼中,印度村社是印度社会长期停滞的根本原因,是印度专制社会的基础,阻碍了印度社会的发展,让印度人长期屈服于大自然的安排,而英国人摧毁印度村社就造成了印度历史上从未有过的一次社会大革命。为此革命,印度人付出了代价,但问题不在这里,因为印度人民不是生活在田园诗中,没有这种革命印度是摆脱不了落后贫困状态的。因此,无论是建设性方面,还是破坏性方面,英国人在印度的统治都起了"历史的不自觉工具的作用"。②

对于西方文明,非西方世界曾有过抵制和反抗运动。印度兵变和中国的义和团运动都是典型的悲惨的流血事件,但两者都未能给欧洲霸权以有力的挑战,因为他们实质上都是消极的造反,只图用武力赶走令人憎恶的欧洲人,以恢复以往的美好岁月。这显然是空想,是注定要失败的;这种方法既不能赶走西方列强,也不能阻止他们的入侵。西方的军事力量和西方经济事业的活力是不可抗拒的。但是,当东方民族开始采纳西方的思想和技术,以便运用这些东西来反对西方时,情况就

---

① 马克思、恩格斯:《共产党宣言》,《马克思恩格斯选集》第一卷,人民出版社,1972年版,第255页。
② 马克思:《不列颠在印度的统治》,《马克思恩格斯选集》第二卷,人民出版社,1972年版,第68页。

完全不同了。

19世纪中叶以来,直到20世纪初,西方文明及其成就深深地吸引着东方社会里的先进人们,他们为西方文明的成就发出由衷的赞叹,诚心诚意地立志要学习西方。在奥斯曼帝国,19世纪土耳其知识界的杰出人物之一齐亚帕夏在访问欧洲后,这样说道:"我走遍了异教者的各个地方,我看到了城市和大厦,我徘徊于伊斯兰境内,我看见的只是一片废墟。"在印度,整个印度的知识界在19世纪是衷心拥戴英国人统治的,认为英国统治印度是对印度的赐福。在中国,尽管自1840年鸦片战争后,中国遭受了西方的侵略,一些爱国的先知先觉们也开始认识到须"师夷长技以制夷"。一些像孙中山这样的有识之士甚至这样认识西方文明的长处:"窃尝深维欧洲富强之本,不尽在于船坚炮利,垒固兵强,而在于人能尽其才,地能尽其利,物能尽其用,货能畅其流——此四事者,富强之大经,治国之大本也,我国家欲恢扩宏图,勤求远略,仿行西法,以筹自强,而不急于此四者,徒惟坚船利炮为是务,是舍本而图末也。"①

1888年,年轻的甘地决心到英国留学,谈及为什么宁愿被自己的种姓开除而选择留学时说:如果我能到英国去,不仅能成为一名律师(这是我的平生素愿),而且能亲眼看看英国——这块产生无数哲学家、诗人的国度,这一文明的中心。20年后,甘地已经完全从西方文明的崇拜者转变为西方文明的批判者。1908年他写了名为《印度自治》的小册子,在此书中,医院、铁路、机械、学校、议会等西方文明的标志统统被他看做是邪恶的力量,撒旦的文明。② 他转而歌颂起印度的文明。

中国革命的领导者毛泽东青年时期也曾发生类似甘地的思想转变。"那时,求进步的中国人,只要是西方的新道理,什么书也看,我自己在青年时期,学的也是这些东西,学了这些新学的人们,在很长的时期内产生了一种信心,认为这些很可以救中国,要救国,只有维新,要维新,只有学外国。那时的外国只有西方资本主义国家是进步的。""帝国主义的侵略打破了中国人学西方的迷梦。很奇怪,为什么先生老是

---

① 孙中山:《上李鸿章书》,《孙中山全集》第一卷,中华书局,1985年版,第8页。
② 〔印〕甘地著,谭云山译:《印度自治》,商务印书馆,1936年版,第28页。

侵略学生呢？中国人向西方学得很不少，但是行不通，理想总是不能实现。多次奋斗，包括辛亥革命那样全国规模的运动，都失败了。国家的情况一天一天坏，环境迫使人们活不下去了。怀疑产生了，增长了，发展了。""就是这样，西方资产阶级的文明，资产阶级的民主主义，资产阶级共和国的方案，在中国人民的心目中，一齐破了产。"①

小　结

总体说来，第一次世界大战以前的一百年时间里，西方文明进入自己的辉煌时期。这个文明，经济上是资本主义，法律宪政结构上属自由主义，其典型的支配阶级，则为资产阶级。科学、知识、教育、物质的进步，以及道德的提高，都在其中发光发热。这个文明，也深信欧洲是天下中心，是科学、艺术、政治、工业、一切革命的诞生地。它的经济力渗透深广，它的军事武力征服各地；世界的绝大部分，都屈服在它的脚下。它的人口不断增加，增至全人类的1/3（包括欧洲众多的海外移民及其后代子孙在内）。它的主要国家，更成为世界政治体系的舞台所在。西方文明，欧洲的霸权似乎是不可抗拒的、永久的。

美国历史学家帕尔默这样总结一战前欧洲文明："总体说来，直到1914年之前的欧洲文明，仍在强调自由主义的价值，而无法看成它的衰落。关税壁垒依然存在，但货物还是在世界贸易中自由地流通着。国家主义在高涨，可是还没有什么东西像是极权主义。种族主义思想弥漫在空气中，它们却只有微不足道的政治影响力。自由贸易的国家消失了，但社会立法在继续贯彻着人道主义的传统，而这曾经始终是自由主义的精髓。少数先进的革命者在鼓吹社会突变说，可是社会民主党人和劳动群众多半是修正论者，忠诚于议会程序和他们现存的状态。教条主义者吹捧战争冷酷的美景，然而所有的政府直到1914年为止，都力图在列强之间防止战争的发生。人们对进步仍旧充满了信心。"②

---

① 毛泽东：《论人民民主专政》，《毛泽东选集》第四卷，人民出版社，1991年版，第1470—1471页。

② 〔美〕帕尔默、科尔顿著，孙福生等译：《近现代世界史》中卷，商务印书馆，1992年版，第832页。

进入20世纪后,西方文明正在许多地方和许多方面受到挑战。经济上,自由贸易让位于垄断,帝国主义国家之间加强对殖民地的争夺。在这种背景下,殖民地的民族主义正在兴起,资本主义国家中的工人运动和社会主义运动持续高涨,帝国主义国家间的矛盾在酝酿着一场世界性的大战,从而终结维持近百年的欧洲和平。

进一步阅读书目

马克思:《不列颠在印度的统治》,《不列颠在印度统治的未来结果》,《马克思恩格斯选集》第二卷,人民出版社,1972年版。

列宁:《帝国主义是资本主义的最高阶段》,《列宁选集》第二卷,人民出版社,1972年版。

〔美〕帕尔默、科尔顿著,孙福生等译:《近现代世界史》中卷,第十四章《欧洲文明(1871—1914)》,商务印书馆,1992年版,第749—832页。

〔美〕斯塔夫里阿诺斯著,吴象婴、梁赤民译:《全球通史,1500年以后的世界》,第十九章,上海社会科学出版社,1992年版,第560—573页。

〔英〕卡尔·波兰尼著,冯钢、刘阳译:《大转型:我们时代的政治与经济转型》,浙江人民出版社,2007年版。

第三章
改革与革命:20 世纪初的东方

东方(orient)最初是一个地理概念,以区分于西方(occident)。意指小亚细亚及其以东的地区。随着资本主义欧洲的崛起,逐步建立起对欧洲以外地区的支配,欧洲以外世界其他地区逐步沦为欧洲大国的殖民地和半殖民地。东方从此成为亚非拉地区或殖民地半殖民地的代名词。

19 世纪末 20 世纪初的亚非拉地区的国家,根据其与西方的关系以及政治制度大致可以分为三类:一类是完全沦为西方直接统治下的殖民地,其中面积最大与人口最多的是印度;另一类是尚未沦为殖民地,或已经摆脱殖民地状态,获得政治独立,但在政治经济上已经或者仍然受制于西方帝国主义,前者如西亚的奥斯曼帝国、东亚的大清帝国,后者如拉美的墨西哥;第三类是不仅没有沦为殖民地,而且通过变革,开始走上独立自主的资本主义发展道路,并且积极加入到向外扩张侵略的行列中,这就是日本。无论哪一类国家,它们都面临变革的任务。

到 20 世纪初,这三类国家的改革都已走过了几十年的过程,出现不同的结果:在中国、土耳其、墨西哥,改革成了革命的催化剂,这三个国家在 20 世纪初的第一个十年见证了政治革命;在英国人主持下,印度推行宪政改革,吸纳社会上的精英分子,避免了革命,改革成为革命的替代物;而在日本,不彻底的民主实践虽然避免了其他东方国家发生的那种社会革命,但也为日后日本法西斯上台开辟了道路。

第一节　改革成为革命的催化剂：
土耳其、墨西哥、中国

　　土耳其、中国、墨西哥三个国家地理上互不相连,历史文化上千差万别,相互之间基本上没有任何联系,但在19世纪末20世纪初却经历了极为相似的历史过程。在很长的一段时间里,这三个国家的政治统治权都操在政治强人手中。哈米德二世统治土耳其长达33年(1876—1909);迪亚士统治墨西哥长达35年(1876—1911);而慈禧控制中国政治的时间更是长达47年(1861—1908)。他们在位时,也曾有过改革的努力,以挽救国家的危机,维护自己的统治,但结果是革命的到来。1908—1912年土耳其发生革命,1911年中国爆发辛亥革命,1910—1917年墨西哥经历了惨烈的革命与内战。为什么政治强人推行的改革不仅未能挽救危机,反而加速了革命的到来,值得我们思考。

　　自近代以来,奥斯曼帝国的知识精英们思考的是如何才能挽救帝国衰亡的颓势,在这问题上形成了三种不同的意见,一种意见反对改革,认为奥斯曼帝国之所以日益衰落主要是由于战场上失利,战场上失利的原因又在于军队的改革使军队失掉了原有的骁勇善战的精神,因而救国之道在抵制西方的文化影响,宗教势力是这种保守落后的思想的大本营。另一种意见认为欧洲自近代以来在各方面都优越于奥斯曼帝国,帝国如要生存下去,就必须进行全方位的变革,不仅要变革军事、经济,而且要变革文化和政治,争取早日加入到欧洲大家庭中,而不应以怀旧的心情去追求无法挽回的过去。这一派人以19世纪50年代出现的奥斯曼青年党为核心,他们深受法国大革命的影响,提出成立立宪政府和实行新闻自由的主张,他们实际上追随西方的自由主义,想将奥斯曼帝国改造为自由民主的西方式共和国。第三种意见则以当时的统治者苏丹哈米德二世为代表,他也主张改革,但坚持改革的目的应是加强中央专制统治而不是削弱帝国的统治,因而反对全盘西化。实际上,到19世纪中叶,奥斯曼帝国的改革事业已经走过很长的历程,已很少有人公开反对改革。19世纪中叶前后,土耳其进行了坦齐马特改革运动,改革的内容十分广泛,包括建立"工业园区",建立现代学校,引进西方的一些法律制度,按西方模式改组土耳其的法院、军队和政府机关。到19世纪70年代,甚至进行政治制度的改革,1876年,以欧洲宪法为蓝本,颁布了土耳其历史上第一部宪法,并于1877年,召开了奥斯曼帝国第一届国会。宪法的颁布和国会的召开,标志着帝国改革至此已进入关键性阶段。

不幸的是,哈米德二世不久就停开国会并中止宪法,政治改革戛然而止。哈米德这样做,自然是因为政治改革危及他的专制统治利益,他不能容忍,但哈米德之所以敢这样做并得逞,则同当时土耳其所面临的国内外形势有关。改革过程中出现的问题及带来的后果是改革派与顽固派都未曾估计到的。"工业园区"计划以劳民伤财告终,国家投入大量的钱建工厂、架桥修路,但缺乏管理制度,官员借基建的机会大肆贪污受贿,工厂员工自由散漫,产品质量低下,卖不出去。现代学校的建立使得西方自由民主思想得以传播,莘莘学子思想日益激进,学校成为制造社会动乱的温床。文化典章制度的改革导致道德沦丧,人心不古。而议会制的施行使得统治者深感有大权旁落的危险。改革中出现的问题甚至使一些主张改革的人也慨叹道:"如果改革前,帝国是以双辕马车的速度沿衰落的道路上前进的话,那么改革时期,帝国的衰落是以火车的速度向前直冲了。"使土耳其改革事业雪上加霜的是,在改革的关键时刻,俄国发动了俄土战争。这场战争以土耳其失利告终,以苏丹哈米德二世为首的顽固派将土耳其的战败归罪于改革派所实行的改革,说对手俄国不是照样实行君主专制制度吗?当时俄国既没国会也没宪法,俄国历史上没有战胜过土耳其,土耳其有了议会和宪法反而吃了败仗。哈米德将土耳其战败归咎于政治改革。他乘机解散议会,停止宪法,流放和处死改革派的头面人物,并采取一系列措施来加强中央集权。他建立了由库尔德人和阿拉伯人组成的忠于自己的哈米德军和人数达10万的遍布全国的密探网,不许人民谈论政治,稍有反政府的嫌疑,便会遭到逮捕和拷打。

在采取强硬的镇压和政治控制的同时,哈米德仍坚持经济方面的改革,注意吸收西方的科技成果。尽管哈米德二世极端仇视西方的自由主义思想,但决不完全反对改革和向西方学习,他主张无论是改革还是向西方学习,都应慎重有选择地进行,不应该全盘照搬。不改革,奥斯曼帝国没有出路,必将灭亡;改革若脱离了轨道,对自己的统治照样不利,改革目的只能是加强奥斯曼帝国和自己的统治。所以,在镇压了土耳其奥斯曼青年党人后,哈米德接过他们的改革纲领,去除政治改革的内容,继续推行其他方面的改革内容。其中,在教育、行政、法律改革等方面,力度较大,成效也较为显著。他多次起用并重用既有改革思维政治上又较稳健的官员塞伊德帕夏为首相,推行改革措施。

塞伊德总结了历史上奥斯曼帝国的成功与失败的经验,得出"一个国家只有通过知识和正直,才能得到进步"的结论,认为奥斯曼帝国的衰落正是由于这些素质的败坏所致。挽救的办法是重新恢复知识和正直,采取的手段是推行教育、司法及行政方面的改革。在哈米德二世统治之前,土耳其只有为数不多的几所军事院校,哈米德除继续办好这些学校外,还新增设了不下18所的高等及专科学校。最著名的是创办了伊斯坦布尔大学,该大学在1900年8月正式开学,这是穆斯林世界最早的一所由自己开办的现代化大学。同时,哈米德还在各地开办师范院校,培养师资人才。在司法和立法改革方面,在1879年,颁布了四项法律,其中的两项关系到司法及法庭的组织,另外两项关系到法律的程序,对司法部进行改组,并将所有非宗教性法律事务统统拨归它管理。哈米德政权还注意发展交通、电报和新闻事业。1888年,土耳其已有了连接首都伊斯坦布尔与欧洲各国首都的铁路,1900年,另一条连接大马士革与伊斯兰教圣地麦地那的铁路,在世界各地穆斯林的捐款资助下也开始动工兴建。哈米德政权对发展电报事业投注了很高的热情,认识到电报可以成为中央控制地方的强有力工具,因而在电报事业建设上表现出少有的高速度和高效率。到19世纪末,已经有了一个以伊斯坦布尔为中心的布满整个帝国的广大电报通讯网,奥斯曼帝国的政令与军令通过电报迅捷地传达到帝国的各个部分。在新闻出版方面,哈米德政权实施严厉的新闻和出版检查制度,任何涉及对哈米德本人及其政权的批评都不允许,但对科学和学术著作,对纯文学创作,哈米德政权还是积极鼓励的,以致在哈米德专制主义统治下,土耳其的文学事业有了一定的发展。新闻出版业的发展促进了印刷业的发展,哈米德即位时,首都只有几家印刷厂,到1908年,已有近百家。总之,哈米德统治时期的改革给这个"西亚病夫"带来了一定的生气。

与"西亚病夫"齐名的是"东亚病夫"——大清帝国,慈禧太后被认为是中国保守势力的总代表,是她镇压了戊戌变法。但她在进入20世纪后,在内外压力下,推行名为"新政"的变革。1901年,亡命西安的清廷发布上谕,极言积弊之深和改革之迫,并命臣工参酌中西政治,举凡朝章、国政、吏治、民生、学校、科举、军制、财政等,均可各陈己见,新政由是正式开始。

从1901年到1911年的10年间,清王朝推行"新政"的主要内容有:在教育改革上,废科举、设学校、往海外派留学生;在经济上设立商部、奖励实业;在军事上,改革军制、招练新军;在行政上,裁汰冗员。到后期,"新政"甚至将政治改革也摆上了议事日程。1905年,清政府派大员出国考察立宪政体,1906年,慈禧决定准备宪政工作。1908年,清廷宣布了实行宪政的计划,计划在第九年,即1916年颁布宪法,并于1917年正式召开国会。1910年,又将准备立宪的日程缩短,定于1912年颁布宪法,1913年开国会。

墨西哥是拉丁美洲重要的国家,拉美在历史文化上同亚洲国家具有十分不同的特点,拉美同欧洲的联系十分密切,尤其在文化上直接承继的是欧洲传统。当拉美国家在19世纪20年代前后先后获得政治独立时,支配拉美政治的意识形态就是欧洲的自由主义。但拉美人很快发现照搬欧洲的自由主义给拉美政治带来了灾难性的影响,自由主义给封建大地产主扩张自己权力以机会,大地产主们大肆吞并印第安人的村社土地,建立起私家武装,大庄园成为一个个的独立王国,他们成为拥有大量地产和私家武装的考迪罗,考迪罗们相互厮杀,弄得国无宁日。受实证主义的影响,拉美政治界和思想界开始从拉美社会的实际出发,而不再拘泥于19世纪欧洲自由主义的某些教条,认识到欧洲自由主义的一些原则诸如人权、社会契约和社会平等之类,都是简单的"政治几何学"原理,为青年人和无所成就者所拥护,然后又被空谈哲学的议员强加给复杂的社会,这是徒劳的,因为社会不是逻辑的产物,而是历史的产物。因而,拉美由于历史、种族和社会心理等因素,不可能照搬欧洲国家的自由和民主的原则,照搬只会导致革命和混乱。他们主张加强中央集权和走专家治国的道路,并推崇政治强人的统治。例如,墨西哥的《自由报》就这样大声疾呼实行独裁主义政治,"现在是到了为了'面包、安定、秩序和和平稳定'而拒绝'权利'的时候了,权利只是带来不幸,让我们也来尝尝一点专制的味道,看看它带来的是什么效果"。这实际是在呼唤一种威权主义的政治,它宣扬一种高尚的专制,所谓高尚的专制意味着政治上的中央集权制和社会经济方面的个人主义制度同时并存,这种统治方式在迪亚士统治时期的墨西哥政治中得到典型集中的体现。

迪亚士(1830—1915),绿林好汉出身,后成为胡亚雷斯(1806—1872)手下一名将领。胡亚雷斯去世后不久,1876年,他夺取了墨西哥的统治权。此后,他统治墨西哥达35年之久(1876—1911)。

胡亚雷斯是墨西哥历史上的伟大改革者,曾被列宁称赞为"墨西哥各族人民中最先进的人物"。胡亚雷斯的改革有两大目标:建立民主政体和发展经济。迪亚士则只要后者而不要前者。他认为欧美式的民主不适合墨西哥的国情,墨西哥在独立后几十年里的无政府状态证明民主只能给墨西哥带来混乱;只有让他成为墨西哥的独裁者,墨西哥的和平安定才有希望;只有和平安定的局面才能开发墨西哥的自然资源,发展经济;只有发展了经济,才能发展教育事业,实行社会改良措施,以及维护国家主权。为了达到他的目的,他使用"面包或是棍棒"的政策。对那些可能危及个人独裁统治的人物,他先给予笼络,他的名言是"一只口里衔着骨头的狗不会伤人,也不会去偷窃"。如谁不识抬举,就坚决消灭之。为了加强自己的独裁权力,他设法引起军队将领与地方首领之间的相互斗争,从而使他们的力量相互抵消,有野心的将军被分派到经常闹事的地区,与当地行政长官共事;而对自己不满的行政长官,则被安置在自己信任的将军监督之下。对付报纸杂志,他也自有一套办法,谁写文章骂他,他不枪毙,而是将他抓起来,与传染病人关在一起,让他遭受生理和心理的折磨。对付造反的工农大众,则采取血腥镇压的方式,将参与造反的农民活埋至半身,然后让马队从其头上践踏而过,造成血淋淋的场面来威慑群众。通过这些手段,他将地主、教士、将军、地方首领、土匪头子、外国资本家、中产阶级以及一部分知识精英统统吸引到自己的周围,让这些狼集合起来对付羊群——工农大众以及政敌。迪亚士毫不隐瞒其专制统治的残酷性,他公开说:"我们是严厉的,有时严厉到了残酷的地步,但是这样做对于国家的生活和进步来说是必要的。"

迪亚士的独裁统治获得了部分知识精英和中产阶级的好感。在他统治时期,官僚体系不断扩大,领薪水的人从1876年到1910年之间增加了9倍。迪亚士重视使用科技精英和经济人才,他们在墨西哥政治中形成科学家派集团。这是一些受过高等教育的富家子弟,他们赞同独裁,但主张政府要诚实,要有效率,允许较大程度的思想自由,这些人后来都成了银行家、工业家、公司律师等,另一些人则在各级政府部门任要职。最著名的是黎曼陶尔,1893年他被迪亚士起用为财政部长,在他任职的第二年,1894年,墨西哥历史上第一次实现财政预算平衡,财政收入大于支出。这些人成了迪亚士的左膀右臂。迪亚士还努力缓和与教会的关系,在51岁时与一个年轻漂亮的女天主教徒结婚,通过妻子与大主教秘密会晤,达成协议,教会同意教职须经迪亚士同意,交换条件是不实行改革教会的法律,并重新设立一些寺院和女修道院,教会宣传服从迪亚士的独裁统治。

迪亚士的专制统治给19世纪末20世纪初的墨西哥带来了经济、文化、社会的全面发展。新建铁路里程达9000英里以上,矿业产值从1880年的3000万比索增加到1900年的9000万比索,纺织厂、钢铁厂纷纷建立,外贸额急剧增加,政府收入增加,自1894年实现第一次预算平衡后,在其统治的最后6年里,墨西哥有了1.36亿比索的积累。有了钱,政府可以如期支付军队的薪饷和政府雇员的工资,从而结束了过去因发不出薪饷而爆发内战,又因内战更发不出薪饷的恶性循环,实现了政治安定。墨西哥社会面貌发生变化,建立了许多港口、剧院、电报、电话。墨西哥城有了宽阔的林荫大道,它被命名为"改革大道",大道两边建起了专供政府官员和外国企业家享用的美丽豪华的住宅。墨西哥成了美洲的"巴黎",迪亚士成为国际重大新闻人物,上了美国《时代周刊》的封面。

19世纪末20世纪初土耳其、中国、墨西哥推行的改革给20世纪初的东方国家的前景带来了某些希望,然而这种希望之光很快暗淡下去,第一个10年刚结束,这3个国家就先后发生了革命,这些独裁政权在革命中被推翻。为什么依靠政治独裁进行经济发展的改革之路会被打断?为什么似乎颇有成效的改革成果不仅未能带来社会安定反而加速革命形势的形成？

首先,改革的过程加剧了社会分化与社会矛盾。迪亚士政权似乎实现了实证主义的理想——"秩序与进步"。但在这些成就后面,墨西哥人民付出了巨大的代价。在迪亚士统治时期,土地集中程度达到惊人的地步,占全国总面积1/5的9000多万英亩的土地被迪亚士私下分给了17个自己的亲信,最多的一人分到1700万英亩。大地产制给墨西哥农业带来灾难性的影响,1894年以前,墨西哥的人均粮食产量为282公斤,1894年下降到154公斤,1907年时再降到144公斤。其结果,广大的印第安人被剥夺了世代耕种的土地,他们衣不蔽体,食不果腹,受各种疾病的折磨,在大庄园里,农奴们工资低微,时常遭受殴打。农民因此成为1910—1917年墨西哥革命的主力军。土耳其与中国同样存在严重的农村与农民问题,走投无路的农民只能在死亡与造反之间进行选择,成为革命发生的社会基础。

其次,革命的发生同革命党活动有关。在哈米德二世专制统治下,土耳其大批具有资产阶级自由主义和民主主义思想的人不得不流亡海外,他们以法国巴黎为中心,通过创办《青年土耳其人报》,在海内外宣传西方民主思想,反对封建专制制度。更多的人留在国内,进行反对哈米德二世的专制统治的斗争。1889年,在庆祝法国资产阶级大革命100周年之际,四名土耳其医科大学学生在军医学院开会,成立秘密革命组织,取名为统一进步同盟,后改名为青年土耳其党,这一组织很快在其他高等院校中得到发展,并同海外革命组织建立了联系,该组织在1908—1912年的土耳其革命中起了领导作用。

中国一部分进步的知识分子,无论是康有为、梁启超,还是孙中山,原先都想与清政府合作推行改革事业,但封建顽固派拒绝了他们的满腔热情,他们想通过和平手段将中国引上资本主义发展道路的幻想破灭了,他们或者转变为温和的民主主义者,或者让位给更为激进的革命的民主主义者。中国革命民主主义者的代表人物是孙中山,他于1894年11月在海外组织了兴中会,成员主要为华侨资产阶级,其余为会党和知识分子。当时该组织既有倡导维新改良振兴中华的愿望,也有推翻清王朝、建立资产阶级共和国的革命倾向。戊戌变法失败后,孙中山的革命意志更加坚定,他的革命主张也获得更多人的理解和支持,越来越多的新知识分子转向革命。在20世纪初,不仅海外的革命组织在发展,在国内也出现了革命组织,1904年2月,革命者在湖南长沙成立了华兴会,同年11月,上海成立了光复会,在中国的一些其他省份也出现革命团体。1905年8月20日,中国各地的革命团体的代表齐集日本东京,成立"中国同盟会",推举孙中山为领导人,并提出"驱除鞑虏,恢复中华,创立民国,平均地权"为内容的资产阶级革命纲领。同盟会的建立,标志着资产阶级领导的民主革命进入了新的阶段,从此,革命派有了统一的领导中心和明确的斗争目标。这对推动革命的发展,促进革命高潮的到来,有重要的意义。

在墨西哥,迪亚士的专制统治虽然笼络住一部分的社会精英,但资产阶级与知识阶层中相当一部分人对该政权出卖国家资源和主权讨好外国资本以及专制独裁也是不满的,出现了持不同政见者,其代表人物是马德罗。马德罗出身于资产阶级家庭,在法国和美国受过教育,深受欧美自由民主思想的影响,他带头向迪亚士的专制政权发出挑战。

最后,20世纪初东方一些国家的革命的发生也多少与1908年开始的世界性的经济危机有关。改革开放往往意味着与世界经济有了更多的联系,当世界经济繁荣时,这些国家多少能分享经济繁荣带来的好处,可是一旦世界经济出现危机,这些国家立即受到伤害。墨西哥在这方面最为明显,从1908年开始,世界性的经济危机波及墨西哥,墨西哥经济不再繁荣,1909年又遇粮食歉收,人民生活更加困难,不满情绪加剧。当经济繁荣时,人们尚能忍受独裁专制统治,而一旦经济状况恶化,人民就会希望政治上出现新的变化,人们又重新回到对人道主义和民主主义的诉求上。在此背景下,1910年,墨西哥爆发革命。

第二节　改革成为革命替代物:印度宪政改革

改革催化革命并不是亚洲国家的宿命。也有国家通过逐步渐进的政治改革,从而调和社会矛盾,避免了革命的发生。只是这样的国家不多,而且它是英国统治下的殖民地——印度。

英国统治印度始于1757年的普拉西之战,东印度公司的军队征服了孟加拉,到1840年代,英国征服印度的西北部,才完成整个征服过程。早在征服的过程中,英国人已经开始思考这样一个问题:"一个私营公司统治广大领土而不受国会的任何监督,这样做能够被允许吗?为了进行商业而拟定的章程,能够同样适用于治理一个东方帝国?"为此展开争论,争论的结果是指派一个特别委员会和一个秘密委员会,最后于1773年通过了《管理法》,对公司在印度的活动采取国会监督制。

1857年印度发生士兵起义,镇压了起义后,东印度公司将印度的统治权交给英国女王,英国政府开始直接治理印度。英国人认识到要治理有几亿人口的印度,仅靠几万英国官员和英国军队是远远不够的,必须吸纳优秀的印度人进来参与治理,于是有了文官制度。不仅如此,1882年,英国退休文官休姆,写了一封公开信给加尔各答大学毕业生,敦促他们组织一个团体,为印度人民在知识、道德、社会、政治各方面的革新而努力,他吁请官方支持这个组织,当时的总督达弗林的答复是:我认为最大的困难在于弄清人民的真正的愿望,如果有某个负责的组织,政府可以通过它获知印度真正的舆论,那么这确实是公众之福。明白无误地表达了对休姆努力的赞许。在英国人的支持默许下,1885年圣诞节那一周,印度成立了国大党,这是亚洲的第一个政党组织。

英国人甚至注意到给地方分权的重要性,1882年,在里彭总督的主持下,通过一项决议:大区(不是县)应作为一个委员会或地方委员会负责的最大范围,这样它的每个委员对它的事务都可有所了解并感兴趣。地方委员会应由大多数人选举出来的非官方人员构成,并由非官方的主席主持。这种由当地人选举产生的非官方人士组成的管理当地事务的委员会实际上就是印度的潘查亚特制度。进入20世纪以后,英国人推行宪政改革的步伐有所加快,1935年在省邦一级进行公开选举,由获得多数选票的政党组织邦政府,实现省邦自治的目标。

虽然英国直到退出印度也没在印度完全建立起现代民主制度,印度中央政府不是由印度人民选举产生,也不受印度人的监督,而是听命于伦敦的英国政府,但英国统治印度时还是传播了这样的政治理念:监督意识,参与意识,分权意识。

英国人在印度推行的宪政改革,建立起英国统治者与印度本土政治精英沟通的渠道,两者之间虽然存在不同的利益诉求,但在很长时间里维持了良好的合作关系。国大党成立后成为印度工商业资产阶级与知识精英的政治俱乐部,他们的活动主要是每年召开一次年会,对英国人发出一些呼吁和请求,要求英国人做一些让步,让他们能有更多的机会参与政府治理,他们无论从思想感情上,还是实际行动上,都将英国人统治印度看做是英国人对印度的赐福,他们认为印度的首要问题是与英国人合作改良印度社会,印度要想进步,必须祛除像寡妇自焚、偶像崇拜这样的社会弊端。因此,无论从诉求的内容上,还是方式上都是极为温和的,他们以后被人们称为温和派。

进入20世纪后,印度青年知识阶层中也出现激进化的倾向,他们对老一代人的温和和软弱态度深为不满,认为温和的政治诉求无异于"政治乞丐"。提拉克成了年青一代激进的知识分子的代表人物。提拉克也认同自由主义的学说和价值,并不反对社会改革,但他认为印度人民的当务之急不是社会改革,而是争取印度自治(swaraji)。社会改革必将涉及印度人民的生活习惯、宗教传统,是不可能由一个外国政府通过颁布法令来消除的,那样做只能分裂印度人民,加剧印度人民因种姓、宗教因素的矛盾与冲突。提拉克坚决反对那种认为印度人自己无法管理好自己事务的观点,他认为,英国人带给印度的也许是个"好"政府,印度人初掌政权时可能做得不那么好,但"自治政府远远优越于所谓的好政府",因为在外国的支配下,任何国家和人民都是无法获得真正自由的。由于提拉克最先在印度提出自治的口号,他因而被后人尊称为"印度民族主义之父",又因为他的观点在激进的小资产阶级群众中受到广泛的拥护,他成了国大党内的激进派领袖,以区别于温和派。

激进派的主张在印度资产阶级中一部分人中也得到回应。随着印度民族资本的发展,英国对印度企业越来越采取歧视性政策。英国通过金融手段,任意变更英镑对卢比的兑换率,以及控制印度的海关与税收,制定有利于英国资本而不利于印度资本的政策来限制和打击印度的民族工商业者。这就激化了印度资产阶级与英国统治者的矛盾。

国大党内的激进派因而提出了"自产(swadesh)"与"自治"的口号,号召全体印度人买本国的布,拒绝英国人生产的货物,通过这种办法来实现印度"自治"的目标。1905年开始,在印度的一些大城市,出现焚烧外国生产的布匹的运动,印度面临1857年印度士兵起义以来的动乱形势。

但 1905 年的印度动乱并没有发展为一场政治大革命。其原因除了英国人对运动的领导人进行坚决打击,于 1908 年 6 月 23 日以"阴谋推翻女王政权"的罪名逮捕了激进派领袖提拉克,并不顾人民的反对,于同年 7 月判处提拉克 6 年苦役外;更重要的原因在于英国人多年建立起来的政治机制,成功有效地隔离了国大党的温和派和激进派,印度教徒与穆斯林,印度未能形成一种举国一致反对英国人统治的革命形势。这就是人们经常提到的英国人实施的"分而治之"策略,而"分而治之"政策之所以能够得逞也有赖于政治管道的畅通。政治管道的畅通能及时有效地让社会上的各种政治势力的诉求得到表达与宣泄,从而孤立极端势力的挑战,排除社会爆炸性局势的发生,起了"排气阀"和"安全阀"的作用。1947 年,印度获得了独立,独立后的印度政府继承了英国人的策略,尽管独立后印度社会矛盾与冲突不断,但各方都注意维护调和政治解决问题的途径,整个 20 世纪,印度避免了社会革命的发生。

第三节　东方改革与革命的历史地位

东方各国变革的目标、方式、领导集团、历史命运不尽相同。就变革的方式而言,大致可以区分为改革与革命两种。改革与革命有共同的地方,就是都具有变革的内涵,而且是一种制度性的变革。它们之间的区别是:改革往往强调社会经济生活方面的变革,而革命则是政治制度上彻底变革;改革由上层统治集团自上而下地领导推动,革命则是有广大群众参与的自下而上的造反;改革往往采取和平渐进的方式,而革命则伴随着暴力与流血。无论是统治者还是普通民众,当然欢迎不经流血动荡而改善现状,因为这样社会可以付出较小的代价,避免人员和财产的巨大损失。但是,历史经验往往向人们显示,改革是比革命更为艰难的事业。因为改革将面临更多的敌人,面临更复杂的局面,革命时敌我两营垒界限分明,而改革中则可能同时遇到保守者和激进革命者的反对,一个方面的朋友在另一个问题上可能是敌人,这就要求领导改革的人,要有比革命家更高的政治技巧,必须善于分化敌人,使政策保持更大弹性和适应性,故成功的革命者不一定是一流的政治家,成功的改革者则非上乘的政治家莫属。其次,改革比革命的目标更加复杂,革命只要打碎旧事物,而改革要使一件事物发生变化,但又不能完全打碎旧事物,它要的是逐步渐进方式,因此更应讲究变化的方法与时效。还有,在选择的道路上,革命比较单纯,先是动员拥护革命的力量,领导他们同旧事物进行斗争,而改革在动员组织拥护改革力量时则困难重重,因为时常出现这样的情况,统治集团是改革的长远目标的受益者,但往往他们成为改革最坚决的反对者,因为从短时间看,他们的某些既得利益可能受损,他们不会为了集体长远的利益而牺牲短期个人的利益。所以,建立一种正常的意见表达渠道,形成制度化的利益调和机制,养成通过对话消弭分歧达成妥协共识的文化习惯对于获得改革成功就十分必要,这就是说,改革必须涉及政治制度的建设与变革,期望回避政治改革的改革只能加速革命形势的形成与革命的爆发。

  但是,不能因此否认20世纪初东方革命的历史地位与意义。20世纪初发生在东方的资产阶级革命运动在东方乃至世界历史上都具有重大的意义。自从东方沦为西方的殖民地和半殖民地后,帝国主义和封建势力勾结在一起,严重阻碍了亚洲历史的发展,人民因而面临反帝反封建的历史使命。在19世纪的后半叶,为了摆脱被奴役的地位,亚洲人民曾有过农民造反、士兵起义、统治集团内部改革派领导的改革运动,尽管亚洲人民在这些斗争中曾显示出多么英勇大无畏的精神,仍然无法摆脱落后挨打的状态。在20世纪初,东方国家人民开始扬弃旧式的斗争手段,正式打出资产阶级民族主义和资产阶级民主主义两面旗帜,在资产阶级领导下进行革命斗争,从而开始改变了东方的沉睡状态,资产阶级在革命运动中显示了自己的青春活力。尽管,20世纪初的东方革命由于各种原因,具有其历史局限性,并未能实现自己的目标,但沉重打击和削弱了本国的封建专制统治以及帝国主义的世界秩序与统治,并使东方人民在世界历史上的地位发生了重大的变化,从被宰割、被奴役的对象转变为独立、积极的革命力量。在革命中,"几万万被压迫的、沉睡在中世纪停滞状态的人民觉醒过来了,他们要求新的生活,要求为争取人的起码权利、为争取民主而斗争"。而欧洲的资产阶级却在直接或间接地镇压亚洲的资产阶级革命,这一历史现象被列宁称为落后的欧洲和先进的亚洲。也正是在此意义上,亚洲人民的斗争成为欧洲无产阶级斗争的同盟军,"亚洲的觉醒和欧洲先进无产阶级夺取政权的斗争的展开,标志着20世纪初所揭开的全世界历史的一个新的阶段"。①

进一步阅读书目

列宁:《亚洲的觉醒》,《列宁选集》第二卷,人民出版社,1972年版,第447—448页。

毛泽东:《中国革命与中国共产党》,《毛泽东选集》第二卷,人民出版社,1991年版,第621—656页。

〔英〕伯纳德·刘易斯著,范中廉译:《现代土耳其的兴起》,商务印书馆,1982年版。

〔苏〕阿尔彼罗维奇、拉甫罗夫主编,刘立勋译:《墨西哥近代现代史纲》,三联书店,1974年版。

〔印度〕R.C.马宗达等著,范铁城等译:《高级印度史》下册,第三篇,1986年版。

---

① 列宁:《亚洲的觉醒》,《列宁选集》第二卷,人民出版社,1972年版,第448页。

第四章
大国争霸与第一次世界大战

马克思主义者们认为,第一次世界大战是帝国主义国家间的战争,它缘起于帝国主义各国的政治经济发展中存在的内在矛盾及帝国主义国家各国发展不平衡所产生的冲突。早在一战爆发前的几十年,马克思和恩格斯就预言过将会有一场世界性的战争。1870年,马克思在普法战争之际就预言过:1866年的战争导致普法战争,现在的普法战争也一定会导致德国和俄国之间的战争,第一场战争将是俄国社会革命的接生婆。"由于德国吞并阿尔萨斯、洛林,迫使法国投向俄国,迫使德国进行一场新战争,反对斯拉夫与诺曼人联合的新战争,法俄将夹击德国","俄国向巴尔干的进攻将把奥地利推向俾斯麦一边"。恩格斯在稍后的预言则更为详细:未来的战争是世界战争,规模空前,破坏巨大,将长达3—4年,将有800万—1000万士兵互相残杀,把整个欧洲吃个干净,导致欧洲贫困普遍化,战争结果给无产阶级革命胜利创造了条件。[①] 历史证明了马克思、恩格斯惊人的预见。

一些西方学者则从"大国争霸"的视角来探寻一战的起源。约翰·米尔斯海默在其《大国政治的悲剧》一书中认为,国际政治从来就是一项残酷而危险的交易,而且可能永远如此。虽然大国竞争的激烈程度时有消长,但它们总是提防对方、彼此争夺权力。每个国家压倒一切的目标是最大化地占有世界权力,这意味着异国获取权力是以牺牲他国为代价的。然而,各国不止是为了争当大国中的强中之强,最终目

[①] 见恩格斯为马克思《法兰西内战》1891年单行本发行写的导言,《马克思恩格斯选集》第二卷,人民出版社,1972年版,第325页。

标是成为霸主,即体系中唯一的大国。因此,大国很少对眼前的权力分配感到心满意足,相反,他们时刻怀着以自己利益为中心的求变动机,倘若能以合算的代价达到目的,它们会以武力改变均势。简言之,大国存有进犯的预谋。一个大国为了获取权力不但要牺牲他国利益,而且会不惜代价阻止对手获得权力。因此,当权利隐约出现有利于另一国的变化时,大国会极力捍卫均势;而当有可能出现有利于本国的变化时,它就会抓住机会,想方设法打破平衡。那么是什么迫使一心寻求安全的大国彼此采取侵略行为呢?原因在于:1. 缺乏一个凌驾于国家之上并能保护彼此不受侵犯的中央权威;2. 国家总是具有用来进攻的军事能力;3. 国家永远无法得知其他国家的意图。因此,大国的安全建立在霸权基础上,只有成为巨无霸才能免受挑战的威胁,而霸权的争夺必定导致战争。

人们还时常谈到文化因素对一战产生的影响。西方文明发展的过程中得益于其文化中具有的很强的进取精神,这种精神推动他们与天斗、与地斗、与人斗,推动他们在全世界扩张和寻求财富,导致西方在近代后的崛起;而西方崛起的过程和事实又进一步促使西方文明中的进取性变为侵略性,因而在东方人眼中,西方文明充满了暴力。这种文化因素反映在 19 世纪末在西方盛行的社会达尔文学说中。社会达尔文主义者将人类社会的发展简单地等同于生物的进化,优胜劣汰、适者生存的自然法则也适用于人类社会。在此思想基础上,出现了一种尼采鼓吹的"超人哲学",认为世界历史的最后胜利者属于天才领袖人物,宣称客观世界及其规律性都是幻景,而基本实在的东西是权力意志,一切事物的根源皆出于此,它是自然界和社会的决定力量,认为基督教、理性主义和人道主义均系日趋没落的西方文明,是软弱和退化的象征。提倡"自我肯定"和主观战斗精神。强调进化就是权力意志实现其自身的过程,而人生的目的则在于发挥权力,"扩张自我"。认为强力和骄傲、勇敢和战斗是真正人的标志;追求权力的个人意志决定着人类历史的进程。在超人眼中,普通人不过是"奴隶"、"畜群",是"超人"实现权力意志的工具。因而公开颂扬强权和战争,宣称"宁可为战争而牺牲善行"。

社会达尔文主义、超人哲学与欧洲大陆流行的形形色色的民族主义思潮结合在一起,最终引发了第一次世界大战。其实,马克思主义的政治经济分析、西方学者的大国争霸理论以及文化因素分析,相互之间并不矛盾,它们的共同作用导致一战以及二战的发生。

第一节 两大军事集团的形成

自1815年拿破仑战争结束以来,差不多在整个一个世纪里,欧洲没有发生过大规模战争,有的只是一些局部的战争,如1854—1856年克里米亚战争,1870—1871年的普法战争,1878—1879年的俄土战争,这些战争是局部性的,持续的时间短,没给整个世界带来全局性的影响。这种相对和平在于欧洲各国当时处于一种力量均衡状态:法国仍然有实力,俄国是个军事大国,普鲁士德国正在崛起,它们三者谁也无法吃了谁。更重要的是,英国是当时世界上最强大的国家,它的利益使它在外交政策上持一种保持欧洲各国平衡的政策,只有当战争的威胁来临或突然爆发的时候,英国才出面向软弱国家一边投入它的砝码,从而恢复或修补均势,颇有点像"欧洲警察"的角色,又由于英伦三岛孤悬于欧洲大陆之外,因此英国的这种作用又称"离岸平衡手"的作用。

然而,德国统一后国力的迅速发展打破了这种力量平衡。在工业生产方面,德国的产量在1865年时尚不及法国,1914年时,德国的钢产量竟比英法两国加在一起还多。在许多新兴工业部门,如化学制品、染料工业以及科学器材的制造方面,德国也处于世界领先的地位。它在航运业上向英国的优势挑战,建造了一些最大最快的船只在世界各地航行。它为自己取得这些成就而志满意得,进而要求"阳光下的土地"。当时英帝国号称是"日不落帝国",德国人要求"阳光下的土地",隐含着要分享大英帝国的地盘与好处,而欧洲许多国家,尤其是法国与英国绝不愿让德国实现其野心。

法国自1871年普法战争中失去阿尔萨斯和洛林地区后一直耿耿于怀,希望有朝一日收复这些地区。尤其是1878年,西德尼·托马斯和吉尔克里斯特发明了一种把低品位铁矿炼成钢的方法后,这两个省份的身价一下子倍增。

英国人则看到,越来越多的德国商人在自己的殖民地兜售德国产品。当时德国产品往往意味着物美价廉,德国民族的产品一直是以其质量闻名于世。德国商品正无情地一步步地排挤国际市场上的英国商品,成为英在非洲、中近东、远东强有力的竞争对手。英国也看到自己对欧洲的指挥棒越来越不灵,越来越多的欧洲国家开始围着德国转,寻求德国而不是英国作为自己的朋友和保护者。这些使英国深感到自己霸权地位的失落,便有了一种"有我无他"的感觉。

20世纪初欧洲大陆紧张局势也同德国政府的政策直接相关。在1870—1890年,俾斯麦执掌德国政权的年代,俾斯麦一直担心着一场针对德国的欧洲战争,他清醒地意识到如欧洲几个主要大国,法、俄、英同时从东西两方面进攻德国的话,德国会被撕成碎片,因此在他1890年下台以前,德国遵循的是一条和平路线。在1878年处理东方问题,调解俄土战争中冲突各方面矛盾时,他充当了一个"诚实的掮客"的角色,当时俄、法、英,甚至意大利都努力给自己捞好处,德国站在一旁,心情轻松地调侃它们。在1885年,当英法诸国为争夺非洲而剑拔弩张,大战即将来临之际,又是俾斯麦德国出面,将有关各国召到柏林进行调解。

为了安抚法国,使法国不再专注于阿尔萨斯和洛林地区,俾斯麦以平静的心情看法国在海外扩张殖民地,这样做,能使英法扩大矛盾,不至于结成反德联合阵线。

为了孤立法国,俾斯麦注意拉拢俄国,使俄不同法结盟来反对自己。他利用政治制度上德国与俄国接近都是君主立宪制的因素,大打意识形态的牌。在1873年成功地与奥地利、俄国结成同盟,称做三皇同盟,同实行共和制的法国对抗。

在成立三皇同盟的同时,俾斯麦的野心在于建立一个中欧帝国,他注重于将奥地利纳入自己的范围,1879年,德国与奥匈帝国建立军事同盟关系,1882年,意大利也加入进来,因而形成三国同盟,这种同盟关系一直延续到一战前。为了不疏远俄国,俾斯麦还与俄国订立了"再担保"条约。

1890年,俾斯麦下台,德皇威廉二世亲自主导德国的内政外交。威廉二世放弃了俾斯麦的"韬光养晦"的"和平路线"。除了领导人的个性因素外,德国此时外交政策的变化同德国已经崛起的因素有关,在崛起的过程中，德国担心被人撕得粉碎，真正崛起后，就不再愿意委曲求全地亏待自己了。同时，到19世纪末20世纪初，德国在实行原来的政策时遇到巨大的困难。主要是如何处理好德国与奥地利以及德国与俄国的关系上，很难达成双方满意的平衡。

俄国与奥匈帝国之间的矛盾主要因巴尔干危机而发。巴尔干地区原来有一个老大帝国——奥斯曼帝国，到19世纪末，奥斯曼帝国已经分崩离析，处于奄奄一息的状态，俄罗斯和奥地利都想继承奥斯曼帝国的遗产，因此展开了激烈的争夺。德国越来越难以同时维持与这两国的同盟关系了，它必须做出选择，是奥地利，还是俄罗斯？

在选择战略伙伴关系中，民族、文化以及地缘政治因素起了重要作用。在德国国内存在着一股泛日耳曼主义思潮，主张建立一个泛日耳曼联盟，鼓吹扩张德国版图，把所有的中欧条顿民族联合起来。这个帝国的疆界应该包括丹麦、荷兰、卢森堡、瑞士、奥地利、波兰，一些人甚至主张大帝国还应扩张到巴尔干和西亚，将保加利亚、土耳其等当做卫星国。其中，奥地利与德国是邻国，又是同文同种，很自然，德国选择奥匈帝国为自己的战略伙伴。自1879年德国与奥地利结成军事同盟后，两国变得更加相互依赖，奥地利需要德国为靠山，来对付斯拉夫人，德国也因担心被人包围而倚重奥地利。

其结果是俄德"再担保协议"被中止了。法国立即抓住机会，与俄国之间展开政治调情，于1894年与俄国结盟，签订了一项条约。因而在19世纪末，欧洲这两个意识形态上的敌国，一个是欧洲反动和专制制度的堡垒，一个是拥护民主共和制度的堡垒，终于将意识形态的对立搁置一边，为了共同的国家利益，走到一起来了。法国资本开始涌入俄国，沙皇俄国张开双臂欢迎法国人。沙皇在迎宾仪式上，脱帽聆听法国国歌——革命时代的马赛曲。

这样，在1894年，欧洲大陆出现了两大军事集团——德奥意为一方，法俄为另一方。但这种对立在19世纪时仍不是绝对对立的，它们相互之间仍有合作的时候。在甲午战争后，中国被迫割让辽东半岛给日本时，德、法、俄三国就曾联合向日本施加压力，让日本将辽东半岛还给中国；在法硕达和布尔事件中，几乎所有欧洲大陆国家都保持一致地谴责英国的霸权行径。威廉二世在这些事件中极为积极，也十分得意。

英国在整个19世纪处于其极盛时期,它看不起欧洲一些国家玩的结盟把戏,因而奉行一种"光荣孤立"的政策,在国际事务上可以说是为所欲为。自法硕达事件后,以及英法和英俄在世界各地的争夺,英国感到对德国应采取一种更亲近的政策,以免整个欧洲联合起来对付自己,毕竟德国在海外殖民地最少。

但威廉二世统治下的德国似乎不太在意海峡对岸抛过来的绣球,德国要打击的正是英国的霸权。1896年,当布尔人反抗英国人征服时,有消息说德国将英军的信息透露给布尔人,结果英军遭伏击吃了败仗,威廉二世给布尔人拍电报,祝贺他们的胜利,为他们打气鼓劲。英国人虽然最后赢得了布尔战争,但大大消耗了英国的国力,有些学者认为布尔战争是大英帝国衰败的开始。

更令英国难以接受的是,德国人对英国海上霸权的挑战。英国是世界上头号殖民大帝国,它的殖民地遍布亚非拉地区,靠的是海上联系,一旦海上航线被切断,英帝国将面临危险。海上交通线是其生命线,海军是英帝国的基础,英帝国的建立与扩张靠的是其已保持海上霸权二百余年,一支强大的海军不仅维护了帝国的联系,而且可以用来遏制任何其他国家的扩张,可以对大陆国家进行海上封锁,窒息和摧毁对方。这些观点百余年来在军事院校的课堂上讲授,被政治家和军事家们广泛接受,成为英国国策的原则之一。

1898年,德国已经认识到海军的重要性,并决定于当年建立起一支海军。其后,德国海军迅速发展,到1912年时,德海军在规模、质量上都已十分强大,令英国十分不安,英国坚持英海军力量应超过第二、第三大国之和的力量,德国不予理睬。

德国和英国在海军军备上的竞赛使英深感自己的霸权地位受到威胁,在1905—1911年间,先后两次发生摩洛哥危机,德国公然挑战英国的霸权。这样,英自己也认识到单独靠自己的力量难以遏制住新崛起的羽翼丰满的德国,感到必须放下一点绅士高傲的态度,屈尊在欧洲和亚洲寻求战略伙伴。

1902年,英国与亚太国家日本结盟,结成英日同盟。1904年,英法政府同意忘掉法硕达事件及其后25年里的恩恩怨怨,法国承认英国对埃及的占领,英国承认法国在摩洛哥的利益,它们调整了它们在殖民地问题上的一些分歧,同意在遇到第三者挑衅时相互支持。

1907年,英国和俄国,近现代史上的这一对死对头,在相互经受挫折后,也愿坐下来握手言和。俄国在日俄战争中元气大伤,国内极为不稳,英帝国自布尔战争后也开始走下坡路,随着美、日、德新帝国的崛起,英国的世界霸权地位已很难维持。英俄会谈调和了它们之间的矛盾,在伊朗,英国承认俄在伊朗北部的势力范围,俄承认英在伊南部的势力范围。在远东,在19世纪末,1899年,英俄已划定各自在中国的势力范围,英国承认长城以北为俄势力范围,俄承认长江流域为英的势力范围。两国共同承认西藏为中国所有,以西藏作为英俄两国的缓冲区域。

这样,到1907年,英法俄三国已经调和好了它们之间的矛盾,走到一起。从而出现了对立的两大军事集团:德、奥、意三国同盟和英、法、俄三国协约。之所以后者用"协约"一词,意指英法俄只是达成某些协议,这些协议并不具有军事同盟的性质。

两大军事集团的形成加大了大战爆发的可能性,但大战的真正爆发还需要一些其他条件,巴尔干危机成了大战的火药桶。

第二节 火药桶:巴尔干危机

在19世纪末20世纪初,在东南欧存在着三大帝国:俄罗斯帝国、奥匈帝国和奥斯曼帝国。同其他西方帝国主义列强相比,俄国在政治经济上是比较软弱的一个,但它拥有庞大的战争机器和疯狂对外扩张的野心。长期以来,俄国就想得到博斯普鲁斯海峡和达达尼尔海峡的控制权,如能达此目的,它的黑海舰队就不会在大战发生时被困在黑海里,并经此畅通无阻地进入地中海,轻而易举地占有君士坦丁堡。俄国人在这一地区的争夺中打着泛斯拉夫主义的旗号,渴望担当所有东欧斯拉夫人民的领导和保护者的角色,包括那些在奥匈帝国的管辖下的斯拉夫人。

奥匈帝国同俄国一样,也是帝国主义列强中较弱的一个,同样关注巴尔干问题。1867年奥地利政府与匈牙利国会签署协定,把奥地利帝国改组为奥匈二元帝国。根据协定,奥皇既是奥地利的皇帝,又是匈牙利的国王，两国各有自己的宪法、国会和政府，但须有统一的对外政策和关税政策，因此两国共同设立外交、军事和财政三个部。

在奥匈帝国内，生活着多个民族，主要是日耳曼人、匈牙利人、斯拉夫人。日耳曼人和匈牙利人是统治民族，统治着斯拉夫人和其他民族的人。据1900年人口统计，帝国的5200万人口中，3000万是斯拉夫人。

奥斯曼帝国曾是地跨亚欧非三洲的大帝国，但百余年的凄风苦雨过后，到20世纪初，在欧洲只保留从君士坦丁堡往西到亚得里亚海的狭长地带。当时，希腊是独立的，罗马尼亚是独立的，保加利亚拥有自主权，在中部有一独立的塞尔维亚国，与塞尔维亚相邻的有波黑、斯洛文尼亚、克罗地亚。1878年前，斯洛文尼亚和克罗地亚已归奥匈帝国，波黑则在1878年由奥匈帝国占领，所有权归奥斯曼帝国。

从地图上看，塞尔维亚实际生活在三大势力的狭缝中。塞尔维亚、波斯尼亚、克罗地亚和斯洛文尼亚基本上都说同一种语言，区别在所使用的字母不一样。塞尔维亚和波斯尼亚用的是一种斯拉夫语字母（东方体），克罗地亚和斯洛文尼亚使用罗马字体（西方体）。随着泛斯拉夫主义的兴起和民族主义的增长，这些地区的人民逐渐有一种认同感，认识到他们实际上是一个民族，称为南斯拉夫族人。1867年奥匈二元帝国成立时，帝国内斯拉夫人占了多数，他们受奥地利人和匈牙利人统治因而不满，从而产生出全体斯拉夫人应组成自己独立的国家的主张，他们认识到，在奥匈帝国内他们是得不到平等地位的。这意味着，一部分奥匈帝国的臣民，也就是克罗地亚人和斯洛文尼亚人希望摆脱奥匈帝国的统治，参加到塞尔维亚一边，塞尔维亚成了建立南斯拉夫独立国的运动中心，兴起建立大塞尔维亚的计划，此一计划若实现显然将有损奥匈帝国的利益。

1908年的青年土耳其党人革命加剧了巴尔干地区的紧张局势，在革命后掌权的青年土耳其党人想挽救衰亡的奥斯曼帝国的命运，他们恢复了国会和宪法，并设法让保加利亚和波斯尼亚的代表坐到奥斯曼帝国的议会里，这触动了奥地利想完全吞并波斯尼亚的野心。此时，俄国在远东日俄战争中遭到失败，正将注意力转移到巴尔干地区，俄国要占有海峡地区，因而俄、奥两国都不愿土耳其通过革命完成自己的现代化，因为那样一来,奥地利将得不到波斯尼亚,俄国也得不到君士坦丁堡。

俄国和奥地利两国外交部长于1908年在布克劳会晤并达成一项秘密协定,俄国同意奥地利吞并波斯尼亚,奥地利支持让海峡对俄国军舰开放,双方同意召开一个国际会议,在会议上双方履行自己的诺言。但奥地利还不等会议召开,就干脆宣布吞并波斯尼亚。这一下激怒了塞尔维亚人,因为塞尔维亚人将波斯尼亚看做是自己的领土。而俄国没能实现其占领君士坦丁堡的野心,因为其他两个协约国成员英国和法国反对俄国占领君士坦丁堡,英国尤其不愿海峡对俄军舰开放,原来预定的国际会议根本就开不了。但当时俄国刚在日俄战争中失败,国内又面临革命危机,非常虚弱,不得不接受奥地利占领波斯尼亚的既成事实。俄国也曾提出过抗议,根本无济于事。奥地利在巴尔干的影响快速增长。塞尔维亚人因而群情激愤,民族主义高涨。

1911年,意大利对土耳其宣战,保加利亚、塞尔维亚、希腊乘机结成联盟也向土耳其宣战。1912年,土耳其很快被打败了,土耳其失去了几乎全部的欧洲的领土,但保加利亚因同塞尔维亚等国在瓜分问题上发生争吵,结果1913年爆发第二次巴尔干战争,这次,塞尔维亚、希腊、罗马尼亚、土耳其联合起来将保加利亚打败。在重新瓜分战利品时发生纠纷,主要争夺今天阿尔巴尼亚地区,该地区是欧洲最落后的一块地区,尽是山地,居住者都是穆斯林。但阿尔巴尼亚靠亚得里亚海,战略与地理位置重要,当时通过两次巴尔干战争,塞尔维亚占一部分,希腊占一部分,意大利也想占。塞尔维亚如占有阿尔巴尼亚便有了一个出海口。俄国站在塞尔维亚一边,奥地利则坚决不让塞尔维亚占有阿尔巴尼亚,要遏制住塞尔维亚。大国进行调停,终于想出成立一个独立的阿尔巴尼亚国家的解决方案。这符合奥地利的心愿,让塞尔维亚隔绝于海,对塞尔维亚和俄国又是一大打击。

在短短几年里,俄国和塞尔维亚接连两次在巴尔干地区遭到挫折,第一次失去波斯尼亚,第二次失去阿尔巴尼亚,这使得塞尔维亚人中反奥地利的民族情绪更加高涨,巴尔干这个火药桶更具爆炸性。

点燃巴尔干火药桶的导火索是1914年6月28日发生在萨拉热窝街头的一桩刺杀事件。刺杀者名叫普林西波,他是一个塞尔维亚民族主义组织"不统一毋宁死"的成员,被刺者是弗朗西斯·费迪南德,他是奥地利王族的成员,即将继承王位,当时在位的君主弗朗西斯·约瑟夫已经到了 84 岁的高龄,随时可能去世,费迪南德继承王位是随时可能的事。

费迪南德是一个有魄力有头脑的政治家,他一方面准备对帝国境内的斯拉夫人做出让步,通过将奥匈二元帝国改为奥、匈、斯三元帝国,把一个"两君并立"国变为"三君并立"国,在日耳曼人为主的奥地利人和马扎尔人为主的匈牙利基础上加上第三个斯拉夫人为主的新的政治单元;另一方面,他加强军事力量,想将塞尔维亚也吞并到他设想中的三元帝国中。1914 年 6 月,在费迪南德指挥下,奥匈军队在波斯尼亚举行以塞尔维亚为假想敌的军事演习,引起塞尔维亚民族主义者的愤慨。

在塞尔维亚民族主义者看来,费迪南德是最危险的敌人,因为塞尔维亚人担心:一旦让费迪南德实现其三元帝国计划,克罗地亚人和斯洛文尼亚人就会愿意归属于奥地利的统治,他们的大塞尔维亚计划将永不能实现。因此,他们决定趁费迪南德尚未成为奥匈皇帝之前将他除掉。

刺杀事件发生后,奥地利政府决心借此机会消灭南斯拉夫分离主义运动,塞尔维亚是建立南斯拉夫运动的核心,只要塞尔维亚存在,奥匈帝国将永无宁日。奥地利政府试探自己究竟能从盟国德国中得到多大的支持。德国皇帝在 6 月 30 日就发表声明说:"要么立即行动,要么永远不,必须跟塞尔维亚人来个彻底的大清算,就在现在。"7 月 6 日,德国宰相给奥地利外交大臣一份后来被人看做是"空白支票"的许诺,告知奥地利政府,德皇将无条件地履行其同盟条约的义务和出于老朋友的友谊站在奥地利一边。

奥地利在得到德国人充分支持的保证下,立即给塞尔维亚发出最后通牒,包括 11 项要求,主要内容有:要求塞尔维亚禁止发行反奥言论的报纸,取缔秘密的爱国组织,从政府和军队中清除一切进行反奥宣传的人,要求塞尔维亚与奥地利官员合作禁止那些针对帝国的颠覆活动。并要求塞尔维亚在 48 小时内答复,对这些涉及国家主权的要求,塞尔维亚政府根本不可能在 48 小时内答复,奥地利政府根本也不期待塞尔维亚政府的答复。7 月 25 日,在 48 小时到来之前,塞尔维亚政府送交了复文,除个别条款外基本接受了奥地利的要求。可是奥地利宣称没有得到满意的答复,断绝了外交关系,并调动了他们的一部分军队。塞尔维亚实际上也对奥地利不存幻想,在送交复文前3小时,就发出了调动部队的命令。

塞尔维亚之所以这么做,也是因为它已得到俄国将支持塞尔维亚的保证。在巴尔干问题上,俄国已经退让了两次,"事不过三",在这第三次危机中,俄国决定不再退让,否则自己在巴尔干的影响将散失殆尽。俄国的决心也在于它得到了来自法国的支持保证,法国曾担心单独同德国作战,这次俄主动找上门来,就不惜一切代价同俄保持结盟关系。在奥地利对塞尔维亚宣战后,俄沙皇于7月30日发布一项紧急动员令。

德国与奥地利原先并没有想到俄国会宣布参战,认为这次也会像前两次一样,让这一事件成为局部冲突问题。当德皇得知沙皇发出紧急动员令时,大吃一惊,向彼得堡送出一份最后通牒,要求俄国在12小时内取消总动员令。8月1日下午,德国驻俄大使请求谒见俄国外交大臣,要求给德国最后通牒一个满意答复,遭到俄外交大臣拒绝后,德大使随即递交给俄外交大臣一份宣战文告。德皇也向法国发出最后通牒,8月1日,法国答复:法国要根据自己的兴趣。并立即下令部队总动员。8月3日,德国向法国宣战。

在俄、德、法、奥几个欧洲主要大国卷入大战后,英国的态度就成为人们关心的焦点。德国抱着侥幸的心理,希望英国不要参战。英、法、俄三国有协约关系,但不是军事同盟,甚至连法国在8月3日也还不敢肯定英国是否会加入战争,站在自己一方。英国当时似乎也有些犹豫,英政府重新搬出过去的"光荣孤立"的姿态,外交大臣格雷反复向外界解释说,在英国只有国会才有宣战权,所以外交大臣不能答复站在何方。所以,现在有人说,如果德国事先知道英国会参战的话,战争可能不会发生。

但英国可能不会参战纯粹是一种猜测,事实上,尽管英国有过犹豫,但英国参战的可能性及参战后站在哪一方是不成问题的。早在大战前几年,英国已经鲜明地站在法国一边。特别是在大战爆发那一年,英法订立了一项海军协定,针对德国海军的发展,法国舰队集中于地中海,照管英国的利益,而英国军舰从地中海集中回撤到北海,对德国严阵以待,并保护法国的利益。战争爆发后不久,德国为了速胜,借道比利时,这为英国参战、动员国内群众找到一个理由,德国违反了1839年订立的维护比利时中立的条约。8月4日,英国向德国宣战。

从6月28日奥地利王储被刺到8月4日英国参战,欧战全面爆发,前后不到40天。曾有学者将一战爆发过程形象地比喻为两个小孩打架将一群大人牵扯进来引发更大规模斗殴的过程。其实,小孩打架正常情况下是不会引起大人斗殴的,只有在大人间本来已经矛盾尖锐、随时可能引发冲突时,小孩的争吵才会引起大人的兵戎相见。

第三节 一战过程

第一次世界大战前后延续了4年,1914年8月初爆发,到1918年年底结束。

战争开始时,在欧洲大陆上出现了三条战线:西线从北海延伸到瑞士,战线长700公里,在这里,英、法、比三国军队对德军作战;东线北起波罗的海,南至罗马尼亚,战线长900公里,这是俄军对德奥作战;还有一条巴尔干战线,在这里,奥军对塞尔维亚军队作战。

德国的战略方针是按照德国前参谋总长施里芬订的计划,根据德国两面作战的特点,即俄国比英、法国土辽阔,而当时俄国的铁路运输落后,军队调动慢,施里芬要求把主力放在西线,破坏比利时的中立,从法比边境未设防地区进攻法国,在4—6个月内迫使法国投降,然后调兵进攻俄国,在三四个月内结束战争。

1914年8月3日,德国在西部派出了78个步兵师,他们遭到了72个法国师、5个英国师、6个比利时师的抵抗。8月20日,德军占领了比利时首都布鲁塞尔,然后,德军分5路向法国北部挺进,21—24日几天时间里,德军在沙勒罗瓦和蒙斯战役中打败了英法军队。法军全线败退,德军距法国首都仅15公里。巴黎形势危急,法国政府前往波尔多,德军以为施里芬计划即将实现。

但这时德军的东线战场出现了问题。德军没料到俄国会如此坚决参战,并快速派出部队投入到德国的东线战场。俄国在8月中旬派出莱宁堪普和萨松诺夫两个集团军进攻东普鲁士。8月26日,德国不得不从西线调军队到东线,这使得德国的运输不堪重负,对西线的打击明显减弱。法军趁此时机重新组织军队,并得到英国军队的强有力支持,进行反攻。9月5—10日,两军在马恩河大战。双方投入军力共150余万,战斗进行得十分激烈。到10日,德军战败,退据艾纳河,形成了西线上的对峙局面,德国打垮法国的计划被粉碎。

这种对峙局面的形成同当时的军事装备有关。当时,昔日进行快速移动的骑兵部队已经过时,无线电通讯刚刚开始,机械化的摩托部队还是新生事物,将火炮与卡车结合在一起的工具——坦克刚刚问世,尚未大规模投入战争,士兵靠的还是两条腿走路。最有效的武器是机关枪,这些使得士兵很难在开阔地上快速推进,双方得以挖壕据守。

在东线战场,德奥军队取得胜利,1914年8月底德军在坦伦堡歼灭了俄国的萨松诺夫军团,莱宁坎普集团也遭到巨大损失,11月退守尼门河,德军攻入俄国国土。

战争进入第二个年头后,1915年,德国企图把主力集中在东线,打败俄国,迫使俄国单独签订合约。为了实现这个计划,德奥进行了积极的准备。到4月末,共集中16个步兵师和2个骑兵师,1400门野炮和1000门重炮,5月2日向俄军发起进攻。德军频频得手,占领大片俄国土地,到9月中旬,俄军才挡住德军的进攻。战线从德涅斯特河一直延伸到里加湾,俄军的损失是惊人的,有200万俄军伤亡或被俘。但德国迫使俄国投降的目的并没有达到,俄国仍在坚持抵抗,迫使德国继续两面作战。

在东方战线进入僵持之后,1916年,双方重回到法国北部战线,以图打破战争僵局。2月,德军进攻凡尔登,法军司令霞飞让贝当将军据守,2月21日,德军以前所未有的火力和毒气瓦斯向凡尔登进攻,法军在贝当将军的指挥下,固守凡尔登,战斗从2月一直打到7月,德军虽倾其全力,但终于未能攻下凡尔登。德军在西线解决战斗的希望又成泡影。

为了牵制德军,支援凡尔登,英法军队从7月1日在索姆河畔发动进攻,英法军调遣了优于德军的兵力,集中了史无前例的大炮,并第一次使用了坦克,想以压倒优势打破德军防线。但战况进展不尽如人意。索姆河战役从7月到10月,双方伤亡惨重,进展有限。

在凡尔登和索姆河战役之后,西线再度转入阵地战。

1916年年底,发生了两件大事,使一战发生新的转变。

第一件事是1917年年初,俄国发生了革命。在参加一战的各国中,俄国成为最大的受害者。在一战中,沙皇政府匆匆忙忙将大批农民赶上前线,他们的装备极差,没经过严格的训练,给养供应得很差,士兵们不知道为什么要打仗,士气低落,所以伤亡很大。战场上的失利,加剧了国内的矛盾,1917年俄国发生二月革命,沙皇被迫退位。11月,又发生十月革命,布尔什维克夺取了政权。12月3日,布尔什维克和德国在布列斯特举行一次和平会议,俄德两国于1918年3月3日订立了布列斯特条约。根据这一条约,俄国同意波兰、乌克兰、芬兰、比萨拉比亚、爱沙尼亚、拉脱维亚,这些原先受俄国控制的地区独立。

对德国人说来,这一条约是他们在一战中得到的一份战利品,它满足了德国在一战开始时想达到的某些目标。因为它使俄国在战争中保持中立,而且这些新独立的小国实际上受控于德国,德国在这些小国安插傀儡做自己的代理人,从而控制了东欧,这使德国不再两线作战,并减轻了海上封锁给自己带来的压力,他们现在可以从素有粮仓之称的乌克兰获得大量粮食,尽管比预计的少。最重要的是,德国现在可以从东线抽调大批军队到西线。在德国统帅兴登堡和鲁登道夫的领导下,德军准备在1918年对法国进行最后的一击。

如果此时不出现新的因素的话,协约国的失败已成为定局。而扭转局面的新因素便是美国参加第一次世界大战。

一战爆发后,美国在很长一段时间里没有决定究竟站在战争的哪一方,尽管当时的威尔逊总统就个人倾向而言偏向英法一边。在1916年时,他曾试图调解,同双方都私下进行秘密会谈,但双方都要求按照有利于自己的条件结束战争,谈判因而毫无结果。

威尔逊之所以坚守中立立场,很大程度上是由于美国国内意见不统一。威尔逊认为大多数美国人不希望直接卷入战争,他在1916年11月连任为第二任美国总统,他靠的是流行的口号:他将保证将美国置身于战争之外。

德国是十分不愿美国加入到协约国一边的。所以自1915年德国潜水艇击沉鲁西塔尼亚号,引起美国抗议时,德国立即停止潜艇攻击达两年之久。到 1917 年，随战争的发展，德国内部出现了两种意见，一种意见来自军方，他们认为如果恢复潜艇攻击，就能中止美国对英法的军需物质的供应，英国就会因物质匮乏而崩溃，迫使英国人在 6 个月内投降，即使因而得罪美国，美国加入协约国一方也不足畏，因为美国当时尚不是军事大国，如要进行军事动员，派出军队到欧洲大陆来至少需一年的时间，那时欧洲战争早已结束；德国大部分老百姓和外交人员反对这样做。但军方的意见占了上风，德国政府于是在 1917 年 2 月 1 日恢复潜艇对一切大西洋上的船只进行攻击。威尔逊政府很快做出反应，断绝了与德国的外交关系，下令武装美国运输船。在恢复潜艇攻击的 2—3 个月里，有几艘美国船只被炸沉，这使威尔逊政府下定决心，要求国会批准美国对德宣战。1917 年 4 月 6 日美国以"为民主世界而战"的口号加入战争。

美国对德宣战后，欧陆战场形势没有立即发生变化。到 1918 年 3 月，由于俄国退出战争，德国人集中兵力于西线，1918 年 5 月 30 日，德军将战线推进到马恩河上，离巴黎仅 37 英里，尽管此时美国已对德宣战一年多，但只有两个师的美军出现在欧洲战场上。

这是决定一战结局及协约国命运的时刻，关键是美国对欧洲战场上协约国的援助是否来得足够快足够多，来填补俄国因退出战争而导致协约国一方的弱势。事实是，尽管美国的动作不够快，但美国的态度是坚决的，经过一段时间的动员，美国已将全部的人力和物力资源投入到对德作战上。

到 1918 年，世界大战已过了 4 年，双方已经筋疲力尽，这时远在大洋彼岸的资源丰富、经济发达、人口众多、一直在休养生息的美国加入进来，战争天平将向何方倾斜是十分清楚的。对德国说来，唯一的希望是在大批美军到来之前将法国打败。但此时的法、英军队由于美军的加入更加充满信心，他们的信念是"坚守，坚守，坚守到美军到来就是胜利"。

1918 年 7 月 15 日，9 个师的美军与德军在马恩河上相遇，这些生气勃勃的美军挡住了疲劳过度的德国军队，德国军心开始动摇。此时，美军正以每月 25 万人的速度在法国登陆。9 月，盟军开始反攻，德国统帅部不得不承认他们无法赢得这场战争。德国外交部向威尔逊总统发出和平建议。1918年11月11日,西部战线实行停火,第一次世界大战以协约国的胜利、德奥的失败告终。

第四节 大战的后果

第一次世界大战历时四年多,共有30个国家参加,卷入的人口共13亿,约占当时人口的75%。大战造成巨大的破坏,人员和物资财产的巨大损失。整个战争期间,被送上战场的人员共7500万人,死伤3000余万,由于战争而死于饥饿和灾害者也有1000万人左右。当时欧洲各国几乎都有一二百万人阵亡。战争消耗了大量的物质,各交战国的经济损失总计约2700亿美元。许多城市和乡村成了废墟,大批工厂、铁路、桥梁和房屋被毁坏,各国经济紊乱、通货膨胀、物价高涨、赋税加重、人民陷入极端困苦的境地。战争导致欧洲文明的衰落,"欧洲的灯光熄灭了"。

一战也给欧洲各国的经济制度和人们的日常经济生活带来了重大的变化,由于战争的需要,欧洲各国在战争中都不同程度地采取一些新措施,战争结束后,这些措施却延续下来,继续推行。主要表现在政府加大对经济的干预与管制。19世纪的资本主义的主要特征是一种自由主义经济,或称自由的私营企业制度,认为政府应与企业分离,让企业自由地按经济自身规律行事。在战争期间,政府控制了所有的对外贸易,国家决不允许任何人将资源私运出境,也不允许使用外汇去进口与战争无关的物质,或通过竞争将人们的一些必需生活用品价格提升,对食品价格进行控制。外贸由国家垄断,私人公司在严格的许可证和配额制下运作。战争自身使得政府调控经济变得容易,战争时期,海上运输成为国民经济的要害部门,部队调动、原料进口、运送食物,都需要靠船运来解决,当时还没有空运一说。不仅如此,各国经济还受到国际组织的制约,战时状况使协约国成立超国家的组织对各国的生产和分配进行控制。在国家干预战时经济方面,德国比协约国走得更远,并出了一批这方面的人才。

战争客观上推动了社会变革。在战争期间,对社会中的上层人们说来,社会要求他们也同一般老百姓一样过节俭生活,如果他们要搞特殊,整个社会会群起而攻之,使他们难堪。因此战争在某种程度上推进了社会平等的观念,为了使妇人和穷人团结到一个共同的目标上——打赢这场战争。战争加速了人们的社会流动。征兵部门将一部分人征召入伍,另一部分人留在军事工厂生产,由于前线伤亡率非常高,后方生产相对较安全,这样,国家就决定了个人的命运。另外战争也改变了妇女的状况,由于前线急需兵员,使原先本可以不服兵役的人也上了前线,大量的妇女进了工厂和办公室,接管了原先是男人们干的工作。虽然战争结束后,许多妇女又退出自己的工作,将岗位让给从前线回来的退伍军人,但战争时期的经历使妇女的社会地位发生了革命性的变化。成千上万的妇女走出了家庭,她们的生活范围扩大了,人生观发生了变化,这种变化在二战中进一步加强。许多国家的男子的普选权和妇女选举权是在一战后获得的。

战争在一些国家导致社会革命的发生,奥匈帝国、俄罗斯帝国、德意志帝国在一战中或一战后发生的革命中被推翻。

战争进一步改变了世界政治格局。欧洲的老牌帝国主义国家像英法开始衰落;美国、日本在进一步崛起;一些殖民地半殖民地国家兴起争取民族独立的解放运动。

进一步阅读书目

〔美〕约翰·米尔斯海默著,王义桅译:《大国政治的悲剧》,上海人民出版社,2003年版。

〔美〕保罗·肯尼迪著,蒋葆英等译:《大国的兴衰》,中国经济出版社,1989年版。

C.L.莫瓦特主编,中国社会科学院世界历史研究所组译:《新编剑桥世界近代史》第12卷,中国社会科学出版社,1987年版。

〔美〕悉·布·弗著,于熙俭译:《第一次世界大战的起源》,商务印书馆,1963年版。

第五章
俄国十月革命

第一次世界大战的一个重要结果是在一些国家中发生了社会革命,导致欧洲三大帝国:奥匈帝国、德意志帝国、俄罗斯帝国的崩溃。革命后出现新型的政权。其中,俄国的十月革命与随后出现的第一个社会主义国家——苏联,在世界历史上尤其具有重大的意义。今天,苏联虽然已经解体,但对那场革命发生及其后果的研究仍在深入地进行,十月革命发生的历史条件,布尔什维克与列宁在革命中的作用,普通群众的态度及其作用,苏维埃政权的性质等仍是充满争论的话题。

第一节　俄国的革命传统与列宁主义

俄国是个富有革命传统的国家。俄国的革命传统最初体现在农民的起义造反中。农民的起义与骚动是俄国历史上的动乱之源,历史上曾出现像普加乔夫和拉辛领导的大规模农民起义。从19世纪中叶开始,俄国沙皇政府开始推行农奴制改革,经过改革虽然农奴们获得了部分的人身自由,但农村中贵族、地主与农民的对立情绪并没有缓和,农民们仍感到缺少土地,他们对占有大片土地的地主们心怀不满,一年中辛勤耕作仍不得温饱,而地主、绅士、贵族们养尊处优,与农民们生活在两个世界中,他们不仅经济生活水平差异悬殊,而且互不往来、互不通婚,他们的语言、服装、性情,甚至脸与手的皮肤也不一样。但在19世纪最后30年,俄国农民造反似乎已经过时,大规模的农民起义没有发生。

取代农民起义造反,在近现代俄国社会制造革命的是一批批具有革命思想的知识分子。俄国知识分子不断的激进化和革命化是理解俄国近现代史的重要线索之一。由于知识分子读书识字,最先接触西方的民主政治思想,他们不满于现状,清醒地明了俄国同资本主义西方在经济、文化、社会发展等方面的巨大差距,而沙皇的专制统治,使他们失去了通过和平变革改善现状的信心。"疏远知识分子的后果,沙俄社会压迫太甚,它不允许知识分子承当任何责任,言路不开,结果这社会放弃了它的一项重要权利,要求知识分子言行负责的权利。"早在19世纪初,一大批俄国知识分子们已对现状不满,俄国当时一位知识分子这样写道:"总之,每个角落都可以碰到心怀不满的人,在大街上,人们耸耸肩膀,到处低声私语,都在说,这到底要弄到什么境地呢? 总之,在国库、在法院、在兵站部、在州长那里、在总督那里,在一切有利可图的地方,谁能够抢就抢,不能抢就偷。到处公正廉洁的人在受苦受难,告密者和骗子却在兴高采烈。"在19世纪初到20世纪初的百余年时间里,俄国先进的知识分子们对如何让俄罗斯摆脱沙皇统治,使自己的祖国繁荣富强进行过不倦的探索,不间断地出现过各种革命思潮、革命组织及革命运动。

俄国社会出现的第一批革命党人是十二月革命党人,他们出身贵族,因于1825年12月(俄历)发动反对沙皇专制制度的武装起义被称为十二月党人。在法国资产阶级革命和1812年俄法战争的影响下,一些有进步思想的贵族军官在1816年成立了第一个秘密革命团体"救国协会"。1825年12月14日乘亚历山大一世突然去世,皇位虚悬之机,一部分人在彼得堡率先起义,12月29日,另一部分人在乌克兰起义,他们的目标是消灭农奴制和沙皇专制制度,建立君主立宪制或共和制。但这种军事起义没有得到人民的响应,很快被沙皇政府镇压。1826年,5位领导人被处死,121人被流放。十二月党人起义是俄国历史上有组织、有纲领、反对农奴制度和沙皇制度的武装起义,是俄国革命运动的开端。

继十二月党人之后,在俄国历史上出现的是被称为民粹派和民意党人的革命者,他们活跃在19世纪60—70年代,同十二月党人不同,这些革命者很多是小资产阶级知识分子,有的甚至出身平民,这些人身上具有浓厚的精英意识,自认为是俄国社会中的精粹,故被人称为"民粹派"。他们认为俄国不可能走上资本主义发展道路,他们也看马克思的著作,实际上是他们将马克思著作翻译介绍到俄国。但他们并不接受马克思主义,他们赞同的只是马克思对资本主义的批判,他们将村社理想化,认为在村社中农民不易破产,只要推翻沙皇统治,俄国就能通过村社制度越过资本主义而直接进入社会主义阶段。他们也看到资本主义已开始在俄国发展,但认为这只是偶然局部现象,不可能最终真正发展起来。他们认为无产阶级在俄国人数少,力量也弱,并不是最先进的阶级,因而一方面将群众看做是群氓,需要革命精英的领导,同时又将农民理想化,将农民看做是实现俄国革命的主要力量,只要有民粹派去领导农民,才能推翻沙皇统治。总之,他们认为通过村社,而不是无产阶级专政,就能走向社会主义。

因而他们在1873年发出了革命知识分子深入到民间去的号召,他们穿上了农民的服装,在农民中进行反对沙皇专制制度的宣传鼓动工作,他们的动机和行为是高尚的,可贵的,但实际效果不尽如人意,他们带有浓厚的"英雄唯心史观",受巴枯宁无政府主义思潮的影响,"我们不需要人民知道些什么,只要他们起来暴动就行了"。他们以救世主自居,高踞群众之上,想不到农民们没跟他们走,他们很快就被警察逮捕。

"到农村去运动"失败后,一部分民粹党人转而采取极端的个人暗杀恐怖行动,暗杀的对象是政府官员及沙皇本人,宣称自己是代表民意的民意党人。1881年3月1日,他们用炸弹炸死了沙皇亚历山大二世,亚历山大三世上台,民意党人再次行刺,没有成功,结果是统治阶级加强了统治,加大对革命党人打击力度,民粹派组织被摧毁,使政治改革的步伐放慢。到1890年,恐怖主义和虚无主义已经过时,民意党人开始分化,一部分人仍坚持俄国可以越过资本主义的苦难阶段,他们为农民的困苦和封建土地制度的罪恶而呐喊,要求加强村社,并使所有农民在村社中得到平等的一份。他们不愿接受首先等待让资本主义在俄国得到胜利,然后再行动的说法,并认为革命会很快到来。这批人在1901年成立了社会革命党人。他们中的一些极端分子则继续采取个人暗杀恐怖行为,如1907年暗杀沙皇政府总理大臣斯托雷平,1918年刺杀革命领袖列宁。

民粹党人中另一些人则转向了马克思主义,最杰出的代表人物是普列汉诺夫,他原先是民粹派人物,"到民间去"失败后,普列汉诺夫离开民粹派,认识到"个人恐怖道路行不通"。1880年他侨居国外,1917年才回国。1883年他在瑞士的俄国政治流亡者中建立起劳动解放社,日后在此基础上成立俄国社会民主党,这是俄国历史上第一个马克思主义政党。

劳动解放社在普列汉诺夫领导下,主要进行两方面的工作,一是翻译马恩著作,促使马克思主义在俄国传播;第二是批判民粹派,分析制定俄国解放的道路。普列汉诺夫很好地完成了这些任务,在他发表的论文中,批判了俄国不能走上资本主义发展道路的观点,证明当时俄国实际上已经走上资本主义道路,革命家的任务不是阻止资本主义的发展,而是依靠资本主义产生出来的强大阶级力量,在俄国实现整个社会的改造,应该看到工人阶级才是最革命的阶级,不应该将希望寄托于农民,只有通过无产阶级专政才能进入社会主义,村社不是社会主义的起点,农民在不断分化,村社正逐步被富农控制,成为沙皇专制制度的基础与工具。历史发展规律是人民创造英雄而不是英雄创造人民。

普列汉诺夫在国外进行的研究工作及发表的论文为日后俄国社会主义革命胜利打下了基础。列宁尤其重视普列汉诺夫的《论一元史观的发展》一书,称此书培养出了整整一代马克思主义者。当然普列汉诺夫及其劳动解放社不过是一个宣传性组织,活动范围小,仅限于知识分子圈子,同工人群众联系少,普列汉诺夫本人过于低估农民的革命性,看不到工人能够而且应当率领农民前进,只有联合农民,实行工农联盟,才能推翻沙皇的专制统治。

这些任务是由列宁来完成的。

列宁(1870—1924)出身于俄国社会中一个中上层家庭,父亲当过省国民教育总监,他有一个无忧无虑的快乐童年,直到17岁时,他的宁静生活才被一件意外事故打破。那一年,他在圣彼得堡大学上学的哥哥不知怎么卷入到一桩民粹党人暗杀沙皇的事件中,被沙皇亲自下令处死。这一事件使列宁的档案上留下了一个黑点,列宁因而不能继续学习法律,他随后参加到职业革命家的行列,他没有别的职业,生活靠党的经费及同情者的捐助。

列宁曾被捕过,被流放到西伯利亚3年。列宁及其难友与当地人住在一起,他们无须做苦工,可以相互借阅欧洲出版的书,可以相互拜访,辩论问题,下棋、打猎、散步、沉思、写作,逃走并不是一件难事,斯大林就曾被抓过7次,5次从流放中逃走。当时沙俄政府认为这些人是误入歧途的青年,重在教育。列宁流放期满后,于1900年到了西欧,期间除短期秘密回俄国外,他在国外一直生活到1917年革命爆发。

列宁的外表平常,不引人注目,既不英俊也不潇洒,身材矮胖,年纪轻轻已开始谢顶,露出高高的额头。走路时步子极快,看人时眼神专注,似乎要看穿对方的五脏六腑,他有一颗异乎常人的大脑,思维敏捷,口才极好,很擅长演说,而且文章写得极快,再难的题目也能一挥而就,并极具说服力和感染力。他是一个天才的革命家,列宁自己说过:"天才在于你长期不断地专注于某一件事。"曾经是列宁的长辈与战友的阿雪罗德这样评价列宁:"他一天24小时都花费在革命上,除革命之外,他什么事也不想,甚至在睡梦中想的也是革命。"由于列宁身上的这些优秀品质,使他成为革命者中的领导人物。

1903年对俄国马克思主义者们说来是个重要的年头,也是列宁在马克思主义者中崭露头角的一年。这年7月,俄国的马克思主义者们先是在布鲁塞尔后又在伦敦召开第二次党代表大会,参加者中,有像列宁这样的流亡海外的革命家,也有长期在俄国国内从事地下工作的党员,有社会民主党人,还有一些其他革命组织的成员。当时倾向马克思主义的革命者中有许多人设想世界革命将首先发生在资本主义发达、工人阶级力量强大的西欧,他们尤其羡慕德国的社会民主党人,他们中许多人长期生活在西欧,他们用怀疑的眼光看农民,讥笑村社的落后,反对恐怖暗杀,他们带着很深的学究气,讲究革命的条件,将眼光放在未来,认为俄国当务之急是完成资产阶级革命,然后才能进行无产阶级革命,并认为这才是马克思主义的精神。

在1903年大会上,党内在许多问题上出现了观点对立的两派人,一派人以列宁为首,另一派人缺乏突出的领袖人物。两派人在讨论党章时就建党原则发生分歧,导致激烈的争论。列宁主张建立一个战斗的、集中的、有组织纪律的党。列宁认为,俄国的社会民主党应该是新型的无产阶级的具有战斗力的革命政党,应该不同于第二国际内的其他社会民主党,党应该由一小部分革命精英分子所组成,是以可靠的和具有革命热情的先进的无产阶级分子组成的核心。在组织问题上,列宁主张,只承认党纲是不够的,还必须参加党的一定组织,党员必须要有组织性,服从党的纪律,必须由党的组织接受入党,不能自行列名入党。党内应该实行民主集中制,加强组织纪律,党内不应有民族或其他成分的区分。党中央应具有绝对的权威,制定党的方针政策,对下层人事安排进行控制。列宁认为如果党没有严格的组织性,就无法保证党的行动的统一,因而也无法领导和组织工人阶级的革命斗争。列宁提出"党是阶级最高形式,党是领导一切的"。而以马尔托夫等人为代表的对立派则主张党应该是一个开放的政治组织,应该允许所有同情者加入队伍,应让党员个体在组织内有更大程度的自由,施展自己的影响与作用,反对列宁提出的将偏离党的路线的人清除出党。他们坚持要照搬第二国际各党的建党模式,认为只要承认党纲,积极为党工作的人,就可以成为党员。他们主张除非在原则根本问题上不一致的人外,党应团结一切可以团结的人,包括自由主义者、进步党人、资产阶级民主派,同他们合作。在他们看来,列宁的建党思想实际上是沿用民粹主义和民意党人的方针,是精英主义的、强调组织纪律、推崇密谋活动和暴力、强调服从、限制党内争论,这些是向俄国传统倒退,而俄国应该走民主的道路,俄国社会民主党应该是民主的党,要脱离黑帮习气,目的正确,手段也应光明正大,应该以民主的原则建党,允许党内有派。

虽然对立派在海外和国内有更多的追随者,但在1903年党代会的中央委员会的选举中,列宁获得了多数,从此列宁一派被称为布尔什维克(多数派),或称强硬派,另一派被相应地称为孟什维克(少数派),也称温和派。

俄国的历史发展证明,列宁的建党理论和组织路线在俄国革命乃至20世纪的世界革命中产生了巨大的作用与影响。一个国家的革命化和现代化进程必须要有强有力的领导集团,领导集团的素质能力决定胜负成败。领导集团的素质、战斗力又与理论建设与组织建设密切相关。没有理论就没有方向,没有灵魂,无法统一步伐;而没有组织纪律性,就谈不上战斗力。无论是理论建设,还是组织建设,都同一个国家的历史文化传统相联系。尽管对立派将列宁的建党思想看做是向俄国传统倒退,但在布尔什维克革命者眼中,它是马克思主义与俄国革命传统的结合,是马克思主义的俄国化,是列宁主义的核心与精髓,也是列宁对 20 世纪世界共产主义运动的贡献。

这样,在 20 世纪初,在俄国政治舞台上,出现了两大阵营,一边是沙皇专制政权,另一边是反对沙皇专制统治的;在反沙皇专制统治营垒中,又分为各种不同的党派,他们主要是立宪民主党人、社会革命党人和社会民主党人;社会民主党人中又存在布尔什维克和孟什维克两大派别。这些党派在反对沙皇专制统治的目标上一致,但在所采取的斗争手段及所要达到的目标上则十分不同,有些甚至是根本对立的。立宪党人想迫使沙皇实行君主立宪制,社会革命党人不反对社会主义革命,但反对无产阶级专政,主张由村社过渡到社会主义社会,社会民主党中的孟什维克受西方社会民主党人的影响,注重和平与民主的社会变革,布尔什维克在列宁领导下则强调党组织的作用,强调党内的组织纪律性,通过党来领导工人和农民,武装夺取政权。

在 20 世纪初期,当时无论哪一党派,力量都尚未强到可以实现自己的政治目标。他们的领导人长期生活在国外,国内没有建立起广泛的组织系统,大部分革命党人受到警察的严密监视,不得不处于地下状态。因此,在 20 世纪初,很少人会预料在 1917 年后会是布尔什维克们夺取了政权,因当时布尔什维克在俄国政治领域追随的人最少,影响力和号召力都不如社会革命党和孟什维克。

然而战争改变了俄国的历史进程。

第二节　战争与革命

俄国自 19 世纪中叶以来,到十月革命,曾发生过四次重大政治变化:第一次是 1861 年农奴制改革;第二次是 1905 年的革命及其后的改革;第三次是 1917 年二月革命中推翻了沙皇统治,成立资产阶级临时政府;第四次是同年发生的十月革命,布尔什维克掌握了俄国政权,俄国走上社会主义道路。综观这些改革与革命的发生过程,其前奏均是由于俄军战败而引发,第一次是由于克里米亚战争,第二次是日俄战争,第三与第四次都是由于第一次世界大战。

1904—1905 年的日俄战争及俄国的战败激化了俄国社会的矛盾。

1905年1月3日,彼得堡的普梯洛夫工厂工人为反对厂主开除4个工人开始罢工,参加罢工的有12000人,其他工厂的工人也以罢工表示支持,到1月8日,罢工已具有总罢工性质,参加者达15万人。

沙皇政府为了防止工人罢工被革命党人利用来反对自己,允许一些牧师到工人中去做安抚说服工作来抵制革命的宣传。其中,有一个名叫加邦的牧师,他深入到工人中,向工人们宣讲,说工人们的痛苦是资本家剥削及一些官僚们造成的,沙皇本人是同情工人的境况的,问题是生活在宫廷中的沙皇听不到人民的痛苦呼声。因此,他鼓动工人起草了一份请愿书,要求8小时工作制,实行每日1卢布的最低工资,整肃那些低能又贪婪的官僚,进行民主选举立宪议会。当时工人大部分是来自农村刚进入城市的农民,他们听信了加邦神父的话,于是在1905年1月9日(俄历)工人带着请愿书,列队前往冬宫向沙皇请愿,请愿书上写着"我们彼得堡工人,偕同我们的妻室儿女和老弱父母,特来向皇上请求公道和保护",请愿队伍约有15万人,他们举着旗子、圣像、十字架和沙皇的画像,唱着宗教圣歌和赞美沙皇的歌曲。但迎接他们的却是严阵以待、荷枪实弹的大批沙皇军警。当天下午2时,军警开始对请愿者射击,一千多人死亡,数千人受伤,彼得堡的街道浸透了工人的鲜血。

1月9日是星期天,此事件故称为"流血星期日",用枪弹对付手无寸铁的和平请愿的工人对沙皇说来是一个大失败,这一事件破除了人民大众对沙皇的最后一丝信任,沙皇统治之所以能延续到20世纪初,重要的一条,在于当时广大俄国人民对沙皇还存在幻想,而在这次血腥事件之后,人们不再信任沙皇政权。任何政权一旦失去民心,失去人民的支持、拥戴、认同,光靠警察与军队来维持是迟早要崩溃的,当时许多年老的工人愤怒地撕毁了挂在墙上的沙皇相片。

"流血星期日"事件标志着俄国革命的开始,该事件引发了全国性的抗议罢工,工人们认识到沙皇不是他们的朋友,专制制度是一切可恨的官僚、税吏、地主、工厂主们的靠山。社会民主党人(主要是孟什维克派)纷纷从地下和国外露面,指导工人的革命运动,在莫斯科和彼得堡组织了工人苏维埃。

在全国许多地方,农民们也自发地造反,烧地主的房子,对地主们采取暴力行动,社会革命党人是农村革命活动的组织者和领导者,全国1/3以上的县爆发了农民暴动。

工农群众的革命斗争也影响了沙皇政府的主要支柱——军队,1905年夏天,黑海舰队的部分水兵举行起义。

在革命高潮中,不仅社会民主党人、社会革命党人,而且立宪民主党人,教授、工程师、工商业者、律师,各地方自治局的头面人物都纷纷卷入到1905年开始的动乱之中,他们有一个共同目标——即建立更为民主的俄国政治。

在各方压力下,沙皇采取了暂时退却的方针,在1905年10月,沙皇颁布宣言,允许人民有言论、集会、结社、出版等自由,并答应扩大选举权,成立具有立法权的国家杜马,组织新的内阁,任命新的具有改革思想的总理大臣。

沙皇和他的谋士们企图通过颁布十月宣言来分化瓦解对立面,争取喘息时间,将远在日俄战争前线的军队调回来镇压革命,他们的策略获得了成功。立宪民主党人,由于得到召开杜马的许诺,相信社会问题将通过议会方式得到解决,自由派地主们担心革命继续发展导致失控,地主们要求在农村恢复秩序。工业家们担心工人的罢工浪潮进一步蔓延扩大。

一些革命知识分子,有孟什维克,也有布尔什维克,正确认识到十月宣言是一个骗局,一旦革命压力减轻,沙皇将拒绝履行这些许诺,因而他们继续发动群众,希望能最终结束沙皇专制统治,建立起一个社会主义共和国。

但到1905年底,沙皇已从年初的惊慌失措中缓过来,经美国的调停,俄很快与日本订立和约,从远东调来了忠于沙皇的军队,中产阶级自由派不再积极参与革命,他们要求的是秩序。尽管在12月,革命力量进行过抵抗,沙皇依靠军队终于将革命运动镇压下去。

在镇压十二月武装起义后,沙皇立即在全国疯狂迫害革命运动的参加者,当局逮捕了苏维埃成员,派遣讨伐队到全国各地,建立战地军事法庭。在一个月内,有397人被判处死刑。1906年半年之内,未经任何审讯而受到逮捕、流放、监禁的达七万多人。革命党人不得不再转入地下,或逃往欧洲,许多人被捕入狱,放逐到西伯利亚。

1905年革命是有资产阶级领导的有广大工农群众参与的一场政治运动，革命的目标是推翻沙皇专制制度争取资产阶级的民主，尽管它未能实现自己的目标，但也为后来的革命者提供了宝贵经验教训。列宁在总结1905年革命经验基础上提出：在帝国主义时代，无产阶级成为时代中心，离开无产阶级领导，革命不是失败就是半途而废，必须联合农民，以农民为可靠同盟军，必须要实行土地改革，否则争取不了农民，必须建立革命武装，举行武装起义。

1905年日俄战争中俄国战败，1905年俄国革命，这些内忧外患使沙皇及其大部分官员深感到必须进行一定的变革才能维持住政权。他们认识到要扼制住革命，加强君主制政权，让所有权力控制在自己手中，必须吸引社会中那些温和的自由派人士。1906年，沙皇任命了思想比较开明的斯托雷平为总理大臣。斯托雷平的思路是必须在俄国扶植起一个强有力的资产阶级作为国家政权的朋友，他认为，只要俄国有一个人数众多的广泛的有产阶级阶层的支持，沙皇政府就根本无须担心那些心怀不满的国内知识分子、阴谋家和流亡国外的革命者们。他因而赞成扩大省——州地方自治局的权利，让更多的自由派地主参与地方行政事务，在对待土地与农民问题上，他实行比"解放农奴"以来更为彻底的纲领。

斯托雷平的做法是将农民从村社束缚中解脱出来，他认为村社是农村地区不安定的根源，他希望让有财产的人的统治来取代村社的统治管理，他废除了让村社集体担负交纳赎金及各种义务的责任，允许每家每户出卖自己的份地及在村社中的权利，因而将村社解散。这种做法的结果是加剧了村社中的两极分化，从村社中分化出来的贫苦农民由于缺乏农具和资金，大多数都把土地以低价出卖给富农，从而使土地集中在富农手中，他们使用雇工，为市场而生产，而大批失地的农民由于被允许离开村社，他们要么进城当工人，要么为富农们当雇工，扩大了俄国的无产阶级队伍。这项改革既增加了农业产量，又提供给城市大量农村剩余劳动力，有利于俄国农村资本主义的发展，加速了俄国工业化进程，同时也壮大了俄国资产阶级和无产阶级的力量。

斯托雷平的改革政策是相当成功的，在1907年到1916年间，在1.6千万农户中，有6.2百万农户可以申请离开村社，村社中有一股明显的向个人占有土地发展资本主义农场的倾向。但这只是一种倾向潮流,并不意味着俄国能在一夜之间因一纸改革法令就能完全废除掉农奴制度,由封建社会跨越到资本主义社会。社会变革需要时间,在1907—1917年10年间,有200万农户退出村社,约占全部农户的1/5,4/5的农户仍留在村社内,农奴制残余仍然存在。

农村改革也给沙皇在农村的统治带来了不利的影响。村社制度虽然落后,但对政治稳定不无好处,而一旦村社制度解体,农民的迅速分化加剧了农村中的阶级矛盾,农民们不仅反抗地主,而且反对新富农,农民反抗的次数,1908年为2000次,1909年为2400次,1910年增加到6200次。

因此,对斯托雷平搞的土地改革的社会效果一直是个有争议的题目,有的人认为这种改革产生了极好的结果,要是俄国再有10年左右的和平时期,就会发展成现代民主国家,另一些人则强调这个政策扩大了贫富差别,从而增加了农村社会中的对抗。

这两种看法其实并不矛盾,从理论上讲,斯托雷平改革的企图是在农村培植起像法国革命后存在的那种有土地有独立经营本领的资本主义小农,来支持沙皇统治,在上层建筑、国家制度方面将沙皇专制改变得像德国那样,实行大资产阶级和大地主们的联合专政,一句话,斯托雷平想通过改革实现俄国的资本主义现代化。谁也不会怀疑从理论上这种改革的前景的可行性,而且实际上,在一战前夕,俄国在西方化和工业化方面已有了长足的进步,工业在发展,铁路里程快速增加,出口值几乎同美国相等,私营资本主义企业在发展;在政治上,它已有了一个议会,虽然不是西方标准的议会政府,政治环境也比较宽松,允许新闻自由,在1912年,甚至连最激进的革命派报纸《真理报》也被允许在圣彼得堡公开地开机印刷出版。1905年后到一战前,布尔什维克的人数在减少,一些领导人常年流亡海外,孤苦伶仃,精神失常,一再期待1905年革命重演,但都以失望告终。当时连列宁也感叹说:"恐怕在我的有生之年是再也看不到革命了。"

关键的问题是留给俄国改革的时间与空间究竟还有多大。当时俄国的发展条件不同于早年的英美,也不同于德日。改革实施时,俄国存在两股强大的势力,一种势力可以说是旧势力的残余,它们支持绝对专制的沙皇统治,他们不是想通过改革解救危亡,而是选择对外战争,支持大塞尔维亚民族主义者,转移国内矛盾,另一种势力是革命党人,他们反对任何改良措施,要求推翻沙皇统治,彻底改造社会,他们没停止活动,不断给沙皇统治制造麻烦。1911年,当斯托雷平陪同沙皇尼古拉二世在基辅一家剧院看戏时被刺身亡。凶手是社会革命党人中的恐怖主义分子,同时又是沙皇的秘密警察,说明改革的阻力之大。

可能更为重要的是,国际环境不允许俄国通过改革走上资本主义发展道路。如果说20世纪最初10年仍让人看到资本主义发展的前景的话,那么,第一次世界大战和随后的1917年的十月革命将这种前景彻底打碎。

第三节　1917年:从二月革命到十月革命

第一次世界大战的发生给沙皇统治带来了巨大的危机。

严格地说,战争对各参战国政府都是一次严峻的考验,战争需要政府与人民之间的全心全意的合作,只有全心全意的合作才能获胜,但战争加剧了人民的痛苦,可能引发人民原有的对政府不满的加深。如何克服人民的不满,保持同政府的合作便成为极为重要的问题。在英、法、美等国家,政府能够争取到人民的合作,英、法能动员人民卖掉自己手中的债券,在议会中投票支持对战争的巨额拨款,美国政府能让人民勒紧裤腰带,动员起全国的人力和物力资源,而沙皇俄国却无法做到这一点。

首先,俄帝国内少数民族波兰人、乌克兰人、犹太人、高加索人等对一战持一种冷漠态度,无动于衷。

其次,俄国的社会主义者们反对战争,反对对战争拨款,在他们的影响鼓动下,工人、农民不支持战争,沙皇政府只能将这些反战分子投入监狱。

最后,资产阶级最初虽同其他国家一样支持政府的战争政策,但沙皇政府不太愿意资产阶级的力量在战争中增强,尤其当资产阶级中各种政治力量趁战争期间对政府的腐败无能和军队的节节失利提出越来越严厉的批评时,沙皇政府就愈来愈难以忍受,在1915年9月,国家杜马被政府停止了,后在资产阶级和人民的压力下,1916年11月又召集了杜马会议,但到12月,沙皇再一次让杜马休会,用机关枪、武装警察准备对那些不听话的杜马议员下手,使得连资产阶级也最后放弃了对沙皇政权的幻想,认识到只有使用暴力,通过政变和革命方式来挽救自己和社会。

同1905年革命一样,这一次又是彼得堡工人首先发难。工人发动的直接原因是因为城中缺粮,工人没吃的。在所有的交战国中,同样有食品短缺问题,但在英、法、德诸国,政府及时有效地采取食品最高限价和发给食品配给证的办法来缓解短缺造成的影响。在这些方面,沙皇政府动作迟缓,而且缺乏效率,结果失去民心。1917年3月8日工人们在革命知识分子的鼓动下,举行造反,群众高喊"打倒沙皇"口号,沙皇派出军队弹压,军队则拒绝向群众开火,整营整团的士兵哗变,没几天,在彼得堡成立起工人和士兵苏维埃。

而资产阶级则要求解散旧内阁,成立一个受杜马大多数人拥护的新内阁,沙皇宣布解散杜马。杜马成立一个委员会来控制局势。从而在首都出现了两个反对沙皇政权的权力中心:一个是杜马委员会,由温和派分子、立宪主义者及主张合法斗争的其他党派人士组成,另一权力中心则是彼得堡苏维埃,代表是从下而上产生出来的。工兵苏维埃的作用与性质如同1871年的巴黎公社,成了工人阶级造反的公共讲台和权利中心,当时各种派别的社会主义者——社会革命党人、孟什维克、布尔什维克都在争夺对工兵苏维埃的领导权,以此为工具来夺取政权。

杜马委员会试图调解各种力量,他们在3月14日成立一个临时政府,由皇族成员李沃夫为总理,同时从苏维埃中吸收一名代表加入政府,他就是克伦斯基,他是一个温和的主张合法斗争的社会革命党人。他们一致要求尼古拉二世退位。沙皇当时在前线,他试图回到彼得堡,镇压造反,但他的专列被自己的军队挡住了,开不回去了。在这关键时刻,军队站在了革命一边,前线指挥官们虽反对革命,但他们也意识到自己已管束不了手下的军队,因而也劝沙皇退位,沙皇尼古拉二世不得不让步,本想将皇位传给弟弟,弟弟不愿接受。在这种条件下,1917年3月17日俄国变成一个共和国。俄历时当二月,史称二月革命。

二月革命是一次非常和平的政变,关键在沙皇已经失去工人、农民、资产阶级的信任,甚至连军队也站到自己的对立面,这是同1905年不同的地方,当时资产阶级中的许多人还信任和依赖沙皇,军队能忠实地执行他的镇压命令,而在1917年,后面二者都站在了革命一边。

沙皇倒台后,继承其位取而代之的是临时政府,这是一个非常软弱的政府,其软弱表现在,当时各种政治力量中许多是不服从临时政府指挥的,以布尔什维克最为突出,而临时政府所采取的一些政策没能得到社会各阶级的认同、拥护。

首先,当时的俄国军队普遍厌战,而临时政府害怕得罪英法等协约国政府,不敢停止参战,只能决定继续对德战争,而在战场上则节节失利,造成在前线的军队更加涣散。临时政府担心反动的拥护沙皇的军官反对自己,在3月14日发布了第一号令,将军队的指挥权授予由军官和士兵选举出的委员会。高级将领拒绝为共和政权服务,大批来自农村的士兵掉转枪口往家跑,农村发生的骚乱不断传入他们的耳朵,他们不愿后方人在分土地时自己还在前线挨枪子,军队的纪律已经荡然无存。代表工人和士兵利益的彼得格勒的苏维埃反对临时政府继续战争的政策。

临时政府为平息农村的不满,曾在议会中通过将土地分配给农民的计划,但实际上没认真执行,而渴望土地的农民则自己行动起来,在农村地区烧杀抢掠,公开造反。

正在这个时候,列宁和一大批布尔什维克领导人乘坐德国的火车于4月中旬回到俄国,4月20日,《真理报》发表了题为"论无产阶级在这次革命中的任务"的报告提纲,即《四月提纲》,提出布尔什维克的任务是实现革命由第一阶段向第二阶段的转变,使政权全部转到无产阶级和贫苦农民手中,结束两个政权并存的局面,实现工、兵、农代表苏维埃单一政权,提出了"全部政权归苏维埃"的口号。

临时政府为了应付来自工、农、兵方面的压力,争取苏维埃支持,在4—7月间几次增加社会革命党人和孟什维克在临时政府中的职位。1917年7月21日社会革命党人克伦斯基被任命为政府总理兼陆海军部长,这时彼得格勒苏维埃执行委员会宣称克伦斯基政府为"拯救革命的政府",承认它有"无限的权力"。社会革命党人和孟什维克与资产阶级保持一致,将权力交给了临时政府。这样,布尔什维克试图通过

"一切政权归苏维埃",从而和平夺取政权的策略不得不改变,一方面将"一切权力归苏维埃"变为"一切权力转归无产阶级和贫苦农民";另一方面,准备进行武装起义夺取政权。

这时,极右势力给布尔什维克帮了一个大忙。俄军最高总司令科尔尼洛夫不满克伦斯基政府的一些政策,积极筹划军事政变,企图建立军事独裁统治。1917年9月7日,他下令从前线调回哥萨克第三骑兵团向首都进军,这时,不仅仅是保守派,连自由派也兴高采烈地期待着能借此机会镇压苏维埃。在此危急时刻,布尔什维克挺身而出,号召人民行动起来,粉碎科尔尼洛夫叛乱。彼得格勒4万余名工人拿起武器,在首都周围修筑工事,卫戍部队的革命士兵做了战斗准备,几千名革命水兵从喀琅施塔得赶到首都,各地的革命士兵和工人赤卫队控制了通往首都的交通要道。克伦斯基被迫下令逮捕科尔尼洛夫,叛乱宣布破产。

这次事变使布尔什维克在人民中威信大增,给布尔什维克找到攻击临时政府的极好机会。9月13日,由社会革命党和孟什维克把持的彼得格勒苏维埃主席团宣布辞职,领导权转移到布尔什维克手中,托洛茨基当选为彼得格勒苏维埃主席。临时政府中的一些自由派和温和派社会主义者们也抛弃了克伦斯基,克伦斯基不得不重组政府,新政府却没有多少人支持。

这时国内的形势更为严峻,食物短缺加剧,此时运输状况更糟,整个农村处在骚乱中,饥饿的工人自然愿意跟随那些思想最激进的人走。列宁及其布尔什维克党人顺应形势,提出一个最能吸引群众的纲领,主要有如下四点内容:1. 立即与协约国实现和平;2. 平分土地给农民;3. 将工厂、矿山及其他工业企业从资本家手中转到工人手中;4. 承认苏维埃而不是临时政府为最高权力机构。这些简化为许诺人民群众以"和平、土地、面包"的纲领。

由于此时布尔什维克控制了苏维埃,列宁又重新提出"全部权力归苏维埃"的口号,并着手准备举行武装起义,布尔什维克内部有人反对起义,但托洛茨基、斯大林及中央委员会里大多数人支持起义,这时彼得堡有工人赤卫队2.5万人,转到革命方面的有卫戍部队士兵1.5万人,波罗的海舰队士兵8万人。11月6日列宁给中央委员会写信,指示要立即发动武装起义,并指示"拖延发动就等于死亡"。当晚,列宁来到武装起义司令部——斯莫尔尼宫,亲自领导和指挥这次起义。

到11月7日,布尔什维克已接管了电话局、铁路火车站和火电厂。"阿芙乐尔"巡洋舰将炮口对准了克里姆林宫——克伦斯基临时政府所在地,临时政府已成孤家寡人,根本找不到什么像样的武装力量来保卫自己。大势已去的克伦斯基于11月7日慌忙乘上一辆插着美国国旗的轿车逃走,后来他逃到美国,一直活到1970年。

布尔什维克成功地夺取了政权,11月是俄历十月,故称此次革命为十月革命。

第四节 关于十月革命评价的几种观点

十月革命发生已经90年,对十月革命的认识与评价一直存在重大的分歧,有些是针锋相对的。虽然20世纪90年代苏联已经解体,但关于十月革命的争论并没有结束,主要的观点可以归为如下几种:

原苏联共产党的观点。认为十月革命是人类历史上最伟大的事件,它开创了人类历史上的新纪元,因为它在占地球1/6的土地上开始建设社会主义。它非常沉重地打击了建立在人剥削人基础之上的国际秩序,革命胜利后建立的苏联成为全世界进步运动的强大后盾,为改造资本主义世界树立了光辉的典范。十月革命的发生符合历史发展的规律,自19世纪末,俄国进入帝国主义发展阶段,各种内外矛盾日益尖锐,出现多次危机,十月革命的发生是这些危机的结果。无产阶级在推翻沙皇制度的群众运动中起了领导作用,在十月革命中,它同贫苦农民结盟实现了划时代的社会主义革命。在其中,列宁及其领导的布尔什维克党起了关键的核心作用。

西方资产阶级自由派的观点。该派观点对苏联共产党的观点全盘否定。在自由派学者看来,苏联共产党的观点歪曲了历史事实,出于十月革命后建立的政权的政治需要。俄国经十月革命走上社会主义发展道路并不是历史的必然,而是当时各种因素的偶然巧合。这些因素有灾难性的战争、极端的君主专制、自由派的无能,而且这是一个刚刚才开始走向自由民主主义的国家。布尔什维克并不代表俄国的人民大众的利益,只是作为一个政治精英集团的布尔什维克巧妙地利用当时的形势,操纵群众。另外,在自由派看来,十月革命后建立的政权是一个冷酷无情、教条主义的政权,从根本上讲是不民主的政权,是正走向民主的俄罗斯历史上的一次反动。

自由意志派的观点。在他们看来,布尔什维克的胜利并不标志着1917年革命目的的实现,而是标志着革命目的的落空,扫除沙皇制度和临时政府的那场群众运动被列宁和他的党所操纵、控制和摧垮。在民粹派历史学家看来,居于俄国革命舞台中心的是人民群众,是普通的男男女女,是无名的农民和工人,革命应该归功于他们,是他们把沙皇的、资产阶级的、温和社会党人的权威一律推倒。布尔什维克建立的政权仍是一个一小部分精英统治大部分群众的政权,一个由少数革命精英与官僚结合的政权,这个统治集团在革命后对工人和农民实行的压迫和剥削,同西方资产阶级一样残酷,甚至更加血腥。

显然,我们不能同意西方自由派和自由意志派的观点。通往现代化目标的道路有多条,俄国通过革命走上社会主义现代化的道路是历史与人民的选择。以列宁为首的俄国布尔什维克顺应历史与人民的呼声,在历史转变的重要关头起了关键性的作用。尽管革命后建立的新政权存在这样那样不尽如人意的地方,这丝毫不能抹杀参与这场革命运动的广大群众和革命者的真诚,就像历史上任何制度的出现都有一个完善的过程一样,我们对社会主义政权也应抱有同样的态度。

进一步阅读书目

斯大林:《论列宁主义基础》,《斯大林选集》上卷,人民出版社,1979年版,第184—275页。

〔美〕约翰·里德著,郭圣铭译:《震撼世界的十天》,人民出版社,1980年版。

齐世荣、廖学盛主编:《20世纪的历史巨变》,第二编第四章《社会主义从理论变为现实》,学习出版社,2005年版。

刘淑春、翟民刚、王丽华:《"十月"的选择——90年代国外学者论十月革命》,中央编译出版社,1997年版。

第六章
亚非拉现代民族解放运动

20世纪初,几乎所有的亚非拉国家与地区都不同程度地处于殖民地半殖民地的地位。第一次世界大战和俄国十月革命极大地影响了亚非拉地区的历史进程,尤其是俄国周边的亚洲国家的先进分子们,从一战中认清了帝国主义的反动本质,并从俄国十月革命的成功中得到鼓舞和启发。一战后,在亚非拉地区出现了民族解放运动的高潮。

第一节 帝国主义对亚非拉殖民地半殖民地控制的加强

战后,帝国主义对东方国家殖民统治和支配形式更加灵活和多样化。帝国主义并不将所有的东方国家沦为直接统治下的殖民地,在东方国家中,有像印度这样的殖民地,英国统治印度的历史可以追溯到18世纪;有像土耳其和中国这样的半殖民地,由于帝国主义国家之间相互争夺,以及帝国主义国家认为让原统治者充当自己的代理人对自己更为有利,而没有将它们变为自己独占的殖民地;还有像拉美各国那样虽然通过斗争获得了独立,但在政治、经济、社会文化等方面仍受控于西方帝国主义;甚至在一个殖民地中,为了统治的需要,殖民统治者对其重要部分实行直接统治,而将其余部分实行间接统治,如英印帝国中的英属省邦和英属土邦。第一次世界大战结束后,由于不可能再用19世纪末瓜分非洲领土的方式来处理战败国的殖民地,英法操纵下的国家联盟炮制的委任统治制度应运而生,一些国家和地区沦为委任统治下的殖民地,委任统治制度并没有改变这些国家的殖民地命运,只不过通过国联为殖民统治披上一层合法的外衣罢了。无论是一战前的殖民地还是一战后沦为委任统治的殖民地;无论是直接统治下的殖民地,还是间接统治的殖民地,或是拉美式的半殖民地状态;它们被西方强制性地冠上了形形色色的名称:殖民地、附属国、保护国、势力范围等等,不一而足,反映了西方支配东方这一历史事实。在帝国主义的支配之下,原先差异很大的亚非拉各国从此具有了共同的历史命运。

进入20世纪后,帝国主义加强了对殖民地半殖民地的政治控制,他们在殖民地的军队、警察、行政部门更加完善;同时,殖民当局更多地将直接统治与间接统治结合在一起,扶植利用当地原有的政治精英来为他们的统治服务。依靠殖民统治机器,帝国主义各国加强对殖民地和半殖民地地区的经济掠夺。宗主国往往规定殖民地附属国不能直接与其他国家建立政治经济联系,不能加入国际联盟,也不能径直向海牙国际法庭申诉,有的甚至不被允许有自己独立的货币。殖民统治的加强和完善还表现在殖民当局开始制定较长远的规划,并采取相应措施,开发殖民地的经济资源,将殖民地经济纳入为宗主国服务的轨道,以实现殖民地的长治久安。一战后,英国殖民地官员卢加德的双重托管理论和法国推出的萨罗计划都体现了这种意图。

卢加德曾任英国高级殖民官员,他长期在东非和西非任职,并曾出任香港总督,主要在非洲尼日利亚任职,1900—1906年任英国驻尼日利亚高级专员,1912—1919年任尼日利亚总督。1919年卢加德离职后,对其长期殖民统治的经历进行了总结,于1922年出版了《英国在热带非洲的双重委任统治制》。在该书中,提出殖民强国有着双重责任:一是对其统治下的殖民地人民的责任;二是对外部世界的责任。对于殖民地的人民,要推动其物资和精神上的进步,最后使其达到自治;对于外部世界,要开发殖民地的自然资源,并寻求使其进入世界市场的出路。前一种责任通过在殖民地更多地实施间接统治来培育,后一种责任则是主张宗主国更多地通过资本输出和由殖民政府主持下对殖民地进行开发的方式将殖民地经济纳入宗主国经济的范围,成为宗主国的附属。阿尔贝·萨罗曾两度出任法国海外殖民部部长(1920—1924,1932—1933)。他就职时,正值一战后,法国经济困难之际,法郎严重贬值,法国无充足外汇购买原材料,希望开发殖民地的资源来弥补。因此，萨罗着手实施殖民地开发新政策，制订了"殖民地经济发展十五年计划"，又称萨罗计划。萨罗公开宣称其计划的目的在于：为了未来法国的强大，法国必须要求它的殖民地和保护国除了提供食物外，还应该为军队出人，为国家的支出出钱，为工业和贸易出原料和其他产品。萨罗把法国殖民地分为几类，规定每一类殖民地要提供某些特定的产品。随着这些计划的实施，宗主国的资本和人员加大加快流入殖民地，宗主国和殖民地的联系更为频繁和制度化，宗主国对殖民地的控制因而得到加强。

西方凭借自己军事上的优势在征服了东方后，加快步伐将东方国家的经济纳入到世界资本主义体系中，其手段就是将东方变成西方工业品的市场和西方工业发展的原料供应地，西方这样做是为了自身的利益，但在客观上也促进了东方国家的经济增长。

西方在东方的殖民统治客观上破坏和改造了东方国家原有的经济结构。东方各国在生产力发展水平上尽管存在很大的差异，但基本是一种建立在家庭农业和手工业相结合基础上的自给自足经济，殖民当局采取各种措施打破原有的村社经济，鼓励和扶持亚非拉地区的经济作物的种植和出口。不仅如此，西方在殖民地建立了有利于商品经济发展的政治新秩序。伴随着殖民统治的建立，原先横行海上的海盗和陆上的土匪遭到打击，封建割据状态被统一的国内市场所取代，各种有利于商品经济运转的法律法规先后建立和完善起来，工商业者的合法经营受到保护，有了一定的商品经济发展的秩序。这种秩序的建立对东方历史产生重大而深远的影响，东方国家尽管历史上有过许多革命与造反，一直未能建立起这种秩序来。因此，从19世纪中叶到20世纪初，东方各国同西方的贸易出现快速增长的势头，这种趋势在20世纪上半叶得到进一步的发展。

东方国家中新生而弱小的工业经济部门在20世纪上半叶也得到一定程度的发展。尤其在一战期间，帝国主义国家忙于相互厮杀，不得不放松对殖民地的控制，东方国家中生产力水平较高的国家如中国、印度、南非和一些拉美国家的资产阶级都抓住了这一难得的时机，大干快上，迎来了本世纪创业的第一个"黄金时代"。这种势头虽在世界经济危机期间遭到挫折，但二战的爆发重新给那些远离战火的亚非拉国家以机会,其中,拉美地区尤为明显,它们实施了"进口替代"战略来促进民族工业的发展。

值得一提的是,进入20世纪后,帝国主义加大了在亚非拉投资的规模与力度,资本大量地投在了南非的采矿业、东南亚的橡胶种植园、中东的油田、拉美的矿山和香蕉园等。"资本输出总要影响到输入资本的国家的资本主义发展,大大加速那里的资本主义发展。"[①]随着外资的进入,铁路、公路、港口等一大批基础设施建立了起来。西方资本在获得丰厚的利润的同时,也客观地促进了亚非拉经济的增长。

经济增长突出地反映在生产总值和人均产值这两项经济指标上,曾有人估算过,在1750年到1900年的150年中,亚非拉国家和地区的国民生产总值仅从112亿美元增加到184亿美元,人均产值却从188美元下降到175美元;而在1900年到1938年,不到40年里,生产总值从184亿美元增加到293亿美元,尤为重要的是,这一时期,人均产值也出现增长势头,从175美元增加到202美元。人均产值的增加标志着长期处于低水平循环的亚非拉经济开始向持续增长的现代经济的转变。

对这种经济增长,我们不应评价过高。在整个1900—1950年期间,亚非拉的经济增长率是很低的,尚未超过每10年增长15%的水平。另外,广大亚非拉人民并没有享受经济增长带来的好处,许多国家和地区的人民生活水平不仅没有得到改善,反而恶化了,这种某些经济指标虽出现增长,但整个国民经济结构畸形,经济严重依附外国资本和国际市场的变动,经济增长率低而不稳,人民生活水平没有相应改善的经济现象被一些学者称为"有增长而无发展的经济"。20世纪上半叶亚非拉经济普遍处于这种状态。

学者们对这种状态的形成提出了各种各样的解释。一些人认为这是进步的代价,现代化过程中必然遇到的问题,当年西方也是这样发展过来的,也就是说,亚非拉国家面临的困境是暂时的,它会随着现代化的进程而被克服。这种乐观的态度并不为大多数人所赞同,正如一位

---

① 列宁:《帝国主义是资本主义的最高阶段》,《列宁选集》第2卷,人民出版社,1972年版,第785页。

西方学者在对比东西方经济的发展过程后指出的:许多第三世界国家出现过引人注目的增长率,然而,也伴随着大量的压迫剥削和实际生活水平下降的现象,其结果是造成社会骚乱乃至终于引起革命。不过,不能以此作为辩驳的理由,说最初欧洲的工业革命也索取了类似的代价,因为欧洲付出代价换来的是经济自身持续的增长和普遍受益的发达的工业社会,相比之下,殖民地半殖民地换来的报酬却是持续的经济依附和欠发达,以及随之而来的社会脱节和不幸。

有的学者偏重于从人口问题寻求答案,例如吉尔茨在考察了印尼的农业后,提出了"农业内卷化"这一概念,农业产量的增加是增加劳动力投入和扩大种植面积的结果,单位面积产量和人均劳动产量没有相应的提高,而生态环境却因过分垦殖而恶化了,影响了长期的发展,造成有增长而无发展的状况。有的学者从文化观念滞后上找原因,例如,同是印度农民,旁遮普的一些农民能利用大战期间农产品价格上扬的机会,用赚来的钱改善耕作条件,而其他地方的农民却将钱用来增加家庭消费,从而错过了发展的机会。

当然,离开政治制度的因素,是无法对这种状况做出满意的解释的。在西方直接控制下的殖民地,由宗主国支配的殖民政府并不关心殖民地的长远利益,他们鼓励甚至强制当地人民种植经济作物,经济作物夺占了种植粮食作物的面积,导致当地粮食短缺和粮价上扬,而当经济危机来临时,他们又压价收购经济作物。外资修建的铁路、公路、港口大多是为了采矿业和进出口贸易以及商业发展的需要,这些设施对整个国民经济的长远发展作用甚微。在拉美和其他半殖民地地区,除了帝国主义的压迫和剥削外,本国统治者也应对20世纪上半叶经济发展缓慢负责。在这些国家中,西方扩张带来的外贸增长虽然使农业生产力有所提高,但好处被部落酋长、城市精英、官僚和军官所组成的上层社会集团所独占,这些集团养成高消费的习气,喜爱外国货,从佃户榨取来的钱没有用于改进农业技术,更谈不上投资工业企业。此外,对内和对外战争、军队的现代化、朝廷的挥霍无度、频繁的官员出访在国内外浪费了大量的钱财,导致通货膨胀,货币贬值,这些使东方各国纷纷陷入财政困难。为了解决财政困难,统治者们要么向农民们增加各种苛捐杂税;要么通过榨取民族工业;时常是双管齐下。结果是农村破产,工商业停滞。

因而,结论是推翻殖民主义和封建主义统治是亚非拉经济发生根本性转变的最重要的前提。

第二节 传统社会的解体与阶级关系的变动

20世纪上半叶是亚非拉传统社会发生大变动的年代。20世纪上半叶亚非拉社会普遍出现了人口增长的势头,尤其在拉美地区,在大部分年头,人口增长率都在1.5%以上,在40年代高达2.5%。同一时期亚洲和非洲的人口增长率虽比拉美低,但也超过了欧洲,从而改变了19世纪时西方人口增长率高于东方的趋势。但同50年代后亚非拉地区"人口大爆炸"状况相比,这一时期的人口增长仍维持在一个较低的水平。因此,1900—1945年间亚非拉人口增长处于一种过渡阶段,它既是自近代以来人口缓慢增长的继续,又是向50年代后亚非拉"人口大爆炸"的过渡。

同人口增长相联系的是人口的移动。人口移动分国际移动和国内移动两种。印度人移往南非、日本人移往南美、中国人下南洋属于前者;中国华北的农民闯关东走西口、人口过密的爪哇岛居民向外岛发展、东非和中非人到南非打工以及拉美人民向地广人稀的"边疆"发展属于后者。无论是国际移动还是国内移动,在19世纪时已经开始,但只有在20世纪上半叶达到顶峰,其中,有人口增长对土地压力增大的因素,有殖民统治的因素,有战乱的因素,还有交通改善的因素。这种人口移动在20世纪下半叶受到了限制。

人口移动促进了亚非拉地区的城市发展。无论是国际移动还是国内移动,人口流动的方向主要是从农村移往城市。大批农村人口持续不断地移往城市导致城市人口的增长、城市数目的增加以及城市规模的扩大,从而出现城市化进程。

20世纪上半叶亚非拉城市发展并没有带来农村经济的相应繁荣,相反,农村经济的衰败和农村社会的解体几乎成了这一时期亚非拉地区的普遍现象。因而在亚非拉城市化进程中出现了同欧洲城市化不同的特点。欧洲的城市大多是伴随着国内的资本主义的发展兴起、国内农业生产力的提高、工业革命以及科学技术的发展,与城市化同步,形成一个整体,相互促进,相得益彰。而在东方,城市的发展导致城乡的严重对立,具有发达工商业的现代城市宛如一个个孤岛处于落后的农村经济的汪洋大海之中,城市成了帝国主义掠夺东方财富的中转站,成了殖民统治的象征和中枢,东方社会从空间上和结构上被割裂了,形成为二元社会。

人口增长和移动,城市化的发展,农村社会的解体和破灭,以及资本主义经济的缓慢发展,自然而然地影响了亚非拉社会中阶级关系的变动。20世纪上半叶的绝大多数的亚非拉社会尚未进入资本主义,仍是帝国主义支配下的殖民地和半殖民地,尚处在由前资本主义向资本主义社会过渡的阶段,前资本主义的各种因素仍十分强大。当新的生产力因素和阶级成分出现在大小城镇时,绝大多数的人口仍生活在农村,前资本主义的农业仍在国民经济中占主导地位,现代工业部门十分薄弱。在这新旧相混交的时代,阶级关系不是简单化了,而是更趋复杂。

虽然在近代时期,亚非拉地区的一些国家已经开始创办近代工业,工人阶级也因此应运而生,但绝大多数亚非拉国家的工人阶级是在进入20世纪,尤其在一战期间才产生壮大起来。作为20世纪才真正成长壮大起来的新兴阶级,亚非拉工人由于受帝国主义、封建主义和资本主义的深重压迫与剥削,具有较强的反帝、反封和反资的斗争传统。他们较少或基本上没受到19世纪末以来欧洲修正主义思潮的影响。在许多国家,尤其在俄国的周边地区的工人阶级从一开始就受苏俄革命的影响,在本国共产党的领导下,成为20世纪东方社会革命的中坚力量。尽管如此,20世纪上半叶的亚非拉革命除中国、蒙古、朝鲜、越南、古巴是在无产阶级政党领导下并相继取得胜利外,在其他广大地区的政治舞台上唱主角的不是无产阶级。

从总体上讲,20世纪的前50年是亚非拉地区工商业资产阶级产生和发展的时期,但这一时期的工商业资产阶级的人数和力量都有限,还存在各种各样的弱点。首先,作为殖民地半殖民地的资产阶级,他们对外国资本有很强的依附性,外国资本通过银行和经理行制度控制了殖民地和半殖民地的工商业,亚非拉民族工业在资金、技术、设备上均需仰仗和受制于外国资本,故他们在政治上难以摆脱与生俱来的对帝国主义的软弱性与依附性。其次,非常重要的,东方社会的资产阶级往往从传统的商业社团发展而来,在传统社会中,他们社会地位低,受其他社会阶层歧视,商人往往被当做为富不仁者,难以成为资产阶级革命的领导力量,不得不寻求自己政治上的同盟者和代言人。

因而我们看到20世纪上半叶东方社会普遍存在合法统治权力真空,原有的封建统治阶级由于蜕变为西方帝国主义利益的代理人,他们在本国民众中的权威合法性资源已经大大流失。农民起义和农民造反在20世纪也已走过其巅峰期,1857年印度起义、中国太平天国革命、义和团运动、墨西哥农民革命……先后均以失败告终,证明了这一点。城市工人阶级是新的生产力的代表,但人数太少,自身还带着新生阶级难免的不成熟性。资产阶级虽有反帝反封建的要求,但同时又因种种原因,无力也不愿带领群众去完成一场资产阶级革命。在群龙无首的状态中,知识分子被推上了政治舞台,充当起领导者的角色。知识阶层之所以能在20世纪上半叶东方政治舞台上呼风唤雨、左右逢源还得益于它在社会中的美好形象:在传统社会中,他们是民族文化和道德的体现者;在殖民地和半殖民地的历史环境中,他们是推进社会进步的改革者和启蒙思想家;进入20世纪后,他们中许多人转变为为民族独立而斗争的不屈不挠的战士。他们是社会的良心,是社会公平和正义的象征,他们也总是有意识地宣扬自己代表整个民族和社会的利益。总之,时代将他们推上了政治舞台,充当起政治运动的领导者的角色。

关于知识分子在20世纪革命中的地位与作用,列宁曾有过一段十分精辟的评价:"知识分子一旦接近了人民,就会在这个斗争中成为一支巨大的力量。它自己虽然软弱无力,但是能够给小资产者和农民的广大阶层提供他们恰恰缺少的东西:知识、纲领、领导、组织。"[①]

进入20世纪后,东方各国的知识分子阶层发生了分化,知识阶层中的一小部分人甘为帝国主义和封建统治者效劳;而另一部分先进人物开始产生民族主义的觉醒,先后从帝国主义和封建统治的合作者转

---

① 列宁:《作保皇派资产阶级的尾巴还是作革命无产阶级和农民的领袖》,《列宁全集》第9卷,人民出版社,1961年版,第199—200页。

变为反抗者和革命者。

这种转变的发生同从20世纪初开始东方知识分子阶层的状况普遍恶化有关,殖民地的知识分子阶层随教育发展而人数不断增多,他们的社会处境却日益恶化,许多人走上了革命之路。当西式教育刚在东方推行时,社会上受此教育者人数有限,他们大多来自原社会中的特权阶层,他们从学校毕业后,一般能在社会上找到位高薪厚的职业。但随着教育的进一步普及,学校办得越来越多,生源的社会阶层越来越广泛,学校像工厂生产产品那样源源不断地输送毕业生,工商业不发达的亚非拉社会无法消化吸收这些毕业生,毕业即意味着失业。知识青年的失落感还同殖民当局的歧视性政策有关,在殖民地社会,政府中关键部门的高级职位大多为外国人把持,他们想方设法排挤本地人。

青年知识分子往往通过文学作品来抒发其内心的苦闷和烦恼。20世纪东方文学因而同传统文学相比,发生了显著的变化。在思想内容上,现代文学一改过去偏重宗教、神话传说、道德说教的内容,开始注意反映现实社会生活中的问题。在许多作品中,作者们往往站在人道主义、民主主义和民族主义立场上,揭露批判帝国主义和殖民主义统治的罪恶,揭露封建统治者的野蛮愚昧,宗教的虚伪,对劳苦大众的苦难给予深深的同情。在文学体裁和表现手法上更加多样化,诗歌、小说、戏剧,百花齐放,创作出一大批优秀作品,涌现出像泰戈尔、普列姆昌德、鲁迅、老舍、夏目漱石、川端康成、涅鲁达、帕斯等优秀作家,他们的作品不仅在本国人民中享有极高的声誉,而且经过翻译传播到全世界,他们中一些人因而荣获诺贝尔文学奖。20世纪东方文学作品的影响和生命力也在于作者们开始面向大众,使用大众生活中的语言,中国甚至开展了以推行白话文为主要内容的新文化运动。许多文学作品起到了宣传群众、动员群众的有力的工具作用,不少知识青年是通过阅读革命文学作品走上革命道路的。

充满失落感的知识青年往往成为亚非拉政治的源头,他们中一些不满于现状的人最先发出革命造反的呐喊,他们不愿进行一点一滴修修补补的变革,而是向往彻底的革命。在越南,"反对法国人最激烈的正是那些法语说得最好的人"。在非洲,现代民族主义的领导人被称为"七年级学生",殖民统治者轻蔑地称他们为"穿裤子的非洲人"。在中国,情况极为相似,清王朝以及后来的国民党政权也发展新式教育,他们的目的原本是培养维护自己统治的人才,但结果大多相反,虽然这些学生绝大多数是富家子弟,他们受到新思想和新价值观念的熏陶,充分意识到祖国遭受帝国主义剥削和凌辱的状况,在感情上乃至行动上转向立宪或革命。政府极为失望地发现在新式学堂里"学子合群,辄腾异说,相濡相染,流弊难防"。原想培养为封建统治的栋梁之材的青年学子,成为中国社会中煽动革命的精英。中国共产党的创始人李大钊对当时中国知识青年的状况曾有过如下深刻和生动的描述与分析:"独吾国今日之学生问题乃为社会最近自造之阶级身份,而被造就之人人,一入此阶级,一得此身份之后,乃以此阶级身份之故,社会反与为冰炭之质,枘凿之势,所学无论其为所科,社会皆不能消纳之,应用之,一般耆旧老宿,一闻'学生'二字即摇首蹙额,似为学生,即于中国社会为无用,而学生者又不能不谋自存之道,不能不服事畜之劳。于事无问其所学为工、为农、为商、为理、为文、为法政,乃如万派奔流以向政治之一途,然即政治界亦何尝欢迎此为社会排斥厌弃之学生。中国之学生实为最可怜之一阶级,人而学生著冠服,即无异于自杀。"李大钊因而预言:"欧美之革命,泰半渊源于工人之呼号,中国之革命,则全酝酿于学生之运动。"①在辛亥革命、北伐战争、土地革命、抗日战争以及解放战争中,正是由于大批思想进步的青年知识分子的积极参与,使得20世纪的中国革命不同于19世纪的农民起义。毛泽东曾这样评价知识分子在中国革命中的作用:"没有知识分子的参加,革命的胜利是不可能的。"②

第三节　民族解放运动的基本特征

20世纪上半叶亚非拉地区的革命运动一般被称为民族解放运动。亚非拉地区的民族意识和民族概念主要受西方的影响。现在人们将民族国家概念的形成追溯到法国资产阶级大革命时期。在法国,作为一

---

① 李大钊:《李大钊文集》上,人民出版社,1984年版,第425—427页。
② 毛泽东:《大量吸收知识分子》,《毛泽东选集》第2卷,人民出版社,1991年版,第618页。

种以语言类同性为依据的有机整体的民族观念早就存在,在17世纪这不仅是官方的立场,而且在一定程度上为公众所接受。早在1694年,《法国科学院辞典》就对"民族"下定义为:"生活在同一国家、同一地域、受同一种法律管辖、操同一种语言的全体居民。"因此,在现代民族的形成中,国家是重要的因素。离开"国家"这一范畴,根本无从讨论民族问题。在许多地区,许多条件下,"民族"一词同"国家"一词成了可以相互置换的同义语。民族是独立国家的有机体,又是政治斗争和政治机器的产物。近现代独立国家往往是建立在民族认同的有机体上,同时,民族认同也必须在同一国家中得到体现。

但是,实际上民族和国家又是两个本质不同的概念。同一民族通常意味着具有共同的文化传统、共同的语言和共同的生活地域。这些特征是在长期的历史演变过程中形成的,是一个民族与其他民族相区别的本质特征,因而,有人主张民族是一个历史概念,是自然而然形成的;国家则有所不同,它首先是一个政治单位,拥有一定的人口、特定的领土和有主权的政府,因而,主权是国家最为根本的特征。依据理想的现代民族国家的概念,民族与国家具有高度的同一性,但实际上世界上几乎所有的国家都不是单一民族构成,一个历史上形成的民族又往往生活在不同的国家内。当不同的民族以国家这种政治组织的形式组合起来以后,经常面临如何对待处于同一国家之中不同的民族利益,特别是占统治地位的民族和少数民族之间的利益;以及民族利益又是如何和国家的利益统一起来的问题。这是任何由多民族组成的国家在制定政策的过程中必须加以考虑的问题。这个过程就是我们通常称为"民族国家"形成的过程,这里的"民族"往往是一个"创造物",一种"想象的共同体",其衍生出的结果是民族主义思潮。因此,我们看到在民族国家形成过程中,同时并存着两种民族主义,一种是由国家统治者自上而下灌输的民族主义,意在实现和加强全体国民对国家的认同;另一种则是某些群体,他们感觉到自己在此社会和国家中处于被支配的边缘地位,因而宣称自己的民族独特性,提出要建立自己独立的国家。前一种民族主义被有的学者定义为国家导向的民族主义(state-led nationalism),后一种则是寻求建国的民族主义(state-seeking nationalism)。从世界的视野看问题,可以将这一时期亚非拉地区的民族解放运动纳入后一种民族主义范畴。

大致说来,亚非拉民族解放运动的发展经历了三个历史阶段。第一阶段可以称之为"原初民族主义"(proto-nationalism)阶段。这一阶段的领导者主要是原封建阶级的上层人物,他们不甘心受西方帝国主义的支配,想通过改革复兴本土文化,维护已经摇摇欲坠的统治。这一阶段的运动还包括农民自发的反抗外国侵略的斗争。第二阶段被称为"资产阶级民族主义",这一阶段出现新的领导人物,他们接受了许多西方的思想,运动中有众多的中产阶级参与,目标也与前一阶段不同,不再是单纯地想保存旧有的东西,而是想在政治上获得独立的同时,在文化思想、科学技术、典章制度全方位地吸收西方先进的东西,实现富国强兵的目的,建立资产阶级民主共和国。第三阶段是第二阶段的继续,所不同的是,在第三阶段,运动的领导阶层认识到动员群众参与民族解放运动的重要性,努力扩大运动的群众基础,开始到农村去,将农民吸引到运动中来。

不是所有亚非国家都经历了三个阶段的民族解放运动,各国进入各个阶段的时间也不同,亚洲许多国家在一战后实现由第二阶段向第三阶段转变,而非洲是在60—70年代才出现有广大民众参与的民族解放运动。马克思主义者将第三阶段的民族解放运动看做是世界无产阶级革命运动的一部分,因为尽管这些运动的领导者许多仍是资产阶级,其奋斗目标也仍是建立资产阶级的共和国,但由于它具有反帝反封建的倾向,就具有成为社会主义俄国的盟友的可能性与现实性,因而列宁认为十月革命后,殖民地半殖民地的民族解放运动已从过去世界资产阶级革命的一部分转变为世界无产阶级革命的一部分,并指示殖民地半殖民地的共产党人应该支持本国的民族解放运动。

一战后,亚非拉地区的民族解放运动具有如下突出的特点:

第一,相互联系性。相互联系性首先体现在,这一时期东方发生的运动普遍同世界大事件有联系。一战的爆发进一步暴露了帝国主义的侵略本质和其虚弱的一面,促使东方人民觉醒并增强斗争的信心。十月革命给东方人民送来了马克思主义,从20世纪初开始,列宁就一直关注着东方的民族解放运动,给予东方人民的斗争极高的评价与支持。十月革命胜利后不久,1920年7月19日至8月7日,在俄国召开了共

产国际第二次代表大会,在这次大会上,列宁提出了《民族和殖民地问题提纲》,主要有如下三点内容:

1. 应该区别压迫民族和被压迫民族,不能对民族主义一概而论加以反对,在解决一切殖民地和民族问题时不要从抽象的原理出发,而要从具体的现实的各种现象出发。

2. 在目前形势下,在帝国主义大战以后,各民族相互联系,全世界国家体系,将取决于少数帝国主义国家反对苏维埃运动和以苏维埃俄国为首的各个苏维埃国家的斗争。

3. 在封建关系或宗法农民关系占优势的比较落后的国家和民族中,各国共产党必须帮助这些国家的资产阶级民族解放运动。[①]

列宁关于殖民地和民族问题的论述为东方民族解放运动提供了思想武器,社会主义的苏联成为东方各国人民的斗争的有力支持者。

1929—1933年资本主义世界的经济危机,使资本主义各国的生产力大幅度下降,各国进出口贸易锐减,市场萧条。随着生产力的萎缩和中小企业的大批破产,失业人数激增,社会动荡。帝国主义国家垄断资产阶级除了加紧剥削本国无产阶级和劳动人民外,竭力把危机的灾难转嫁给殖民地半殖民地。由于世界市场价格暴跌,殖民地半殖民地原料出口额急剧下降,工农业受到极大的打击。在经济危机的年代里,殖民地半殖民地工农劳动者的生活普遍恶化。这样,殖民地半殖民地国家人民与帝国主义之间的矛盾加剧了,工农与地主资产阶级之间的矛盾也在加剧。在此基础上,亚洲、非洲、拉丁美洲的民族解放运动出现新的高潮。

而二战的爆发使所有的帝国主义宗主国都卷入其中,对殖民地和半殖民地的控制削弱了。荷、英、法、美在东南亚的殖民地相继落入日本之手,日本为了巩固自己在东南亚的统治,刻意将自己打扮成亚洲的解放者,让东南亚反对西方的民族主义力量得以发展。在二战中,中国、朝鲜、越南等国的共产党人在反对日本侵略的旗帜下,掌握了民族解放运动的领导权,广泛发动群众,成功地建立起广泛的统一战线,创

---

① 列宁:《民族和殖民地问题提纲初稿》,《列宁选集》第4卷,人民出版社,1972年版,第272页。

立革命根据地,扩大发展了人民军队,为战后取得新民主主义革命胜利奠定了基础。同时,东方人民的革命斗争既是反帝反殖的世界无产阶级革命的一部分,又是世界反法西斯斗争的一部分,他们为世界反法西斯斗争的胜利做出了自己的贡献。

相互联系性还表现在这一时期东方各国人民斗争的相互同情和支持上。由于列宁对东方民族解放运动的重视,十月革命后的苏联同东方民族解放运动建立了广泛的联系,并实际上成为东方革命的指挥中心。1920年9月根据共产国际和东方许多革命组织的倡议,在巴库举行了东方各族人民代表大会,来自各国的数百名代表出席了这次大会,其中有201名伊朗代表、105名土耳其代表、40个阿富汗代表、7名中国代表、14名印度代表,以及其他国家地区的代表。1927年2月,在苏联的支持和倡导下,在布鲁塞尔召开了被压迫人民代表大会,中国、印度、拉丁美洲、印尼、印支联邦、埃及、叙利亚、北非阿拉伯人和北非黑人民族组织的代表参加了大会。参加大会的除了像宋庆龄、尼赫鲁、苏加诺等亚洲著名的民族主义领导人外,还有欧洲各国工人运动的进步组织的左翼代表和著名的文化和科学界人士。在布鲁塞尔大会上,成立了常设组织——反帝大同盟。由于十月革命后苏联的支持,东方民族解放运动一改近代时期东方各国孤军对帝国主义联盟奋战的艰难局面,而是相互支持。1933年时,印尼民族解放运动领导人苏加诺写道:既然帝国主义庞然大物彼此间在进行合作,那么让我们这些向庞然大物打躬作揖的牺牲者也实行合作吧。如果印度尼西亚的水牛能同埃及狮身人面像、印度难陀牛、中国龙以及其他各国争取独立的战士们合作,那么,国际帝国主义的日子大概是屈指可数了。①

第二,广泛性。亚非拉现代民族解放运动具有广泛性的特点,体现在两个方面。一方面,这一时期,几乎所有的殖民地和半殖民地国家都开展了民族解放运动,大到像中国和印度,小到像阿富汗和摩洛哥的里夫人民。另一方面,指参加运动的社会阶层的广泛性,不仅近代时期那种农民反抗和酋长封建主领导的反殖民统治的斗争在一些地区发生,更多的是城乡资产阶级、小资产阶级和无产阶级参加和领导的革命运动。

---

① 苏加诺:《印尼在控诉》,莫斯科,1956年版,第216页。

由于这种广泛性,这一时期亚洲的一些主要国家普遍掀起民族解放运动的高潮。在西亚土耳其,面对亡国的危险,凯末尔依靠人民以安纳托利亚高原为根据地,建立革命政权和革命军队,建立广泛的反对帝国主义侵略的统一战线;在外交上,争取到苏联的多方面支援,并先后分化帝国主义势力,最后,通过武装斗争,赶走英国支持下的希腊入侵军。随后,凯末尔先后取消苏丹和哈里发制度,建立土耳其共和国,并进行经济、文化、社会等全方位的改革,从而使土耳其成为亚非地区继日本之后摆脱半殖民地命运进入独立资本主义发展的国家。在南亚,印度人民在甘地和国大党的领导下,发起了数次非暴力不合作运动。在东南亚,印尼共产党人在1926年发动了反对荷兰殖民统治的起义,起义虽然没能成功,但标志着民族主义在东南亚开始崛起。在中国,在苏联的帮助下,孙中山领导的国民党实行"联俄、联共、扶助农工"的三大政策,国共实现第一次合作,革命军进行北伐并取得胜利。国民党蒋介石背叛革命后,共产党人继续高举革命的旗帜,领导中国人民进行反帝反封建的斗争。此外,朝鲜、越南、阿富汗、伊朗、叙利亚等国人民也都开展了反帝反殖斗争。

在非洲,那里的大部分地区的民族主义运动尚处在萌芽与酝酿阶段,但在北非地区,民族主义运动在一些国家达到很高的水平。埃及在扎格卢勒的华夫托党的领导下,通过游行、示威、罢工、罢课、罢市以及街垒战等方式迫使英国殖民当局做出让步,放弃对埃及的"保护",承认埃及独立。摩洛哥里夫地区的人民在当地酋长克里姆的领导下,建立里夫共和国,多次打败强大的西班牙和法国的侵略军。从1935年起,埃塞俄比亚人民在海尔·塞拉西一世皇帝的领导下进行了艰苦卓绝的抗意战争。

在拉丁美洲,阿根廷工人在共产党领导下,举行反对外国资本家的罢工,甚至发展到工人筑起街垒同警察搏斗。墨西哥人民在卡德纳斯总统的领导下,对内进行一系列民主改革,推行土地改革,将工农力量吸纳入党内,遏制军人势力,对外高举民族主义大旗,收回国家利权,维护国家主权,将墨西哥引上现代化之路。智利的左派力量团结其他社会阶层,成立民族阵线联合政府,防止了法西斯势力上台。此外,尼加拉瓜桑地诺游击队同受美国扶持的反动独裁政权展开武装斗争;巴西普列斯特斯领导了行程达5万里的长征;古巴人民举行反对马查多独裁统治的起义。这些斗争在拉美人民革命斗争历史上写下了光辉的历史篇章。

第三,持续性。这一时期亚非拉各国的革命运动并不是一帆风顺的,都曾经历了曲折的发展过程。20年代以来的亚非拉民族解放运动虽然风起云涌,比起一战前有了很大的进步,但它也存在很大的弱点,各地的运动大多以失败与挫折告终。有的是由于敌我力量对比悬殊,有的是资产阶级背叛革命,有的则是革命力量自身的弱点所致。但亚非拉人民毫不气馁,中国共产党人"掩埋好同志的尸首,揩干身上的血迹,又投入战斗",甘地领导下的国大党人不怕坐牢,屡挫屡奋,争取独立的斗争始终不动摇。到40年代末50年代初,一大批亚洲国家先后获得了独立;此后,亚非拉国家继续开展反对霸权主义和新殖民主义的斗争。综观整个20世纪,东方国家的革命运动此起彼伏,从未间断过。

第四,成熟性。现代民族解放运动克服了早期阶段缺乏组织、缺乏明确理论纲领的弱点,这一时期的革命运动大都具有良好的组织、明确的纲领目标和宏大的规模。

一战后,受十月革命的影响,在亚非拉国家中先后建立起38个无产阶级政党。其中,亚洲15个,非洲5个,拉丁美洲18个。在亚洲,中国、日本、朝鲜、越南、印尼、印度、土耳其、伊朗等国在二三十年代先后成立了共产党组织。早在十月革命前,拉美一些国家工人阶级和知识分子中的先进分子,就在一些工业中心开始建立马克思主义小组和共产主义小组,大力宣传马克思主义。伟大的十月社会主义革命给予拉美工人阶级巨大的鼓舞,也进一步增强了他们反对机会主义和改良主义的斗争意志。他们摆脱无政府工团主义和资产阶级社会民主主义的束缚,在各国先后成立了共产党。1919年6月,在布宜诺斯艾利斯举行了拉丁美洲各国共产党第一次代表大会。

亚非拉地区资产阶级政党在一战后也得到很大的发展。一战后,在甘地领导下,国大党在农村发展基层组织,国大党党员一度扩大到1000万人以上。孙中山改组国民党,实行新三民主义,使得国民党在组织上、人数上以及党的战斗力上都有明显的进步。在墨西哥,卡德纳斯上台后,将工会和农会组织吸纳入墨西哥革命党,从而使党内的工农成分大大增加。其他比较著名的组织还有苏加诺领导的印尼国民党、凯末尔领导的人民共和党、埃及的华夫脱党。非洲地区的资产阶级政党出现虽晚,到40年代时也有了像尼日利亚民族民主党这样的组织。

各国民族解放运动中涌现出一大批杰出的领袖人物,他们中有像毛泽东、胡志明、金日成这样的无产阶级革命家,更多的是像甘地、尼赫鲁、凯末尔、苏加诺、恩克鲁玛、卡德纳斯、庇隆等资产阶级领袖人物。

这一时期亚非拉人民在长期革命实践中,成功地将源于西方的理论与本国的具体实践相结合,从而形成像孙中山的三民主义、毛泽东思想、甘地主义、尼赫鲁主义、凯末尔主义、卡德纳斯主义、庇隆主义等有影响的思想体系。这些思想体系既是革命实践的总结,也对革命过程起着重要的指导作用。不仅如此,还对他国乃至世界历史进程产生广泛而深远的影响,如凯末尔领导的土耳其革命与改革的成功经验引起了中国国民党和共产党人的极大的兴趣;毛泽东的开展游击战,实行农村包围城市的战略思想成为亚非拉人民革命的宝贵财富;甘地的非暴力主义以及非暴力不合作的策略不仅影响了20世纪的印度历史,而且将在21世纪国际政治中产生影响。

第五,多样性与差异性。尽管东方各国的民族解放运动具有以上共同的特点,但在发展过程、领导阶级以及斗争结局上也显示出多样性和差异性的特点。首先,在民族解放运动兴起的时间上有先后,拉丁美洲各国获得政治独立比亚洲国家早了百余年,亚洲进入民族解放运动的高潮又比非洲早了半个世纪。就是在各大陆内部,各国也会由于一些具体条件的不同,出现差异性。其次,在运动的领导阶级上,有无产阶级领导的,有资产阶级领导的,还有由封建主和部落酋长所领导的。再次,在运动所采用的斗争方式上,有甘地所主张的非暴力不合作斗争方式,有中国共产党人实行的农村包围城市、武装夺取政权的斗争方式,也还有许多国家实行的和平谈判和武装斗争交替并用的方式。最后,在斗争结局上,蒙古、中国、朝鲜、越南、古巴相继获得了社会主义革命的胜利,而更多的国家走上了资本主义发展的道路。

进一步阅读书目

列宁:《民族和殖民地问题提纲初稿》,《列宁选集》第四卷,人民出版社,1972年版,第270—276页。

〔印度〕甘地著,杜危、吴耀宗译:《甘地自传》,商务印书馆,1959年版。

〔美〕安德森著,吴睿人译:《想象的共同体:民族主义的起源与散布》,上海人民出版社,1983年版。

〔印度〕帕尔塔·查特吉著,范慕尤、杨曦译:《民族主义思想与殖民地世界》,译林出版社,2007年版。

第七章
法西斯运动与法西斯政权的建立

在 20 世纪 20—30 年代,世界上出现一股新的思潮,这一思潮最初出现在意大利,后来很快传播蔓延到整个欧洲、拉丁美洲和亚洲的一些国家地区。这就是法西斯主义的思潮。伴随着法西斯思潮,世界许多国家和地区出现法西斯运动,通过这些运动法西斯势力不断壮大,并在意大利、德国、日本等一些国家上台执政,最终导致第二次世界大战。

同前面几章讨论的资本主义、社会主义、民族主义思潮不同,它们产生于 20 世纪以前,而法西斯主义则是 20 世纪独有的产物。本章主要通过回顾 20—30 年代法西斯势力在意大利、德国、日本上台的过程,揭示法西斯政权的基本特征,并介绍有关法西斯政权性质的几种学术观点。

第一节 意大利法西斯运动与墨索里尼上台

一、一战后意大利的危机

一战后不久,意大利便陷入内外危机之中。

首先,在外交上,巴黎和会上做出的战后安排令意大利大失所望。在一战中,意大利加入协约国一方同奥地利和德国作战,当时是抱着投机心理参战的,它想趁机得到靠近北部边界的一些奥地利及奥斯曼帝国的领土,以实现"大意大利"的梦想。

意大利的国土形状如同伸入地中海的一只长靴。意大利各地的政治经济发展水平很不平衡,南部和中部地区多山,土地贫瘠,居民多以农业为生，因此经济落后；而北部地区，尤其是与北部地区相邻的奥地利和南斯拉夫的一些地区则是工商业繁荣地区。这些地区的居民大多数说意大利语，历史上与意大利联系密切，只是在近代时期才分别被奥匈帝国和奥斯曼帝国占领。在整个19世纪，意大利的民族主义者们一直想将这部分土地归并入自己的版图，建立一个"大意大利"。

意大利自身国小力微，国民缺乏尚武精神。它在军事上既不是奥匈帝国的对手，也无力战胜奥斯曼帝国，对实现"大意大利"是"心有余而力不足"。但意大利人不乏政治天才，如近代政治学大师马基雅维利就是意大利人。意大利想依靠政治谋略来实现自己的愿望，但总未能如愿。比如，1878年第二次俄土战争后，德国俾斯麦召集欧洲各国在柏林开会调解，意大利提出想得到今天阿尔巴尼亚一带地区时，俾斯麦就不无调侃地说："意大利这家伙胃口顶大，只是牙口太糟。"

一战的爆发，让一些意大利政治家们感到这是实现"大意大利"梦想的好时机，因为意大利想得到的地方属于奥地利和奥斯曼帝国，这两个国家在一战时又站在德国一边。而意大利在经过初期的犹豫后，选择站在协约国一边。战时英、法为了争取意大利的支持，也曾暗地私下许诺意大利在战后获得亚得里亚海沿岸的一些地区。很自然，战后意大利想趁此机会实现自己的梦想。

然而，在一战结束后的巴黎和会上，美国总统威尔逊首先反对意大利人的要求，美国人不愿南斯拉夫处于意大利的控制下。英、法本来就不太乐意意大利在巴尔干地区扩张，便乘机否认以前做出的许诺。结果，意大利只得到特里安普及其附近拥有160万人口的地区，意大利想得到阜姆城的愿望落空。阜姆在一战时已由南斯拉夫占领，1919年2月协约国在伦敦开会做出决定，阜姆归南斯拉夫。阜姆也称里耶卡城，是巴尔干地区、克罗地亚、斯洛文尼亚和拉沃尼亚通往亚得里亚海和地中海的主要港口，阜姆城中居民绝大多数说意大利语。意大利军队不顾伦敦会议协议强行开入阜姆。南斯拉夫政府提出抗议。巴黎和会上做出决定，要求意大利军队撤出阜姆，解散由意大利扶植的管理阜姆的"民族委员会"，将阜姆置于协约国委员会管理之下，并由英国部队维持秩序。

意大利人对这种领土安排极为不满，想到自己在大战中死去士兵

70万,伤100万,耗费大量的财力,战后没有得到什么好处和荣誉,却遭受此耻辱,对比英、法战后在非洲和亚洲的扩张,再回想自己古代罗马帝国时代的荣耀,就禁不住悲上心来,怒火中烧。他们骂政府无能,骂巴黎和会不主持公道,意大利处于民怨沸腾的状态。

外交上的受辱与国内矛盾交织在一起。战后意大利经济异常困难,税收一加再加,财政赤字高达140亿里拉,200多万复员军人工作无着,加入失业大军中。受俄国十月革命的影响,意大利出现了工人和农民起来造反的革命形势。从1920年8月起,意大利许多地方工人从要求提高工资、改善待遇开始发展到占领工厂,要对工厂实行社会化,要求由生产者管理生产。在有的城市里,工人在议会大楼上竖起红旗,把国王的照片取下来,贴上印有锤子和镰刀的宣传画。农村中农民们自发起来夺取土地。

当时意大利实行君主立宪制,有国王,实际掌权的是自由党政府,该政府代表资产阶级利益,但十分软弱,对外不敢得罪美、英、法诸国,不得不宣布从阜姆撤军,对内也不敢采取任何激烈的镇压手段来对付革命形势,而是以不变应万变,想听任这种形势发展下去,他们的思维逻辑是:

> 以武力和流血来镇压一种运动就会在社会生活中留下经数十年而不消散的仇恨和复仇心理,但如果让这种运动在不遭抵抗的情况下自行丧失力量,运动的参加者就会明白自己的行为无济于事,运动也就会永远结束。

资产阶级政府放任不管的结果是左翼政治力量日益强大,当时代表左翼力量的是社会党。一战后意大利面临的困难及国民中深深的失望情绪使得社会党的影响大增。社会党在一战中始终反对意大利参加战争,主张保持中立,并将那些主张参与战争的党员清除出党。一战的后果无异于证明社会党的中立主张是正确的。在意大利许多地区,地方政府的领导权落入社会党手中。在1919年11月进行的全国性议会选举中,社会党获得重大胜利,它得到145个议席,成为仅次于得到161个议席的自由党的第二大政党。由于这种进展及在俄国革命的榜样鼓舞下,社会党进一步向左倾斜,它申请参加第三国际。

但以社会党为代表的意大利左派力量并没有很好利用当时的革命形势,没想要学习俄国布尔什维克党人的经验开展一场夺权革命。自由党人对工人运动采取不干预政策,社会党人同样也对工农运动采取不干预的态度。缺乏领导的工农运动也很快处于自生自灭的状态。

工人罢工和农民造反造成的政治危机虽然平稳地度过,但经历了危机的意大利大资产阶级及农村地主们则感到光有自由党是无力维护他们的利益的,为了防止意大利布尔什维克化,他们要寻找一支更强有力的政治力量来对付日益高涨的左派势力和革命的工农力量。在这种背景下,以墨索里尼为代表的法西斯势力迎合了他们的需要在意大利迅速崛起。

二、墨索里尼其人其事

贝尼托·墨索里尼(1883—1945)出身于罗马的一个工人家庭,父亲是铁匠,社会党人,母亲当过中学教员。他生性好激动,加上家庭的社会党人背景,青少年时代的墨索里尼是个倾向革命的激进分子。师范学校毕业后不久,他到瑞士勤工俭学,一面打工,做过各式各样的杂活,一面读杂七杂八自己喜欢的书。生活是极其贫困的,时常不得不靠乞讨面包为生。但他很快显露出政治才华,他为社会党报刊撰写文章。后因在瑞士反对战争,逃避征兵,在工厂煽动罢工而被逐出瑞士。回意大利后继续从事新闻业,后成为意大利社会党最主要报纸《前进报》的编辑。

在墨索里尼的早期政治生涯中,他并没有一个固定的思想,他的思想是各种相互矛盾的激进主义思想的大杂烩。他谴责过帝国主义,诽谤攻击国王,将意大利国旗称为"应该插到粪堆上去的一块破布"。他也曾自称是信奉马克思主义的社会主义者,但他的社会主义实际上与工联主义混为一谈,他十分欣赏法国工联主义的代表人物索列尔的理论,索列尔也曾将墨索里尼称做自己最有出息的弟子。实际上墨索里尼就连这种混杂着工联主义的社会主义思想也没有坚持到底。人们因此认为墨索里尼并不能称为什么思想家或有某种真诚信仰的人,本质上只是一个反对现状的叛道者。

一战爆发后,墨索里尼最初主张意大利应该保持中立,但是很快他又鼓吹意大利应该加入协约国作战。由于这一立场,他被解除了《前进报》主编的职务,并被开除出党。他转而办起自己的报纸《意大利人民报》,大力煽动战争狂热情绪。一战期间,他参军入伍,在一次战斗中负伤,在军队中他只是一名下士。

战争结束后不久,1919年3月,他组织起一批对现实不满的退伍军人,成立一个名为"战斗的法西斯"的组织。"法西斯"原是指古罗马时期象征权力的一件东西,一束木棒,中间系以红带子,上头插着一把斧头,斧头用于执法,对违法者处以砍头,系在一起的木棒象征团结。墨索里尼及其党徒使用"法西斯"命名自己的组织,意在通过帮派组织来达到夺取政权的目的。但在成立之初,无论是"战斗的法西斯"还是墨索里尼在意大利政治中都默默无闻,很少追随者,有人这样描述墨索里尼当时的样子:两颊消瘦,带着狂热的目光,一副憔悴的模样。

三、法西斯主义运动与墨索里尼上台

名不见经传的墨索里尼及其法西斯组织在一战结束后不久短短几年里迅速崛起,他本人在1922年10月当上了意大利首相,上台执政。

墨索里尼及其党徒第一次在意大利政治舞台亮相是由于积极参与阜姆事件。1919年9月12日,当英国军队尚未开到阜姆时,意大利民族主义领导人邓南遮率领一支人数不多的意大利志愿军占领了阜姆,很快意大利军队也违抗上级的命令,站在邓南遮一边。此时,协约国各方不愿在意大利处于无产阶级革命威胁下让意大利政府为难,就让意大利和南斯拉夫通过直接谈判解决全部问题,谈判期间一直由邓南遮管理阜姆。

这一事件给意大利人这样一个信息,在国际政治中,一个具有坚强意志的民族主义领袖不但可以蔑视意大利政府,而且可以蔑视所有的世界大国。后来,意大利政府在国际压力下,派出军队驱逐邓南遮,这进一步激怒了民众,刺激了民众中的民族主义情绪。墨索里尼在此次事件中派出了自己的黑衫队,在阜姆城中大显身手。墨索里尼也因此在民族主义运动中为自己获得最初的声望。

墨索里尼及其组织扩大自己在意大利政治中影响的第二个法宝是利用意大利当时的革命形势,操纵工农运动为自己所用。法西斯组织成立之初,墨索里尼提出具有欺骗性的社会改革纲领来蛊惑人心,如建立共和国,废除义务兵役制和爵位,没收非生产性资本,确定最低工资,增加工人抚恤金和养老金,增课大资本的税收,没收教会地产,土地归农民所有等。墨索里尼甚至同意农民夺取土地。在 1920 年 9 月的一次演说中,他甚至称赞工人占领工厂是伟大的革命行动。

可是,一旦工农运动进入低潮,墨索里尼立即改变了态度。他打出了反对布尔什维克主义的旗号。在农村地区,法西斯党徒站在地主、富农一边,从城市中心派出讨伐队到农村,对所谓的"赤色分子"下手。在城市,法西斯党徒迫害并屠杀劳工斗争的领导人,放火烧毁劳工办事处、合作社和"积极分子"的房屋。法西斯分子的做法获得了意大利大资产阶级、地主及中产阶级的喝彩,他们将法西斯分子看做是奉上天之命来制止"布尔什维克"危险的复仇天使。意大利政府、军队、警察早就对工农运动不满,这下看到法西斯分子出面,他们便大力加以配合,军方将武器交给法西斯分子,后备役军官帮助训练黑衫队,企业界给予资助。法西斯势力急剧膨胀,1921 年 11 月,法西斯政党正式成立,1922 年初已发展到 20 余万人。

当法西斯党羽翼丰满后,立即将夺取全国政权摆上议事日程。1922 年 10 月 22 日,在那不勒斯党的代表大会上,墨索里尼宣布,不管是政府给我们权力,还是我们去夺取,我们要向罗马进军。于是,法西斯党组织四路大军向罗马进发。

为了达到目的,他打着民族主义旗号做军队的工作,10 月 24 日,他发表演说称:"军队是国家的独立和光荣的捍卫者,怎能用自己的武器反对那些愿意使民族愿望得到满足,使意大利人充满自豪感、充满建立强大国家信心的人呢?"

此外,墨索里尼还对国王采取软硬两手迫其就范,一方面与国王的侄儿阿奥斯塔公爵建立联系,给国王施加压力,如国王反对他们,就让国王的侄儿来取代国王;另一方面对国王做出保证说:"意大利统一的概念是牢固地建立在萨伏依王室的君主政体之上的,法西斯党没有打击王室地位的意图,而是愿意把它从那些同时限制着我们愿望的枷锁下解放出来。议会和民主的装饰品同君主政体毫无关系。"这些话意在说服国王没有丝毫的理由派出军队来镇压法西斯这一"新的民族力量"。

在此关键时刻,意大利的各种政治力量并没有认识到法西斯上台的危险性。当时的自由党人不愿与社会党人和共产党人团结一致来对付法西斯。左派人士同样也不愿与资产阶级结成反对法西斯的统一战线,他们中的一些人甚至天真地认为:如果"白色"反动势力扼杀了社会民主主义,那么资产阶级就是为自己的失败和革命的胜利准备了最有利的条件。

在法西斯党人向罗马进军后,惊慌失措的自由党政府决定在罗马实行戒严。但国王维克多·伊曼纽尔三世先是犹豫不决,后竟拒不签名。他担心戒严令会危及王室的安全。在此情况下,法克特首相不得不辞职。

这样,当向罗马进军的法西斯分子尚未到达罗马时,国王及资产阶级政府已经屈服。1922年10月29日,国王将墨索里尼召来罗马授予首相职位。墨索里尼从米兰乘小卧车来到首都接管了统治权力。就这样,这个几年前还是个一文不名的退伍伤兵成了意大利的第一号统治者。

四、墨索里尼的治国术

墨索里尼上台后即开始采取措施按照他的法西斯政治理念来改造意大利的政治和社会。

首先,他用独裁专制制度来取代原有的议会民主制。墨索里尼从上台起就根本不想做一个按议会制规则行事的首相。他毫不隐瞒他对议会、选举以及一般民主政治原则的蔑视。他借口人们已经厌倦了自由,新时代的人们渴望的是"秩序"、"组织"、"纪律",在这些口号下,他对政治上的反对派大开杀戒。社会党议员马捷奥蒂成了法西斯专政的第一个牺牲品。1924年,马捷奥蒂出版《法西斯真相》一书,不久,马捷奥蒂被害。150名议员退出议会以示抗议。墨索里尼下令剥夺退出议会的议员席位,解散他们所在的政党,使反对党别无他法,只有保持沉默或移居国外。

其次,墨索里尼巩固与大资产阶级的联盟,加强对工农的控制。1925年秋天,在罗马维多尼宫墨索里尼与意大利大资产阶级签署一项协定,双方互做让步,法西斯政权给意大利工业界以一些特权,工业界则承诺支持法西斯政权。随后对农业与商业大雇主的组织也相继给予类似的承诺。

第三,通过法团主义调和阶级矛盾,实行法西斯党对社会的全面控制。墨索里尼宣称要建立起一个总体国家,这个总体国家是超阶级的,不是维护某一阶级的利益,而是维护全体人民的利益。他所采取的措施是将全国人民按职业身份分割,成立13个大的职业公团,其中6个代表商业、金融、农业、工业、海空运输、陆地运输的工人,6个代表这些领域的雇主,第13个是专业人员和知识界。雇主与工人间的一切争端都由法西斯党代表裁决。通过这种机制,法西斯党有效地控制了工农运动,阻止罢工、停工或怠工,并通过控制工农力量向资产阶级施压,从而控制整个社会。

第四,为了获得教会对法西斯政权的祝福,墨索里尼还努力与罗马天主教皇实行妥协和和解。墨索里尼本人从不信神,他的党的所有主要成员几乎也同他一样。然而他认识到天主教在意大利人民生活中的重要性,知道宗教如果利用得当,可以成为增强国家内聚力和维护自己统治的工具。从罗马教皇角度考虑,面对法西斯政权,他必须在妥协与殉难两者之间做出选择,教皇实际上选择了妥协。1929年2月,教皇庇护十一世和墨索里尼签订了拉太朗协定。

第五,鼓吹极端的民族主义,推行军国主义,并积极向外扩张。墨索里尼的名言是:不能给人民以面包,就应该给人民以荣耀。在外交上,法西斯政权采取强硬的态度来争取意大利的利益。1924年同南斯拉夫签订的条约中,将阜姆划归意大利。1935年10月,意大利军队从北、东、南三路入侵埃塞俄比亚。

第二节 希特勒与德国法西斯上台

一、魏玛共和国时期德国的政治与经济

1918年11月9日,即德国宣布投降的前两天,由于德国爆发革命,德皇威廉二世被迫退位,曾盛极一时的庞大的德意志帝国在大战和革命的大风暴中崩溃。1919年1月德国举行国民议会选举,社会民主

党获得优势。2月6日在德国中南部的文化名城魏玛召开国民会议，弗雷德里希·艾伯特任德意志共和国总统，谢德曼任总理。这个由社会民主党和资产阶级政党联盟的资产阶级民主共和国，从诞生到1933年1月希特勒上台前共存在15年，历史上称为"魏玛共和国"。

可以用一生坎坷、命运多舛来总结魏玛共和国短暂的历史。战后经济困难，国内政治派别冲突频繁，无论是左的还是右的势力都在影响政局的稳定。在1918—1919年期间，德国曾发生无产阶级革命，凭借军队的支持，共和国很快镇压了革命。1920年3月，发生了复辟帝制的卡普暴动。德意志民族党人借口要维持庞大的国防军，拒绝将武器交给协约国，他们和国防军军官相勾结，占领政府大厦。卡普自封为总理。艾伯特政府逃到斯图加特，全国经济、交通、新闻瘫痪。在此关键时刻，柏林的工人举行总罢工，反对暴乱，粉碎了卡普暴动。德国无产阶级拯救了共和国。

魏玛共和国面临更为严峻的挑战是经济与外交问题。1922—1923年，由于赔偿巨额的战争赔款，德国发生灾难性的马克贬值和财政崩溃。人们的储蓄、保险金顿时化为乌有。工资远远赶不上物价。高利贷者、投机商和一些大工业家乘机发财，而普通人民不能维持最低限度的生活，连中产阶级也陷入绝境。1922年11月德国要求协约国允许延期偿付赔款，结果被拒绝。接着法国、比利时于1923年1月11日派十万军队占领鲁尔地区，逼迫德国履行赔款义务。德国政府宣布进行消极抵抗，下令占领军侵占地区的企业一律停工，其损失由国家赔偿，企图以此来迫使法、比做出让步。但结果却造成国际局势紧张，而且加重了德国的经济危机，德国国库枯竭，马克大幅贬值，形同废纸。

德国政府重新面临来自左右两种政治势力的威胁。1923年10月，社会民主党和共产党在萨克森和图林根州议会选举中取得多数席位。10月23日，汉堡爆发由共产党领导的武装起义。同时，右翼势力也对德国政府发难，1923年11月8日希特勒率领一伙暴徒制造的"啤酒馆之夜"是其中之一。但当时德国政府尚能依靠军队先后镇压来自左的和右的势力制造的骚乱。

1924年，通过签订道威斯协定，德国赔款问题得到调整，美国的贷款进入德国，德国经济逐步走向稳定，并进入一个繁荣时期。

1925年2月28日,艾伯特总统去世,老元帅兴登堡(1847—1934)当选总统。兴登堡不仅在军人和右翼政党中有影响,而且一般老百姓也把他看做振兴德国民族的一个象征。

随着国内外形势的好转,德国资产阶级政府更加稳定,德国似乎已摆脱一战后的危机。然而,令人意想不到的是,1929年的经济危机会将这一前景击得粉碎,重新出现的政治经济危机将德国推向法西斯道路。

二、希特勒与《我的奋斗》

阿道夫·希特勒(1889—1945)出生于奥地利一个靠近德国边境的小城,父亲是奥地利海关职员。他14岁时父亲去世,后又丧母。16岁时离开学校。19岁只身来到奥地利首都维也纳学习美术。他报考的是艺术学院绘画专业,但由于绘画习作得分不及格,未被录取。后又想报考建筑院校,也未被录取,因为他中学尚未毕业,不符合该校的招生条件。

他变成无职业的流浪汉,很快花完了父母留下的微薄遗产和孤儿补助金。只好靠打工和画明信片上的风景画糊口。在维也纳,他没有钱,也没有朋友,生活无着落,白天他消磨时间于看戏,没目的地读书,在大街上闲逛,晚上住在收容所里。青年时代的希特勒愤世嫉俗,不喜欢他在维也纳所看到的一切。他不喜欢哈布斯堡王朝的宫廷装饰,不喜欢坐在马车里的东欧贵族们,不喜欢来自多瑙河流域的各族人民,不喜欢维也纳工人阶级对马克思主义的向往。当然,他最讨厌犹太人,他有一种强烈的种族优越感。那时的希特勒既贫穷又孤僻,既高傲又自卑。

他对奥地利的反感使他决心离开奥地利,于1913年移居到德国南部巴伐利亚首府慕尼黑。在德国,他照样过着游荡的生活。不久,第一次世界大战爆发,他没有任何犹豫就参加了巴伐利亚的军队,这样他就可以不用为自己的生存问题担心了。他在西线战场上整整待了四年,当一名传令兵。在战场上,他两次负伤,因而获得两种等级的铁十字勋章。尽管战争没有给他带来有形的变化,他的军衔始终只是下士,但这段经历对希特勒的人生观产生重大影响。

1919年春,希特勒作为一名军人,参与镇压巴伐利亚苏维埃共和国的军事行动。在完成镇压行动后,德国国防军统帅部指派他和其他一些军官负责军队的政治训练工作。希特勒在得到他的新职位后不久,就被上级派去参加自称为德意志工人党的一个小团体的会议。这在当时只是一种例行公事,因为国防军愿同所有民族主义团体保持接触,而希特勒看来是担任这种任务的合适人选。

德国工人党成立于1919年1月,由慕尼黑一名锁匠创建,9月希特勒加入该党,党证号是7号,这一年希特勒正好30岁。该党不久后改名为德国国家社会主义工人党。该党的政治取向反映在党旗的设计上,党旗的底色为深红色,类似共产党的红旗,希望以此来同共产党争夺工人群众。红旗的中央置一个白圆圈,白圈中放一黑色的"卍"符号。从颜色看,它恢复了旧德意志帝国国旗中的黑、白、红三色,之所以没有完全采用旧帝国国旗的样式是因为不想让旧帝国一切都恢复起来,而是要建一个新帝国。希特勒解释说:"红色象征我们这个运动的社会意义,白色象征民族主义思想,黑色象征雅利安人的斗争使命,象征有教养的雅利安人。"该党后被简称为纳粹党,是结合了"国家社会主义工人党"中"国家"和"社会主义"两词词头的德文发音。

希特勒全身心地投入到这个当时的小党的建设中。他一生虽不善交际,不善与人相处,但做事负责,有一股毅力。在政治活动中,显露出他的出色演说能力。由于他出身贫贱,经历过社会苦难,知道老百姓的喜怒哀乐,知道老百姓想些什么,希望听到什么,能将现实生活中复杂的政治经济问题用简单明了的语言加以说明。由于希特勒的才干,他在党内的位置迅速上升,成为该党的元首,该称号伴随他的一生。

希特勒及纳粹党第一次在德国政治舞台上亮相是在1923年"啤酒馆之夜"事件中。1923年11月8日,希特勒带领一批身着褐色衬衫的冲锋队员占领了慕尼黑的一家啤酒店,企图胁迫正在啤酒店里的巴伐利亚长官同他们一道叛乱。但是,没有成功。德国政府派出军队很快镇压了骚乱。纳粹党被禁,财产被没收,希特勒被捕入狱,被处五年徒刑。

希特勒在狱中写了《我的奋斗》一书。这本书写得很长,结构松散,随意地议论各式各样的问题,读起来非常枯燥无味,希特勒善于演讲而不善于写作。但是,该书所要表达的思想是清楚的,即如果希特勒掌权,他要把德国变成一个什么样的国家。希特勒在书中提出了"生存空间"的概念。他说,应该使受辱的德国在太阳底下占有比以前更伟大的地位。为此,德国要夺取新的生存空间。首先要同法国算账,还要向东方突进,俄国必须从欧洲国家的名单中划掉。希特勒在书中还竭力鼓吹种族优越论,说日耳曼民族是大自然的宠儿,地球上的"高等民族",并污蔑其他民族,特别视犹太人为低等民族,狂妄地宣称他们应受日耳曼民族的统治。

希特勒实际上只在狱中关了九个月即被释放。"啤酒馆之夜"事件虽没有得逞,但事件过程及后来的审讯,等于共和国政府为希特勒及其纳粹党做了一次免费的广告宣传,使得希特勒这么一个小人物和他的《我的奋斗》以及他的纳粹党从此扬名德国。但总体说来,在20年代没有人会想到希特勒及纳粹党日后会主宰德国政治,影响世界人民的命运。迟至1928年,纳粹党员尚不足10万人,在国会491席位中,只占有12席,处于无足轻重的位置。然而,1929年开始的世界性经济危机改变了这一切。

三、世界经济危机与希特勒在德国上台

1929年的世界经济危机对德国的打击特别严重。德国由于战败,丧失了全部海外殖民地,又不能以关税壁垒来保护自己的国内市场,在国际贸易竞争中处于不利的地位。同时德国经济极大地依赖于美、英资本,危机爆发后,美国和英国的资本突然抽回,德国的许多企业和银行因而破产倒闭。到1932年,德国的经济危机达到了最高点,与1929年相比,工业生产几乎下降了一半,钢产量减少了73%,煤减产了46%,机器制造减产73%。1931年下半年破产的银行和工商业企业达一万多家,失业工人达600万,约占全国工人总数的一半。农业危机也十分严重,农产品价格暴跌,大批农民破产,仅1932年就拍卖了14万多公顷的田产,农民的债务高达130亿马克。

经济危机使得德国左右两翼的政治力量都在增长。1930年10月,柏林14万冶金工人举行大罢工,1931年1月,30万鲁尔矿工举行大罢工,这是两次规模较大的群众运动。通过领导群众运动,德国共产党

的力量和影响迅速增长。党员人数由1928年的12.5万人增加到1932年的36万人。经济危机也使希特勒的纳粹势力再次沉渣泛起。德国广大的中产阶级害怕共产党力量在德国进一步发展,在绝望中期待任何能将德国从共产主义威胁中拯救出来的政治力量。一般老百姓则普遍地抱怨《凡尔赛条约》,他们将德国面临的困难归之于战后协约国强加给德国的苛刻的条款。

经济危机使德国人对政治和政府的态度发生变化。德国历史上就缺乏民主传统。加上魏玛共和国政府是由于德国战败而产生的,长期以来一直被民众认为是外国强加给德国人的,在经济危机期间威信急剧下降,造成政府内阁不断更迭。无论是社会民主党还是天主教中央党都无法克服尖锐的财政困难和各个政治集团间的矛盾。德国的大资产阶级越来越感到不能继续用旧的议会民主的方法来维持其统治了。

希特勒抓住时机,大力煽动社会上所有不满情绪。他攻击凡尔赛和约和魏玛共和国,鼓吹德国必须在一个强有力的领导人的领导下来恢复民族的真正活力。他还宣称一个纯种的德国人必须依靠自己,反对马克思主义者、布尔什维克和社会主义者。他反对非法收入、战争利润、大托拉斯的权力、土地投机者。他尤其攻击犹太人,利用德国社会长期存在的歧视犹太人的心理来争取群众。

希特勒及其党徒的活动确实在德国社会中扩大了自己的影响。这集中表现在1928—1933年期间纳粹党在国会选举中所获得的席位变化上。

	纳粹党,其他右翼	中间派和中左派	社会党,共产党
第四届 1928,5	12,169	103	153,54
第五届 1930,9	108,147	102	143,77
第六届 1932,7	230,55	101	133,89
第七届 1932,11	196,75	92	121,100
第八届 1933,3	288,61	97	120,80

从上表可以看出,在1928年经济危机到来前的第四届议会中,共产党只有54席,到1932年第七届议会中议席上升到100席。而同期纳粹党的议席上升得更快,1928年第四届时只有12席,两年后第五届一下上升到108席,又仅过两年1932年7月第六届时上升到230席,

取代社会民主党,成为议会中的第一大党。

希特勒纳粹党积极争取军队和垄断集团的支持,在当时德国,这是政治中举足轻重的两大力量。德国军队原先对法西斯分子采取一种敌视态度,1927年时还规定,禁止纳粹分子加入国防军。希特勒一方面向军队保证,纳粹党将按照宪法程序夺取政权,并保证纳粹党上台后不反对国防军。另一方面,在1934年的冲锋队与国防军冲突引发的罗姆危机处理中,通过党卫队逮捕并杀死罗姆及其他一些冲锋队的高级领导人,从而讨好国防军。军队想准备战争,因而也开始靠拢希特勒的纳粹党。

希特勒在上台前后获得了德国垄断财团的积极支持。希特勒需要大量的经费来维持冲锋队、党卫军,从事宣传和竞选也需要大笔经费,这些经费主要来自资本家。希特勒在1931年下半年跑遍整个德国,同重要的企业领导人私下秘密会谈。大资本家们也怕一旦希特勒上台对自己不利,因而争先恐后地给希特勒以支持。1932年1月27日,希特勒参加了在杜塞尔多夫举行的秘密会议,他向克鲁伯、胡根堡等300多名垄断资本家和银行家讲述了纳粹党的纲领,保证要根除德国的马克思主义,要为德国夺取国际生存空间。从此,希特勒开始同垄断资本直接结盟。

在希特勒通向上台的道路上现在只剩下左派政治势力这一政治对手了。从上表中可以看到,迟至1932年,德国社会党和共产党还有221个席位,如果他们能联合起来,并团结中间势力,他们还是能在议会中形成多数的。问题是无论是共产党,还是社会党和中间派,都缺乏清醒的认识,低估了法西斯主义的危害性。

1932年春天举行的总统选举中,兴登堡再次被提名为候选人,纳粹党提名希特勒,共产党的候选人是台尔曼,而社会党表示拥护兴登堡。选举结果,没有一个人获得必要的多数。随后进行第二轮选举,结果台尔曼获得371万张选票,希特勒获得1349万票,兴登堡获得1936万票。85岁的兴登堡再次当选为总统。

在1932年到1933年初的几个月时间里,德国资产阶级政府呈现出高度不稳定状态,先后更换三个总理。他们原先想与希特勒妥协,与希特勒联合执政,只要希特勒不改变已有的资产阶级民主制度。但希特勒拒绝组织联合内阁,不愿与其他党派分享权利。最后,1933年1月30日兴登堡任命希特勒为总理。1934年8月2日,兴登堡去世,希特勒取消总统,集国家元首与总理为一身。

四、法西斯专政的建立与德国成为欧洲战争策源地

希特勒上台后,便开始改变德国的政治制度,让软弱的资产阶级共和国寿终正寝,用自己的法西斯专政来取代资产阶级的议会民主制。

为了实现法西斯专政,希特勒一上台就将矛头对准德国共产党人。为此,希特勒党徒蓄意制造一起国会纵火案。1933年2月27日,有人在国会大厦放火。希特勒立即将这件事当做共产党要全面反政府的信号。以此为理由,事发第二天,希特勒下令逮捕了4000多名共产党人,其中包括德共领袖台尔曼和正侨居在德国的保加利亚共产党领导人季米特洛夫。希特勒一手制造的国会纵火案最主要的目的是消灭政治上的任何反对派,压制任何不同的意见和声音。

紧接着,希特勒禁止纳粹党以外的其他各政党的存在,不仅左派力量的共产党和社会民主党,属于中间派别的德国民族人民党、德国国家党、德国人民党和中央党也在短短的一两个月内被迫宣布解散,德国变成一党专政的国家。

在结束资产阶级的议会民主制的同时,希特勒采取措施推行一体化,目的在于使军队、政府机构和工会都纳粹化。作为一体化的权力标志的就是所谓的"元首原则"。兴登堡在世时,国家领导人有总统与总理之分,1934年8月,兴登堡去世后,希特勒取消了总统,而把元首与总理的称呼统一于他一人。元首代表国家,甚至代替了国家。作为国家元首,希特勒同时还是军队的最高统帅。军人、部长和国家官员们不是向宪法宣誓,而是向他个人宣誓。按照元首原则建立的纳粹党不设中央委员会,那些占据部长职务的纳粹党人就成了中央,他们由希特勒任命,只听命于希特勒一人。

希特勒政权的一大特点是迫害犹太人。1935年,希特勒通过一项法令,剥夺所有犹太人的公民权利,禁止犹太人与非犹太人通婚。他在1938年11月9日以一名波兰籍犹太学生在巴黎射杀一德国驻法使馆外交官为借口,在全德国对犹太人展开大规模的烧杀抢掠。此后,希特

勒政权对犹太人的迫害一直没有停止过。在整个二战时期,有多达600万的东欧和德国的犹太人死在纳粹的集中营。

希特勒镇压任何不同的声音。通过秘密警察、盖世太保和所谓的人民法庭以及终身集中营,不经审讯和判决就将许多人关进集中营。元首的思想被当做法律与人民的意志,反对元首就是反对德国,反对人民。纳粹政权对思想舆论进行严密的控制,对书刊进行毫不留情的审查,扼杀任何自由运动,排除任何可能的批评,焚毁所有当局不满意的书籍,将一些著名的文学艺术家、学者列上黑名单。学校奉命按照法西斯主义思想标准培养"有政治头脑"的人。

在希特勒法西斯政权推动下,德国大力扩军备战,重新走上军国主义向外侵略的道路。经过1936—1939年的四年准备,到1939年8月,德国军事力量计有103个装备完善的陆军师,5个完整的装甲师,4个不太完整的装甲师,坦克3200辆,投入现役的军用飞机3646架。就整个军事力量来说,1939年的德国超过了它所有的邻国。总之,在1933年纳粹政权上台后到1939年,德国正变成一部强大的战争机器,变成欧洲的战争策源地。

第三节 日本法西斯运动与法西斯政权的建立

一、一战后日本政治经济危机与法西斯思潮的泛滥

日本自明治维新后,走上了资本主义发展道路,在其经济发展过程中一直存在着三大瓶颈:一是缺乏资本。明治维新后,日本连年扩军备战,使得用于建设的资金短缺。尤其是1905年的日俄战争,战争费用达17亿日圆,相当于1903年岁入总额的6倍半,大部分是靠向外借款筹集的。1914年日本外债达11亿日圆,每年仅付利息一项就达1亿日圆。二是缺乏市场。国内市场因落后的农业生产关系和生产力,农民缺乏购买力而狭小;国际市场则由于西方国家对殖民地市场的垄断以及日本商品质量上的问题而难于进入。第三,缺乏资源。日本是个资源贫乏的岛国,工业发展所需的各种原料基本需要进口。

一战爆发后,这些妨碍日本经济发展的障碍逐一消失。协约国需

要大量的武器和军需品,大量的订单为日本产品提供了广阔市场。而且各西方列强陷于战争无暇东顾,对殖民地的控制不得不放松,日本商品趁机涌入。日本的原料主要来自美国,战争时期日本与美国经济互补性大大增强,两国经济都同时获得快速发展。经济的快速发展,外贸的急剧增加,日本的资本积累的步伐因而加快。一战时期日本经济出现如下转变:国民生产总值翻两番;工业产值第一次超过农业产值;重化工业部门发展迅速;出口增加,日本由外贸入超国变为外贸出超国;日本由债务国变为债权国。日本学者们因而称第一次世界大战为"天佑良机",称这一时期为"成金时代"。

一战结束后,有利于日本经济发展的环境消失了,原来妨碍日本经济发展的障碍重新出现。1919年,大战刚结束,日本外贸立即从出超回复到过去的入超状态。一战时期兴起大办企业风,泥沙俱下,一些企业效率低,生产能力差,战后纷纷倒闭。企业贷款无法收回造成银行信用危机。同时,大米、蚕茧等农产品价格大幅度下降引起农业危机。因此,日本经济在一战后不久就进入萧条状态。此后,慢性萧条就没有中断过。1923年的关东大地震也给日本经济以重创,因为关东地区是日本工业集中的地区。

伴随日本工业化步伐,日本城市化的速度也在加快,一战时期,日本城市人口第一次超过了农村人口。过快的城市化速度给日本的粮食供应带来了问题。"民以食为天",粮食问题很容易引发社会问题。1918年,席卷日本的"米骚动"(即抢米风潮)震动了日本朝野。当时日本发生粮食短缺,粮商们趁机囤积居奇,导致粮价腾涨,一般民众买不起米。饥饿难耐的群众只好到米店抢米,也因而在许多城镇发生打、砸、抢、烧的暴力事件。"米骚动"最初从一渔村开始,很快席卷全国3/4的地区,全国43个县中的38县都卷入这场暴动。抢米风潮持续两个月才被平息下去。

一战后日本的危机感还因外交上的失落感而加强。19世纪时在远东太平洋上争夺的主要是英、俄两大帝国,进入20世纪,尤其在日俄战争后,美、日开始取代英、俄成为远东太平洋地区的主要竞争对手。而争夺的焦点是中国大陆。中国自鸦片战争以后,长时间陷在外敌入侵、内乱频繁之中,极度的虚弱。清王朝覆灭后,中国出现军阀割据的局面,四分五裂,像个垂危的病人,只能任人宰割。日本同中国正相反,明治维新后如旭日东升,1894年甲午中日战争中打败清王朝,占领朝鲜和台湾。1905年日俄战争中,日本打败俄国,获得在中国东北的特殊权益。一战中,日本以对德宣战为由,出兵占领了太平洋上的原德属三大群岛和中国的山东半岛。一战后,日本想正式获取中国的山东,进一步占领全中国,称霸亚洲。

在国际上,当时能对日本的野心形成挑战的只有太平洋彼岸的另一个大国——美国。早在19世纪40年代,美国的新边疆已经扩展到太平洋西岸,70年代美国实际控制了位于太平洋中心的夏威夷群岛,1893年正式在该岛建立统治。1899年美西战争之后,位于太平洋东南方的菲律宾落入美国之手。蓬勃发展的美国资本当然不能容忍日本独占中国。

日、美在太平洋上的利益冲突和矛盾在战后召开的华盛顿会议上反映出来。美国通过《四国条约》、《五国海军条约》、《九国公约》以及中、日之间的《解决山东问题悬案条约》,达到自己的目的。在这些条约中,日本作为世界大国的地位和权利得到了承认和维护,但同时在美国的压力下,日本也不得不放弃一些原先的要求,不得不抑制自己侵略扩张的野心。美国的压力使得一些日本军人和政治家产生一种深深的危机感,有些人甚至预言日美必将有一战。

日本的危机感还因一战后中国民族主义的兴起而加剧。中国在经历辛亥革命、五四运动、北伐战争之后,民族意识日益增强,中国各地出现抵制日货的风潮。尤其在中国东北,张学良将军于1929年宣布东北易帜,开始采取一些限制日本在东北权益的措施。

一战后日本的危机感使得各式各样挽救日本危机的方案出笼,为法西斯思潮的泛滥提供了条件。1918年,北一辉发表《日本改造法案》,这本小册子后来被日本法西斯分子奉为经典,主要内容有:

(1) 维护天皇制,称:"天皇乃国民总代表,国家之根柱。"反对民主运动,鼓吹军事专制,北一辉说:德谟克拉西是极其幼稚的主张,选举制是以投票神权说来反对帝王神权说的低能哲学。

(2) 鼓吹向外扩张。北一辉说:英国乃跨越全世界之大富豪,俄国则地球北部之大地主,以星星诸岛作为国境线之日本,在国际上乃处于无产者之地位,岂无堂堂正正之名,向彼等开战,以夺取其独占之权利乎?

(3) 改造日本国家,主张停止实行宪法,解散议院,发布戒严令。建议由天皇直接依靠军队和在乡军人会,建立改造国家内阁,根除阶级斗争,禁止罢工。宣扬反对垄断,限制资本,一切纠纷由国家裁决。

北一辉的学说得到当时日本社会中一些群众的附和,尤其得到日本军队的一些中下级军官中的响应。从20年代初开始,日本先后出现像犹存社、樱会、血盟团等这样的法西斯组织。1920—1927年间,日本各地的法西斯组织团体达百余个。

二、30年代经济危机与法西斯运动的发展

日本法西斯势力的真正大发展是30年代初,1929年开始的世界性经济危机,进一步激化了日本社会的内外矛盾,为日本法西斯运动提供了条件。

1930年,日本的工业产值比1929年降低了1/3,进出口商品总值下降约1/2。工业企业大量倒闭,没有关闭的开工率也只及平时的60%左右,失业工人达到300万,在业工人的工资被降低1/3以上。农民平均收入从过去的700日圆下降到130日圆,2/3的农民失去土地,不得不外出逃荒,小学儿童连中午一顿地瓜饭也带不起,出卖儿女的事层出不穷。中间阶层也受到很大打击,银行倒闭使他们平时辛辛苦苦聚集起来的一点积蓄化为乌有,工厂关门、商店停业、机关减员,他们中许多人失业,面临挨饿危险。

面临经济危机,日本政府也曾企图通过紧缩财政、稳定汇率、降低职员工资10%等措施来制止通货膨胀。1930年,日本宣布实行"金解禁"政策,即解除黄金出口的禁令,让日本货币与世界货币挂钩,以利于稳定汇率,有利外资进入日本,促进出口增加,从而使工业向前发展。然而该政策实行的实际效果是加剧了日本经济的萧条,垄断财团和一些投机商却趁机发财,从而加剧了社会矛盾。

日本的统治阶级为了转移国内矛盾,因此希望以扩军备战,征服殖民地来转嫁经济危机,弥合国内阶级矛盾以及统治集团内部的矛盾,提出"因战争停止政争"的口号,而广大民众也苦于找不到出路,成为法西斯主义的追随者。

1932年时,日本法西斯组织迅猛发展到1965个。这些组织有的受控于高级官僚、军阀和财阀,有的是一般的老百姓组织。为了早日将日本推上法西斯专政的道路,一些组织采取暴力恐怖主义的方式,在1932—1936年期间在日本国内制造了一系列暴力事件。其中1932年5月15日发生的"五一五事件"和1936年2月26日的"二二六事件"影响最大。在"五一五事件"中,法西斯组织刺杀了当时日本政府首相犬养毅,刺杀者不仅没有受到严惩,反而在法庭上慷慨陈词,日本社会将他们当做英雄加以同情。"二二六事件"中一支日本军队在东京发动政变,刺杀了几位日本高级官员,要求"解散议会"、"建立维新内阁"、"任命真崎大将为首相"等。这一次,以天皇为首的日本统治集团对肇事者采取了严厉的镇压措施。

"二二六事件"后,日本没有停止走向法西斯道路的步伐。在日本的法西斯势力中,存在以皇道派和统制派为首的两大派别,皇道派成员多为军队中的中下级军官和社会普通老百姓,统制派则为高级军官、政府官员和财阀,属于日本社会上层。"二二六事件"中遭到镇压的是皇道派的势力,从那以后,统制派掌握了在军部内部的主导权,日本军部加紧对内阁施加压力,以坚决贯彻它的政治主张。当时日本的政党也好,财界也好,都不想也无力抵抗来自军部的压力,而是唯命是从,日本开始走上对外战争和对内实行法西斯专政的道路。

日本法西斯上台除了与意大利德国法西斯上台具有某些共同特征外,也还具有一些自己的特点:日本军部在法西斯上台过程中起了关键性的主导作用;天皇制为法西斯主义的发展提供文化意识形态,日本法西斯组织普遍打着拥戴天皇的旗号;日本走上法西斯道路既受到自下而上的社会民众力量的推动,也受到自上而下的日本统治集团的有意识的扶持与参与。

第四节　法西斯政权的特征与性质

一、法西斯政权的基本特征

墨索里尼的法西斯政权20年代初在意大利上台后,德国和日本的法西斯分子在30年代也先后上台执政。随后德、日又将法西斯的影响扩及世界的其他地区和国家,一时间法西斯主义成为二战前后世界上一股强大的势力。各国的法西斯主义及其政权虽各具自己的特色,但其主张和实践基本包括如下内容:

(1) 国家主义。法西斯分子鼓吹国家至上,宣扬"国家高于一切,国家就是一切,国家必须领导一切"。同国家至上原则相联系,个人的自由,个人的权利被彻底否定。

(2) 极权主义。法西斯主义提出的口号是"责任、纪律和等级",强调确立领袖、元首的至高无上的地位。借国家之名实行某个人、某个集团对全体人民进行统治奴役。

(3) 鼓吹种族主义或极端民族主义。法西斯主义鼓吹自己民族的优越性,宣扬不同民族之间只有利益冲突,必须由优秀民族统治劣等民族。

(4) 推行军国主义和战争暴力。法西斯主义美化暴力、推崇战争、藐视和平,大力推行军国主义。

二、关于法西斯政权性质的几种观点

法西斯政权已经在二战中灰飞烟灭,当今世界各国对法西斯主义普遍持批判态度,然而对法西斯性质的认识在思想界和学术界却不尽相同,主要观点有如下几种:

A. 解决自由资本主义所造成的僵局的法西斯方案,可被描述为一种对市场经济的改革,但这种改革是以根绝包括工业领域和政治领域内的所有民主制度为代价来实现的。[①]

B. 法西斯主义是一种极权主义,极权主义是一种多方面的事物。它最初是随着布尔什维克的革命出现的,因为在否认个人自由方面,苏维埃政权同在德国所表现出来的那种最极端的反苏维埃或法西斯的极权主义没有什么不同。[②]

---

① 波兰尼著,冯钢、刘阳译:《大转型:我们时代的政治与经济起源》,浙江人民出版社,2007年版,第200页。
② 帕尔默、科尔顿著,杨慧娟等译:《近现代世界史》,下册,商务出版社,1992年版,第1092页。

C. 工业社会过渡到现代工业社会的进程中,已产生出三条主要的历史路线,第一条是通过所谓资产阶级革命来开辟的(英国清教革命、法国革命和美国革命);第二条路线同样是资本主义的,却由20世纪法西斯主义达到顶峰,我把这条路线归结为资本主义的反动形式;第三条道路是以俄国和中国为代表的追寻共产主义的社会。①

D. 法西斯主义是一种运用反个人主义并推崇极权主义来促使经济落后的社会现代化的尝试。②

E. 作为20世纪主要思想体系之一的法西斯政权是唯一与20世纪同时问世的。它是有组织的民族主义和反马克思主义的社会主义的合成体,是一场以否定自由主义、民主主义和马克思主义为基础的革命运动。③

我们的观点是:法西斯主义是垄断资产阶级公开实行专制独裁和恐怖统治的专政形式和政治思潮。法西斯主义的出现,是由于第一次世界大战后,某些国家资产阶级的力量已经削弱,资产阶级旧的国会制度和资产阶级民主的方法已不能维持其统治,只有用严酷的极权专政和恐怖手段才能保持政权。④

进一步阅读书目

〔英〕波兰尼著,冯刚、刘阳译:《大转型:我们时代的政治与经济起源》,浙江人民出版社,2007年版。

〔英〕A.J.P.泰勒著,何抗生等译:《第二次世界大战的起源》,商务出版社,1992年版。

〔美〕卡尔兰道尔著,群立译:《欧洲社会主义思想与运动史》,上卷第二册,商务印书馆,1994年版。

〔德〕迪特尔·拉夫著:《德意志史》,慕尼黑:Max Hueber 出版社,1987年版。

---

① 巴林顿·摩尔著,拓夫译:《民主与专制的社会起源》,华夏出版社,1987年版,第4—5页。
② 《简明不列颠百科全书》第2卷,中国大百科全书出版社,1985年版,第846页。
③ 邓正来主编:《布莱克维尔政治学百科全书》,中国政法大学出版社,1992年版,第253页。
④ 《简明社会科学词典》,上海辞书出版社,1984年版,第682页。

〔日〕近代日本思想史研究会著,那庚辰译:《近代日本思想史》第三卷,商务印书馆,1992年版。

〔日〕升味准之辅著,董果良译:《日本政治史》,第四册,商务印书馆,1997年版。

第八章
第二次世界大战

第一次世界大战结束仅20年,世界又面临一次新的世界大战。有关第一次世界大战的起源的研究比较多,比较充分,而关于第二次世界大战起源问题的研究则相对少得多。原因有二,一是认为二战起源的原因很清楚:世界性经济危机促使一些国家走上了法西斯道路,法西斯政权意味着战争,而一战后世界没有建立起维护和平的机制,以英法为首的西方大国推行绥靖政策,竭力将祸水东引,苏联被迫采取"中立"政策,先后与德日签订互不侵犯条约,美国在一战后回到"孤立主义"政策,继续与德国、日本做生意,这些因素使得世界法西斯势力不断扩张,终于导致第二次世界大战的爆发。二是有关二战的档案文件的匮乏,许多当事人二战结束前后去世(如希特勒、墨索里尼),有的文件属国家高度机密,公布有损当事国家威望。因此,二战研究多在过程,起源问题则有些简单与单薄。有关起源问题,大致有两种基本观点:一种观点重在谴责德、日法西斯的罪恶;一种观点则多在检讨民主阵营方面对德国政策的失误上。

第一节 凡尔赛—华盛顿体系的建立与终结

一、凡尔赛—华盛顿体系的建立

第一次世界大战结束后,帝国主义立即根据帝国主义的强权政治原则,通过对战败国缔结和约的办法安排战后的世界。当时世界的主要帝国主义国家有英、法、美、日等。这些国家在处理战后世界问题上看法不尽一致。

战后的英国把恢复经济、保持大英帝国的完整作为头等大事,继续扩张海外殖民地,维持其世界大国的地位。同时,英国希望欧洲大陆和亚太地区保持均势与稳定。战后英国的计划是:要求战败国支付战争赔款以恢复被战争破坏的经济,消灭具有威胁性的德国海军,努力保持英国的海上霸权,巩固已经取得的殖民地利益。在欧洲,它继续实行传统的"大陆均衡"政策,反对过分削弱和肢解德国,力图使德国成为制止法国势力过于膨胀和遏制苏俄影响的较强国家。对德国的政策是要防止其重启战端,又想扶持其作为维持欧洲均衡和反对共产主义的一支重要力量。当时的英国驻德大使阿贝农勋爵曾在日记中写道:英国的根本利益在于防止德国的崩溃,只要德国是一个整体,欧洲就能或多或少保持均势。他还警告说,如果由于西方继续对德国施加压力而使德俄联合,那么这种联合给欧洲文明带来的危险就将惨到极点了。英国还企图利用美法矛盾,既与法国联合抵制美国称霸世界的野心,又与美国共同限制法国称霸欧洲,以达到由英国主宰欧洲事务的目的。在亚洲太平洋地区,英国既希望维持英日同盟以换取日本在欧洲事务上对自己的支持和对抗美国在远东的日益扩张,又希望利用美日矛盾,与美国联手扼制日本独霸中国的企图,以保护英国在远东的利益。

法国作为大战的主要战场,其经济受到严重破坏。但是德国及其同盟国在一战中的失败使法国在欧洲大陆占有军事战略优势。它不仅拥有西欧最强大的陆军,而且占领着便于控制中欧的莱茵兰地区和一些易于向东欧、巴尔干和近东扩张的重要基地。法国的战略总计划是:以永久保证法国的安全为借口,用一系列最大限度地削弱德国的方法一劳永逸地消灭这个劲敌和对手,重建法国在欧陆的霸权。其具体要求是:收回在普法战争中失去的阿尔萨斯—洛林,占领萨尔矿区;以莱茵河为法德边界,在莱茵河左岸建立一个脱离德国而受法国保护的莱茵共和国,在德国南部建立独立的巴伐利亚国家,在德国东部割出一部分土地分给波兰、捷克斯洛伐克和罗马尼亚,从而肢解德国;索取高达2090亿金法郎的战争赔款,从经济上摧毁德国;彻底裁减德国军备,防止德国东山再起。法国还力图把德国以东的国家组成以它为盟主的同盟体系,通过实现控制中、东欧的方法确保称霸欧洲。

日本是一战中受益最多的国家之一。一战中,它在同英、俄订有密约的情况下,以对德宣战为名,趁列强忙于厮杀无暇东顾之机,出兵中国,夺取了德国在山东的全部权利,并占领了德国在太平洋上的三大群岛。战后日本的战略目标是:力图使它在战时侵吞的利益合法化,并妄图独占中国,称霸亚太地区。日本的野心与美国的打算发生了尖锐的冲突,也威胁到在远东有较大利益的英国,更为中国所不容。为了对付主要劲敌美国,日本希望利用英日同盟,以在欧洲问题上支持英国换取后者对它在亚太地区的支持。

美国是第一次世界大战最大的受益国。它参战较晚,因战场远离本土而损失轻微,利用战争机会使自己一跃而成世界第一经济强国。随着经济实力的增长,美国的政治野心也在膨胀。1918年1月8日,威尔逊在国会讲演中针对苏俄的各项和平建议,提出了被称为"世界和平的纲领"的"十四点原则"。这个文件涉及有关列强瓜分世界的原则、战争与和平、建立国际组织等一系列重大的国际政治问题。美国企图以其经济优势,以商业、航海自由和"门户开放"为旗号,在全世界扩张自己的势力,在"民族自决"、"裁减军备"的幌子下抵消苏俄和平法令的影响换取世界舆论的支持,削弱英法等竞争对手;进而通过国际联盟使美国取得对各种重大国际问题和国际纠纷的干预权与仲裁权,控制战后国际局势。为了实现这个纲领,美国力图在西半球巩固并发展对拉丁美洲的控制;在欧洲保持德国在政治军事上的较强大地位,使它成为抗衡英法的力量和反对苏俄的阵地;在经济上反对过分削弱德国,以避免产生使美国经济受到巨大损失的连锁反应;它还希望在南欧建立一个由它控制的巴尔干联盟。在东半球,美国打算拆散英日同盟,要求列强承认"门户开放"原则,并夺取德国在太平洋上的岛屿,以削弱在亚太地区的争霸对手。

主要战胜国各自不同的争霸目标和战略意图,导致了在缔结和约前的激烈争斗。1919年6月28日在巴黎和会上签订了《协约及参战各国对德和约》即《凡尔赛条约》,随后协约国与其他战败国签订了一系列和约。这些条约的主要内容是:(1)德国及其各盟国应当承担战争罪责。(2)重划德国、奥地利、保加利亚、匈牙利和土耳其的疆界,军事占领莱茵兰并设立非军事区,规定德奥永远不得合并,维持黑海海峡地区的非军事化和国际共管。(3)承认捷克斯洛伐克、波兰、南斯拉夫独立并划定它们的边界。(4)瓜分德国的全部海外殖民地,将德国在中国山东的一切非法权益和胶州湾租借地全部移交给日本。(5)限制德国和其他战败国的军备。(6)德国等战败国必须向协约国支付巨额赔款,其经济生活受到后者的限制与监督。(7)制定国际联盟盟约作为各项和约的第一部分,并成立国际联盟。

《凡尔赛条约》的内容引起许多国家的不满,其主要内容主要针对战后欧洲的安排,涉及亚太问题较少。因此,1921年11月—1922年2月,美、英、日、中、法、意、比、荷、葡等九国在美国的主持下召开华盛顿会议并缔结了一系列条约。它们的主要内容是:(1)通过美、英、日、法签订的《关于太平洋区域岛屿属地和领地的条约》(简称《四国条约》),规定四国彼此协商解决它们在该地区的争端并废止英日同盟。(2)通过《美英法意日五国关于限制海军军备条约》,简称《五国海军条约》,将美、英、日、法、意的主力舰总吨位的比例依次规定为5∶5∶3∶1.75∶1.75;并规定美、英不得在菲律宾、关岛、中国香港及太平洋东经110度以东的岛屿修建海军基地和新的要塞,日本则承诺不在中国台湾设防。(3)中日签订了《解决山东悬案条约》及《附约》,规定日本在保留诸多特权的情况下将胶州湾的德国租借地归还中国。(4)与会九国签订了《九国关于中国事件应适用各原则及政策之条约》,简称《九国公约》,其中心内容是在尊重中国主权与独立及领土完整的前提下,确认列强将"门户开放""机会均等"作为共同侵略中国的基本原则。因此它们强加给中国的一切不平等条约仍然有效,它们的在华特权继续存在。

凡尔赛—华盛顿体系的建立,标志着第一次世界大战的战胜国在全球范围内基本完成了对战后列强关系的调整和对世界秩序的重新安排,并支配着一战后的国际关系。但是,随着国际形势的发展,该体系自身存在的弊端与内在矛盾也不断激化,并最终导致了它的崩溃。

二、凡尔赛—华盛顿体系的弊端和内在矛盾

凡尔赛—华盛顿体系存在各种矛盾和弊端:

第一次世界大战爆发的原因之一是西方大国在殖民地占有上的不平衡,一战后,由于战胜国再瓜分战败国的殖民地和属地,更加剧了不

平衡性。下表显示当时世界大国的国土面积(包括殖民地)。

国别	面积(万平方英里)
大英帝国	1300
法国与海外殖民地	400
美国	373
苏联	800
德、意、日总和	150
中国	375

英国是一战后殖民地再瓜分的最大受益者,不仅新得到的殖民地面积与人口都最多,而且形成从南非到埃及,从直布罗陀海峡到中国香港的一纵一横构成的囊括整个亚非的 T 型殖民体系。这无形中加大了英国的负担,一战后,英国自身的实力已经大不如从前,这时既要维持住欧洲霸主的地位,又要应付风起云涌的亚非民族解放运动,就力不从心了。对大英帝国来说,它将维持殖民帝国作为自己的核心利益。德、意、日三国要么因战败失去殖民地或本土部分领土,要么因扩张领土的欲望没得到满足,提出要扩大自己的生存空间的要求。只要这些要求没有直接侵害英国的利益,英国也就乐于做出让步。

法国是制裁德国最为积极的国家。战后对德国的处理措施许多是法国的主张。尽管如此,法国也成了战后极为失望的国家之一。各种制裁条款制定出来了,但如何实行却困难重重。来硬的,甚至以重新战争相威胁,逼德国就范,可能是有效的方法。但一战的后果让法国人从上到下不寒而栗。一战中法国有 140 万人战死,在 1914 年 20—32 岁的法国人有一半死在战争中,因而要让法国人再经受这么一次战争是难以接受的。法国人既无心更无胆为了欧洲的安全主动出兵作战了,战后法国人大修防御性的"马其诺防线"就是这种保守心理的典型写照。采取经济制裁措施吧,还不能逼急了,逼急了造成德国经济崩溃,政府倒台,去向谁索取赔款?1923 年 1 月 11 日,法国不顾英国和美国的反对,以德国不履行赔款义务为理由,联合比利时,出动 10 万法比军队占领了德国的鲁尔工业区,造成 20 年代最为严重的、最引人注目的欧洲冲突事件。面对法、比的军事行动,德国古诺政府在美英的支持下,实行"消极抵抗"政策。命令鲁尔地区官员拒绝执行占领当局的一切命令，占领区的企业全部停工，企业主的损失由国家赔偿，失业工人由国家救济。法国没从占领鲁尔中得到任何好处。由于鲁尔地区的"消极抵抗"，从鲁尔进口的煤和焦炭不仅没有增加，反而减少，法国的生铁生产因此下降了35%，经济受到严重损害。此外，占领鲁尔期间法国支付高达10亿法郎的占领费，加重了财政负担，法郎贬值25%，执行冒险政策的普恩加莱政府，也在朝野上下一片强烈谴责声中倒台。吃过这次苦头后，法国政府不得不放弃原来所坚持的立场和策略，改行一条更为现实的解决问题的道路。

美国作为20世纪迅速崛起的大国，在建立凡尔赛体系的过程中发挥了重要的作用，但美国很快置身于该体系之外，退出欧洲政治并拒绝参加国际联盟。它问鼎世界领导权的努力受到了极大的挫折，这是美国国会不批准《凡尔赛条约》也不参加国联的最重要原因。从此美国置身于凡尔赛体系之外，对欧洲实行在政治上不承担义务，但力图谋求经济利益的所谓孤立主义的外交政策。在30年代法西斯的挑战已对和平形成现实威胁的情况下，美国的孤立主义是世界反法西斯统一战线未能及时建立的重要原因之一。

该体系对苏联采取根本排斥与敌对的态度。苏俄作为战后崛起的横跨欧亚大陆的社会主义国家，是影响凡尔赛体系建立的重要因素。"从俄国传播来的革命幽灵主宰了协约国所有政治家的思想，并影响了他们的决定，而且这成为同意赋予德国以宽大条件的主要原因。"于是，帝国主义列强最初以消灭苏俄为目的，继而以孤立苏俄为目标，从一开始就把凡尔赛体系变成了反苏反共的工具。这种敌视苏联、防止共产主义意识形态扩大影响的根本宗旨，在以后的20年中并没有改变，从而使西方民主国家在30年代法西斯的侵略扩张日益猖獗之时，失去了在东方钳制德国这一最为重要的国际力量，不仅影响了反法西斯国际统一战线的及时建立，而且成为第二次世界大战爆发前苏、德接近的重要原因。

一战后对德国的处理过于严苛，它激起了德意志民族的强烈复仇心理。第一次世界大战是两大帝国主义集团共同挑起的，双方都难逃战争的罪责。但是战胜国却根据帝国主义强权政治原则，以维护自身利益为根本宗旨。战胜国对战败国签订的一系列条约极为苛刻，不仅包括政治、军事、领土方面的严惩措施,而且以赔款为代表的经济上的掠夺更是骇人听闻。德国虽然被迫接受了《凡尔赛条约》,但从未承认过自己的失败,并对该条约充满仇恨。巴黎和会刚刚结束,德国的复仇主义者就喊出了"打倒《凡尔赛条约》"的口号。与此同时,新生的魏玛共和国也由于被迫接受了《凡尔赛条约》而成为被仇恨的对象。实际上,正是在德国社会各阶层中蔓延的极端民族主义和持续高涨的复仇主义,形成了纳粹党发展的土壤,成为30年代希特勒上台的重要原因之一。

凡尔赛体系的领土安排,在引发新的民族矛盾的同时,实际上加强了德国地缘政治的潜在战略优势。战胜国一再标榜以民族自决原则处理领土问题,并为此而几乎改变了欧洲的每一条疆界。但实际上他们主要是根据掠夺战败国和自己的需要,包括满足战时签订的各项密约来实行这一原则的。虽然一部分欧洲国家的领土基本上在民族的基础上重新加以划定,但是在捷克斯洛伐克、奥地利、波兰、匈牙利、南斯拉夫等国都产生了诸多的民族矛盾,从而造成了中欧的巴尔干化。这种情况,显然将成为东山再起的德国为打破凡尔赛体系而挑起新的国际争端的温床。正如基辛格所说,"研拟凡尔赛和平方案的各国代表最后得到的是反效果。他们想削减德国的实力,却反而增强了德国的地缘政治地位"。① 实际上,纳粹德国正是依仗自己的优势,利用民族问题和领土问题,不断挑起事端,使新的大战步步逼近。

该体系对中国、美国、英国和日本之间的关系产生重大影响。该体系对中国问题的处理极不公正,促使中国人民决心为恢复民族独立和尊严,捍卫国家领土和主权而斗争。另一方面,日本的扩张野心虽然遭到中国人民的坚决抵制和美英的联合遏制而不得不暂时收敛,但是它独霸中国和东亚的既定国策不会改变,并不断寻找机会冲破华盛顿体系的束缚,因此,中国与日本之间的武装对抗早晚必会发生。与此同时,美国作为华盛顿体系的主要规划者和潜在保证者,必然要努力保持以"门户开放"为代表的远东及太平洋地区的新均势,从而保护自己的利益,为此它不会承认日本侵略造成的既定事实,美日矛盾终归不可调

---

① 〔美〕亨利·基辛格著,顾淑馨等译:《大外交》,海南出版社,1997年版,第220页。

和。该体系实际加强了日本在远东的潜在军事战略优势。英美在战舰基地方面对日本的让步潜伏着相当大的危险,它使前者丧失了在靠近日本水域拥有有效作战基地的可能性,使日本海军在新加坡以北的水域实际占有绝对优势,一旦发生战争,香港和菲律宾就会成为日本的囊中之物,这是日本在战略上的胜利,并为后来的战争所验证。而美英在远东的军事力量薄弱,所以尽管它们对日本的扩张采取不承认态度,但在相当长的时间内以牺牲中国的利益对日本妥协退让,实际容忍并鼓励日本扩大侵华战争,最终使战火烧到了自己头上。

尽管存在以上矛盾与弊端,凡尔赛—华盛顿体系毕竟是战后世界大国之间妥协的产物。反映了当时多极世界的现状。通过适当的调整,还是维持了战后十余年的和平。1925年,德、比、法、英、意、波、捷等国代表在瑞士小城洛迦诺举行国际会议,10月16日与会各国草签了"最后议定书"和其他7个条约,总称《洛迦诺公约》。主要内容包括:维持法、德、比边界现状和莱茵兰非军事区,和平解决争端,允许德国有条件加入国联。该公约的签订,是协约国在政治上正式承认德国作为一个平等大国的前提下,在欧洲安全问题上对凡尔赛体系所做的较大调整。它暂时解决了安全问题,使欧洲享有了一段和平发展经济的时期。1926年9月,德国正式加入国联,并成为常任理事国,终于重新跻身于西方大国的行列。

华盛顿体系确立后,在20年代,日本也曾对其外交进行调整。日本被迫暂时改变了战前奉行的武力侵华方针,而以所谓的"协调"外交作为日本外交的主流。为了保持在中国已经获得的"特殊地位",暂时避免与英美的武力冲突并最终实现独霸东亚的既定国策,日本调整其外交政策,以缓和与英美的关系,加紧对华经济侵略的所谓"协调外交"作为20年代对外政策的基础。这一外交路线的实行使亚太地区的国际关系得到了一定程度的缓和,但是不能从根本上消除列强在对华利益上的冲突。

三、凡尔赛—华盛顿体系的终结

一进入30年代,这种暂时的脆弱的缓和局面便开始被打破。日、意、德等国开始肆意践踏凡尔赛—华盛顿体系各种条约中规定的原则,

藐视国联的权威,明目张胆地先后发动一系列的对外侵略扩张活动。主要有如下重大事件:

1931年9月18日夜,日军在柳条湖炸毁南满铁路一小节铁轨,反诬中国军队所为,并以此为借口向中国东北军驻地北大营和沈阳城发动突然袭击,随即向东北全境大举进攻,至19日,攻占了辽宁、吉林两省20座主要城市。自"九一八"事变后不到一百天,日军占领了我国东北三省约80万平方公里的土地,相当于日本本土面积的2.5倍。1932年3月,日本抬出清代末代皇帝溥仪,成立伪满洲国傀儡政权。同年1月,日军进攻中国上海。日本侵占中国东北后,又大举向南扩张,侵入华北。1937年7月7日,日本发动全面的侵华战争。

1935年10月3日凌晨,意大利军队未经宣战从厄立特里亚和索马里出动,分北、东、南三路出兵埃塞俄比亚。到1936年1月,侵埃意军已达到40万人。5月1日,海尔·塞拉西一世离开埃塞俄比亚,流亡到英国。5月5日,意军攻占首都亚的斯亚贝巴。5月9日,意大利国王自封为埃塞俄比亚皇帝。

1936年1月,西班牙共和党、社会党、共产党和劳动者总同盟等民主力量组成人民阵线。2月,人民阵线在国会选举中获胜,组成人民阵线政府。新政府根据人民阵线纲领,开始实行民主改革。西班牙的反动势力对此极端仇视,1936年7月18日,西班牙的一些军队在佛朗哥等将领的策动下发动叛乱,西班牙内战爆发。叛乱发生后,西班牙各阶层人民纷纷拿起武器保卫共和国。在此关键时刻,德意法西斯公然对西班牙进行武装干涉。从1936年7月底开始,先是派飞机协助佛朗哥运送军队,并把大批坦克、飞机、大炮等各种轻重武器运往西班牙支援叛军,随即又派出正规军直接进攻西班牙共和国。1939年3月28日,首都马德里陷落,历时两年八个月的西班牙人民反法西斯民族革命战争遭受失败。西班牙建立了佛朗哥独裁统治。

希特勒上台后,德国加紧扩军备战。1933年10月14日,希特勒以未能满足德国的"军备平等"为由,宣布退出日内瓦国联裁军会议。接着又退出国联,这表明德国准备不受国际社会的任何束缚,公然走上扩军备战的道路。1935年3月,希特勒不顾《凡尔赛条约》的明文规定,公然宣布恢复义务兵役制。1935年6月,又成功地与英国签订了《英德海军协定》，尽管该协定规定英德海军比例为 100∶35，但在潜艇吨位方面保持平衡。这一协定对于希特勒重新武装海军具有重大意义。1936 年 3 月 7 日，德国悍然出兵进驻莱茵非军事区，公然撕毁保证西部安全的《洛迦诺公约》。

　　随着德、意、日扩军备战以及向外扩张的过程，它们放弃原有的分歧与矛盾，逐步勾结起来，并结成联盟。意大利与德国相互争夺中欧的控制权，都想吞并奥地利。日本一战时夺取德国在山东的租界以及太平洋上的德属岛屿，在 30 年代初，德国军事顾问帮助蒋介石训练军队，进攻中国共产党的军队。但法西斯政权在这三个国家上台后，它们日益走到了一起。促成德意关系转变的契机是意大利入侵埃塞俄比亚和德意共同武装干涉西班牙内战。意大利入侵埃塞俄比亚后，英法采取不彻底的制裁行动，而德国则公开支持意大利。同时，意大利为了在夺取英法的殖民地和势力范围问题上获得德国的支持，也逐步改变了反对德国吞并奥地利的态度。于是，德意关系大大改善。两国都感到有必要调整关系，以便在扩大战争的道路上进一步加紧合作，共同对付民主国家。1936 年 10 月，意大利外交大臣齐亚诺应邀访问柏林，同希特勒和德国外长牛赖特等进行会谈。25 日，两国签订了一个秘密协定，决定两国在重要的国际问题上采取共同的方针。11 月 1 日，墨索里尼在米兰发表演说，称这个协定标志着"新的时代已经开始"，"罗马和柏林的垂直线不是壁垒，而是轴心"，欧洲国家应当围绕这个"轴心"进行合作。"柏林—罗马轴心"由此得名。德意"轴心"的建立标志着法西斯国家在建立侵略集团的道路上迈出了重要的一步。

　　同时，德国和日本也加紧了勾结。1936 年 5—6 月间，日本驻德武官同德方开始举行关于缔结政治盟约的谈判。"二二六事件"后，日本外务省同军部协调了关系，指示驻德大使加紧同德方谈判。1936 年 7 月上旬，德方正式向日方提交《反共产国际协定》草案文本。11 月 25 日，两国正式签署《反共产国际协定》。此协定还带有一个直接针对苏联的秘密附件。附件规定："缔约国一方无故遭受苏联进攻或进攻威胁时，不采取任何有利于苏联的行动"，"在协定有效期内，两缔约国约定未经双方同意不得与苏联缔结违背本协定精神的任何政治条约"。

　　希特勒为了把意大利拉进《反共产国际协定》，邀请墨索里尼于

1937年9月访问德国。11月6日，意大利加入《反共产国际协定》，德、日、意三个法西斯国家在反共产国际的旗号下勾结起来，形成"柏林—罗马—东京轴心"。希特勒宣称："缔结同盟的目的如果不包括战争，这种同盟就毫无意义、毫无价值。我们缔结同盟只是为了进行战争。"随着法西斯侵略集团形成，新的世界大战的危险更加临近。

面对世界法西斯势力的挑战，以英法美为首的西方国家又是一种什么态度呢？英、法、美是凡尔赛—华盛顿体系的创立者，也是最大的受益者，法西斯势力的目的是颠覆该体系，重新安排世界新秩序，这无论从短期还是长远看，都是直接妨碍西方大国的利益的，它们不可能置之不理。然而，他们实际做了什么呢？"九一八"事变发生后的第三天，中国政府向国联理事会提出申诉，要求国联理事会采取行动。9月22日，英法控制的国联向中日两国发出内容相同的电报，电报不分是非曲直，把被侵略者和侵略者置于同等地位，要求双方停止一切冲突，立即撤退军队，这无疑是对日本侵略者的袒护。1932年1月，国联调查团正式成立，调查团由英、法、美、德、意五国代表组成，团长是英国代表李顿。1932年4月，调查团到达中国东北。经过半年的调查，公布了调查书。调查书一方面申明对"满洲国"不给予事实上或法律上的承认，要求日本从"满洲"撤出军队。同时，在重申中国对东北的主权时，又说东北应获得受外国保护的"高度自治"，中日武装力量都从东北撤退，另组由外国教官协助的特别的宪警来维持秩序。李顿报告书遭到中国人民的强烈反对，日本也置若罔闻，继续展开军事进攻。3月27日，日本政府发表通告，宣称"帝国政府确认远东和平之根本方针，与国联所信，完全相反"，宣布退出国联。

当意大利入侵埃塞俄比亚时，英法采取"不干涉"政策，法国与意大利做交易，英国首相麦克唐纳在回答墨索里尼的探询时说："你们采取行动时要讲究些策略，我们是不会干涉的。"战争爆发后，迫于国际舆论的强大压力，国联行政院于1935年10月7日宣布意大利为侵略者。随后国联大会又通过决议，宣布对意大利实行财政和经济制裁。但意大利最迫切需要的石油等战略物质不在禁运之列。

这种所谓的"不干涉"政策同样被英法运用到对西班牙的内战中。1936年8月15日，英法两国政府互换照会，声明为避免干涉西班牙内战,"禁止将一切武器、弹药、战争物资以及一切装配或拆散的航空器和一切作战船只直接或间接输出,再输出和运至西班牙或西班牙属地"。到9月9日,共有27个国家签订了"不干涉协定"。在西班牙叛军源源不断从德意获得武器供应的情况下,"不干涉"政策,其实质是纵容法西斯侵略。

由于英、法推行绥靖政策,希特勒采取的毁约扩军措施都如意得逞,加上法西斯侵略集团已经形成,于是加速"实现大德意志"的计划,向欧洲心脏地区进军,首先是夺取奥地利和捷克斯洛伐克。

吞并奥地利是希特勒实现其征服欧洲计划的第一步,因为这既可以打开捷克斯洛伐克的门户,又获得通往东南欧和巴尔干的通道。当时奥地利有700万人口,主要是讲德语的民族。希特勒利用这点,极力煽动民族沙文主义,扶植奥地利法西斯组织。1934年7月25日,希特勒策动奥地利法西斯匪徒发动叛乱,杀害总理陶尔菲斯,企图吞并奥地利。但由于遭到英、法、意的反对而未能得逞。1938年时,情况发生有利于希特勒德国的转变,意大利已经同德国结盟,1937年张伯伦保守党政府在英国上台。张伯伦加紧推行对德绥靖政策。他们认为只有修改《凡尔赛条约》的领土条款,在中欧满足德国的部分领土要求,划东欧为德国的势力范围,才能保障欧洲和平。1937年11月,张伯伦派他的亲信掌玺大臣哈利法克斯访问德国,通过会谈,希特勒因而深信英国不会以武力反对德国在中欧的扩张,而法国没有得到英国支持的保证,也不会对德作战。与此同时,法国总理旭丹在接见德国代表时也表示赞同德奥合并。德国亦把吞并奥地利的意向明确地告诉了访问柏林的美国驻法大使布立特,而美国没有任何反对的表示。希特勒摸清了英、法、美的软弱态度,深信吞并奥地利的时机成熟了。1938年3月12日拂晓,德军越过边界,入侵奥地利。3月14日,希特勒签署了奥地利同德国"联合"的文件,奥地利成为德国的一个省——东方省。4月初,英、法、美三国政府正式承认奥地利并入德国,撤回了各自驻奥使馆,代之以驻维也纳领事馆。

希特勒吞并奥地利后,紧接着就把侵略矛头指向捷克斯洛伐克。捷克斯洛伐克位于欧洲中心,战略地位十分重要,同时工业发达,资源丰富。希特勒要吞并捷克斯洛伐克不是一件容易的事:它有发达的工业,工业生产居资本主义世界第七位;它拥有比较发达的军事工业和比较完善的国防体系,以及35个武器精良、训练有素的陆军师,捷德边境筑有坚固的山地工事——"捷克马其诺防线",加以地势险峻,被称为"中欧抵御纳粹的要塞"。还有,1935年,捷克分别与法国与苏联签订了互助条约,为支持这两项条约,同年又签订了法苏互助条约。这就是说,德国一旦侵略捷克斯洛伐克,只要法国履行义务,加上法国同英国的传统关系,就有可能形成英、法、苏、捷共同抗击德国法西斯侵略的局面。当时捷克斯洛伐克举国上下,同仇敌忾,要求抵抗法西斯侵略。

然而,令人意想不到的是,英、法、美等国竟然向捷克斯洛伐克领导人施加压力,要求捷克让步。1938年9月29日至30日,张伯伦、达拉第、希特勒和墨索里尼在慕尼黑举行英、法、德、意四国首脑会议。苏联未被邀请,当事国捷克斯洛伐克亦没有代表参加,而是处于被裁决的地位。在会上,墨索里尼提出了一个建议,这个建议实际上是由德国起草的,只不过以意大利的名义提出,张伯伦和达拉第立即表示赞同这个建议。9月30日凌晨,四国通过了以意大利建议为基础的协定——《关于捷克斯洛伐克割让苏台德领土给德国的协定》(简称《慕尼黑协定》)。协定签订后,捷克斯洛伐克代表被叫进会议厅,由张伯伦向他们宣读协定的内容,并交给他们一张地图,责令立即执行。德国不费一兵一卒夺取了捷克斯洛伐克苏台德地区和一半左右的工业实力,捷克斯洛伐克被肢解,它的国防线被完全摧毁。协定签订仅仅21天,希特勒就发布清算捷克斯洛伐克的密令。1938年10—11月,德军占领苏台德区。1939年3月,吞并捷克斯洛伐克全部领土。

而出卖捷克斯洛伐克的英国和法国领导人当时竟然将慕尼黑交易当做自己的得意之作,沉迷其中。1938年9月30日,张伯伦同希特勒签署了一项《英德宣言》,声称"我们两国人民再也不想彼此作战"。张伯伦从慕尼黑回到伦敦时挥舞着这纸"宣言",洋洋得意地宣称:"我们这一代的和平已经得到保证。"12月6日,法德也签订了类似的宣言,宣称两国将保持"和平和善邻的关系"。

西方领导人真的弱智到以为希特勒的扩张欲望得到了满足,就会停止其战争的步伐吗?还是居心叵测地期待希特勒从此将扩张的矛头向东指向苏联?答案是明确的,他们之所以乐意做这样的叛卖,无疑是因为这样从短期看不伤害自己的利益,同时有利于让希特勒与苏联对抗。

对希特勒的侵略扩张野心,以及西方国家领导人的邪恶用心,苏联领导人自然明了。他们在试图与西方国家结盟共同抗击遏制法西斯的努力失败后,不得不将重点放在自己国家的国防安全上,调整了外交策略,在同英法继续谈判的同时,展开苏德秘密谈判。1939年8月23日,德国外长里宾特洛甫带着希特勒亲笔写的全权证书飞抵莫斯科,随即同苏联领导人举行会谈,并于当晚签订了为期十年的《苏德互不侵犯条约》。该条约附有一份秘密附加议定书。议定书对双方在东欧的势力范围界限做了规定。这为1939年9月1日德国进攻波兰扫清了道路,而这一事件则标志着第二次世界大战正式开始。

第二节 第二次世界大战过程

第二次世界大战从1939年9月1日德国入侵波兰开始,到1945年9月日本签署无条件投降书结束,历时整整6年。经过法西斯国家的战略进攻,交战双方攻守互易的战略转折和反法西斯同盟国的战略反攻三个发展阶段,最终以法西斯轴心国的彻底失败而告结束。

一、大战的爆发及其初期阶段(1939.9—1941.6)

大战第一阶段是法西斯国家战略进攻阶段,主要事件有:

1939年9月1日凌晨4时45分希特勒德国向波兰发动突然袭击。9月3日,英、法对德宣战,英国的殖民地印度和自治领澳大利亚、新西兰、南非联邦、加拿大也相继对德宣战,第二次世界大战全面爆发。9月27日华沙陷落。

1940年4月9日—6月7日,德军入侵北欧国家丹麦和挪威。

1940年5月10日希特勒在西线对荷兰、比利时、卢森堡三个中立的小国发动了大规模的进攻,揭开了德国进攻法国和英国的序幕。就在德军在西线发动进攻的当天,绥靖政策的代表人物张伯伦被迫辞去英国首相职务,主张对德国采取强硬路线的保守党人丘吉尔出任首相,组成有保守党、工党和自由党人参加的联合政府。新政府表示要将反法西斯战争进行到底。

德军在西线展开全面进攻,6月14日,德军占领巴黎。6月16日,贝当取代雷诺出任法国总理。第二天,贝当政府宣布停止抵抗。6月22日,法国政府代表在纳粹德国提出的停战协定上签字。

法国沦亡后,英国陷于孤军作战困境。希特勒企图通过施加军事压力,发动和平攻势,迫使英国屈服。1940年6—7月间,希特勒通过各种渠道,多次向英国提出"和平建议",邀请罗马教皇和瑞典国王进行斡旋。他扬言,只要英国将殖民地归还给德国,承认德国在欧洲的霸权地位,就可以跟英国媾和。希特勒的和平试探遭到丘吉尔政府的坚决拒绝。

在对英国的和平攻势失败后,希特勒下达了准备对英国实施登陆战役的"海狮作战计划"。英国空军与德军在空中展开激烈的空战,德国损失了大量的飞机,德国人经不起这种损失。由于英国掌握了制空权和制海权,凭借海峡,希特勒的登陆计划未能成功。德军在西线由于海峡受阻后,开始将战略进攻重点转向东边,认为要攻下英国,必须先征服苏联。

1939年9月德国进攻波兰后,日本曾表示采取不介入欧洲战争的立场。到1940年夏,德国入侵北欧、西欧得逞后,日本为了加紧侵华战争并准备发动太平洋战争,对建立三国军事同盟又趋积极。正在与英国进行空战并准备侵苏的德国也急切需要和日本进一步勾结。1940年9月9日,两国在东京恢复了签订军事同盟条约的谈判。9月18日,里宾特洛甫到罗马劝说意大利加入军事同盟。9月27日,德、日、意三国外长在柏林签订《德意日三国同盟条约》。

1940年希特勒横扫西欧大陆后,加紧准备向东进攻,苏联西部安全受到严重威胁,为了集中力量对付主要敌人德国,苏联急切需要稳住日本,以便一旦与德国开战,不致陷入东西两线作战。此时已确定"南进方针"的日本,也把调整日苏关系作为重要的外交方针。在这种历史背景下,双方经过讨价还价的谈判,于1941年4月13日在莫斯科签订了《苏日中立条约》。

1941年3月,美国国会通过《租界法案》,授权总统向与美国安全有重大意义的国家用出售、转让、交换或租借等方式提供武器和军用物质,拨款70亿美元用于实施此法案。该法案的通过,标志着美国放弃了"中立"政策,转到反法西斯国家一边,成了它们有力的后盾。

二、战争的扩大与世界反法西斯联盟的形成(1941.6—1943.2)

1941年6月22日凌晨,德国与其仆从国出动90个师、550万兵力,配备近5000架飞机、4000多辆坦克,在北起波罗的海、南至黑海的1800多公里战线上分三路向苏联发动突然袭击,声称在三个月内征服苏联。战争初期,德军的进攻十分凶猛,苏军连连失利,西部国土大片沦丧,到1941年秋天,德军横扫白俄罗斯和乌克兰大部。到1942年夏天,即开战后一年,德军已将战线推进到北起列宁格勒,中到莫斯科西郊,南到位于伏尔加河的斯大林格勒,再往南至南高加索地区,苏联危在旦夕。

但苏联也已从最初的失败中振作稳定下来。他们以空间赢得时间,及时将工业转到乌拉尔山脉以东那些新兴城市中。苏联的经济和政府仍在运作,他们在撤退时实行"焦土"政策,烧毁庄稼,宰杀牲畜,游击队在敌后破坏敌人的交通线和工厂,不让资源落入敌手。

在希特勒发动侵苏战争大约半年后,日本突然在1941年12月7日对美发动战争,偷袭美国的珍珠港,并入侵菲律宾。12月8日,美国和英国对日本宣战,三天后,德国和意大利对美国宣战,一些轴心国的傀儡国和附属国也跟着宣战,随着美国参战,二战的规模更加扩大了。

到1942年时,日本占领了菲律宾、马来亚、荷属印尼,侵入新几内亚,威胁到澳大利亚,占领了缅甸,窥视着印度。

对世界反法西斯阵营说来,1942年是战局十分紧张的一年。正如美国的马歇尔将军所说:"日本和德国几乎占领了全世界,盟军的生存危机加剧了。"实际上,1942年既是法西斯力量达到鼎盛的时期,也是法西斯势力走向衰落的开始。在1942年底法西斯进攻的态势已被遏制住。1942年底到1943年初,苏德战场、北非战场及太平洋战场同时出现了战争的转折点。

在苏德战场,德军在斯大林格勒战役中遭到灾难性的打击,斯大林格勒战役是二战中最惨烈的战役,双方都投入自己的有生力量进行大会战。在历时200天的大会战中,苏军消灭敌军近150万人,使德军损失3500辆坦克、3000架飞机和12000门火炮。德军遭到发动战争以来最大的失败。斯大林格勒战役不仅是二战的转折点,而且也是东欧和中欧历史的转折点。

在北非战场,1942年11月,一支英美军队在艾森豪威尔将军的统帅下攻入阿尔及利亚和摩洛哥,英美联军一路向东攻击至突尼斯。同时,在北非东部的英军在蒙哥马利元帅的指挥下,在阿拉曼成功地堵住了德军,并将德军从埃及往西赶,这样大批德军在英美盟军的两头夹击下被歼灭。

在太平洋战场,1942年6月,美国成功地进行了中途岛海战,消灭了日本海军的有生力量。中途岛海战是日本发动太平洋战争以来的第一次惨败,它改变了太平洋地区日美航空母舰实力对比。从此,日本在太平洋战场开始丧失战略主动权,战局出现有利于盟军的转折。

三、同盟国的战略反攻(1943.2—1945.9)

同盟国在1942年的战果基础上,从1943年中开始,先后分别在苏德战场、欧洲战场和太平洋战场上发动战略大反攻。

1943年底苏军最高统帅部制订了1944年战略反攻计划,决定集中兵力连续发动十次重大的战略型战役。到1944年,苏军的战略反攻取得了辉煌战果,歼敌138个师160万人,击毁或缴获坦克6700辆、火炮和迫击炮2.8万门、飞机1.2万架;收复了除拉脱维亚小块土地外的全部苏联国土。为追击侵略者,苏军开始越出国境作战。苏军1944年战略反攻的胜利,为1945年彻底打败德国法西斯奠定了基础。

在西线战场,德黑兰会议后,美英任命艾森豪威尔为盟国欧洲远征军总司令,加快了开辟第二战场的准备工作。1944年6月6日凌晨,盟军三个空降师分别在诺曼底德军防线后方的科唐坦半岛南端和奥恩河口附近空降着陆,占领了通往海滨的要道。当天6时30分至7时45分,在猛烈的空袭和炮击的掩护下,盟军登陆部队分别在五个登陆地段突击上陆,至9时基本突破了德军的防线。至7月24日,盟军登陆兵力达145万人,建立了一个正面宽150公里、纵深13—35公里的登陆场,发动地面总攻的准备工作全部完成,诺曼底登陆战役胜利结束。诺曼底登陆战役是迄今战争史上规模最大的两栖登陆战,此次战役,对盟军在西欧展开大规模进攻,加速纳粹德国的崩溃具有重大的意义。

在亚太战场,美军从1943年6月起转入反攻。美军采取"双叉冲击"战略,从西南太平洋和中部太平洋两路出击,以菲律宾为会合点,实行越岛进攻。

1945年春,苏联和美、英等盟国军队分别从东西两面进入德国本土作战。1945年4月30日苏军攻克柏林,希特勒绝望自杀。1945年5月7日,德军代表在盟军司令部所在地兰斯签署了无条件投降书。5月8日,德国国防军最高统帅部代表在柏林正式签署无条件投降书,主持签字仪式的是苏联的朱可夫元帅。

在亚太战场,1945年8月,美国先后在日本的广岛和长崎投下两颗原子弹。几乎同时,1945年8月8日,苏联对日宣战。次日晨,苏军分别从西、东、北三个方向在中国东北、内蒙古和朝鲜北部四千多公里战线上对日本关东军发起全线总进攻。8月15日,日本天皇向全国广播日本无条件投降的诏书。8月30日,美军在东京及附近地区登陆,实现对日本的占领。9月2日,在东京湾的美国战列舰"密苏里"号上举行签降仪式。至此,第二次世界大战宣告结束。

四、二战中为什么民主力量能够战胜法西斯

德、日等法西斯国家失败的原因首先在于它们进行的是一场不义的战争,遭到了全世界爱好和平的国家和人民的共同反对。不仅受到其直接侵略国家反对,那些战火尚未波及的国家和人民也反对它们。如果说第一次世界大战只是帝国主义国家之间的一场战争,那么第二次世界大战不再是欧洲国家之间的战争,也不再只是帝国主义争夺世界霸权的斗争,在这场战争中,广大的亚非拉人民也通过自己的斗争为世界反法西斯斗争的胜利做出了自己的积极贡献,甚至是重要的贡献。如果没有中国人民的八年浴血奋斗与牺牲,将日本的有生力量拖在中华大地上,让德日联合进攻苏联,或让日本集中力量对付美国,二战的前景不说会发生根本的逆转,起码要付出高得多的代价。常言道:得道多助,失道寡助。二战中,德、日、意虽然订立了同盟条约,它们并没有形成统一的战略部署。相比之下,虽然在大战之前和之初,民主阵营国家之间也存在着矛盾,但随着战争的扩大和发展,由于有了苏、美核心,

反法西斯阵营有了决战决胜的决心和信心。

其次,第二次是世界大战是一场典型的现代战争,战争胜负很大程度上取决于综合国力的对比。即使在轴心国势力鼎盛时期,世界反法西斯阵营在经济和综合国力上也占有绝对优势。当德军攻到莫斯科城下时,苏联设在乌拉尔山以东的中心工业区还在源源不断生产出更多的飞机、坦克、大炮。自从美国国会通过《租借法案》后,美国的武器和各种战略物资也源源不断地输往欧洲和亚洲的反法西斯前线。诺曼底登陆后,在法国战场上,盟军与德军的坦克数量之比是 20:1,飞机数量是 25:1,不仅武器数量上占绝对优势,在质量上也占有优势,比如英美飞机很大一部分是当时先进的重型四引擎的战斗机。人们比喻:这好比一个击剑手再能干,但当他用完了剑,而对方仍宝剑在握时,他的技术与经验便失去了意义。这种武器上的优势使盟军掌握了制海权和制空权,现代战争中制海权和制空权十分重要,空中优势能支援地面部队,击退敌人大规模进攻,还能切断敌人的交通线、补给线,能深入敌人的后方,摧毁敌人的大城市和工业中心,不仅打击敌人的军工生产,更重要的是打击敌人的士气与民众心理。

第三节　第二次世界大战的后果

第二次世界大战是一场规模空前的战争,它给世界人民带来了巨大的灾难。据估计,死亡人数约 6000 万,物质损失超过 40000 亿美元。但是在这场关系人类命运和前途的搏斗中,人民最终赢得了战争,使人类文明得到拯救,世界和平得以恢复。

反法西斯战争沉重地打击了国际帝国主义,横行一时的德、意、日三个帝国主义国家被彻底打败。曾经是世界一等强国的英、法的国力被大大地削弱,他们虽打赢了战争,却失去了往日在世界上的地位。同时,二战加快并巩固了美国在世界的霸权地位。

二战推动社会主义在世界范围内越出了一国的范围。战后在欧亚两洲出现了一系列的人民民主国家,特别是中国人民革命的胜利,使社会主义力量空前壮大,大大发展了十月社会主义革命的成果。

规模空前的反法西斯战争,使占世界人口大多数的殖民地、半殖民地人民参加了这场正义战争,从而促进了亚非拉地区民族解放运动的空前高涨。战后,殖民体系迅速瓦解,帝国主义的统治范围大大缩小。亚非拉一系列国家相继独立,加快了世界历史发展的进程。

第二次世界大战还推动了科学技术的大发展。军事上的需要使交战各国投入大量人力、物力和财力去发展相应的科学技术,制造克敌制胜的武器。例如,在核裂变发现以后短短的六年时间里,美国就爆炸了原子弹。如果没有最迫切的军事需要,这是办不到的。随着原子弹的试制成功,才有后来的原子能的和平利用,人类从此进入了核时代。又如,1944年德军开始使用V-2火箭导弹,轰炸英国。V-2火箭的发明,标志着现代火箭技术登上了现代科技舞台,成为现代空间技术的雏形。

第二次世界大战也给人们留下了许多值得思考的问题。例如:怎样才能防止新的世界大战的危险?多极的世界安全呢,还是单极世界安全?世界上的小国和弱国如何维护自己的独立与主权?对待正在崛起的大国应该保持什么态度,是合作对话还是对抗遏制?正在崛起的大国又如何实现自己的和平崛起?

进一步阅读书目

〔英〕A.J.P.泰勒著,何抗生、林鲁卿译:《第二次世界大战的起源》,商务印书馆,1992年版。

齐世荣、廖学盛主编:《20世纪的历史巨变》,第四编第十章,学习出版社,2005年版,第425—445页。

徐天新主编:《世界通史·现代卷》,第13—14章,人民出版社,1997年版。

第九章
合作、对峙、缓和：1945—1975 年美苏关系

二战的结果导致国际政治格局的重大变化，德、日、意等法西斯国家遭到毁灭性的打击，英、法等老牌西方大国元气大伤，进一步衰落。而美、苏两大国力量在二战中得到加强，二战后，世界进入美、苏两大超级大国支配时代。在 1945—1975 年的 30 年间，美、苏两国关系经历了合作、对峙、缓和的过程。本章讲述这一时期两大国关系变化的过程、变化动力及其结果。

第一节 美苏合作与雅尔塔体制的建立

1945 年初，在德国败局已定的时候，苏、美、英三国政府首脑斯大林、罗斯福、丘吉尔继 1943 年年底德黑兰会议后，于 1945 年 2 月 4 日至 12 日在苏联黑海边的克里米亚半岛的雅尔塔举行会谈，为战后世界做安排。

雅尔塔会议是 20 世纪世界历史上一次最重要的会议之一，这次会议既对 20 世纪上半叶各大国争斗做了一次总结，也对战后世界产生重要影响，其一些条款影响至今。在二战期间，美、英、苏有过一系列的会谈，但德黑兰会谈时（1943 年，11—12 月间）战争尚处迷离阶段，尘埃尚未落定，尚谈不上对战后的安排；而到波茨坦会议时（1947 年，7—8 月间），俄国人与西方之间的关系已经僵到无法做出任何决定性的让步，双方只好保留不同的意见，承认既成事实了。

雅尔塔会议及其后所签的协议中分别对德国问题、波兰问题、东欧问题做出了决定。另外，对远东问题也达成重要的协议。其主要内容如下：

（1）会议着重讨论战败的德国的处理问题。决定德国投降后由苏、美、英、法四国分区占领，在柏林设立盟国管制委员会协调管理控制工作。会议还规定，战败的德国必须缴纳赔款，必须实行非军国主义化。

（2）会议讨论了波兰问题。波兰问题是苏联与英、美在会议期间讨论最多、争论的也最为激烈的问题。会上斯大林提出鉴于历史上俄国多次经历了来自西方敌人的入侵，波兰成为入侵的通道，因而要求："我们坚持要有一个独立的、不敌视我们的波兰与我们接壤。"要求调整波兰的边界线，东部以寇松线为波苏边界，西部波德边界整体西移200多公里。苏联的要求遭到英国的反对，丘吉尔说："那样一来，利沃夫不就成了苏联的领土了吗？它可从来不是俄国的城市呀！"斯大林则说："别忘了连华沙都曾经是俄国的城市。"罗斯福也劝说斯大林，苏联应该做点让步，以免他在美国受到政敌攻击，也就是利沃夫市应保留给波兰，以免美国的波兰裔百姓反对。经过激烈的争论，最后还是大致按苏联的意见确定了波兰的边界，经过调整，波兰虽然获得部分原德国领土作为补偿，但无法补偿割让给苏联的土地，波兰的国土面积比战前少了7.6万平方公里，大约损失20%的国土。会议还就战后波兰政府的组成问题达成一般原则性意见。

（3）会议通过了《被解放的欧洲宣言》，声称用民主方式解决战后的欧洲问题，保证在东欧举行民主选举及建立民主政府。这一条是美国提出的，当时担心斯大林不会同意，因为大部分土地当时已处于苏军的占领下，而英、美认为所谓的民主选举就是西方式的选举，在西方式的选举下，共产党无法保住政权，所以他们没有想到斯大林竟然会同意，将此点看做是苏联的重大让步。而苏联有自己的民主标准，共产党人实行的是社会主义民主，所以不会认为同意建立民主政权是多么大的让步。而后来出现的许多矛盾冲突都同此有关，西方英美国家认为苏联违背协议，苏联则否认。

（4）会上，美、英、苏三国签订了一项秘密协定，规定苏联在对德作战结束后的二至三个月内参加对日作战，其条件是：外蒙古的现状须予维持，大连港须予国际化，苏联在该港的优越权须予保证，苏联之租用旅顺港为海军基地须予恢复，中东铁路和南满铁路应设立中苏合办公司以共同经营之,库页岛南部及千岛群岛须交予苏联。这一涉及中国领土与主权的条款没有事先征得中国政府的同意,这一秘密协定的内容直到1945年6月14日才由美国通知蒋介石政府。

(5)雅尔塔会议讨论了联合国的基本组织原则。决定安理会由苏、美、英、法、中五个常任理事国和六个非常任理事国组成。除程序问题外,任何重大问题都必须经五个常任理事国一致同意,即五大国拥有否决权。会议决定1945年4月25日在美国旧金山召开联合国会议,制定联合国宪章。

雅尔塔会议商讨了打败德国集团和战后世界安排诸问题,促进了反法西斯国家的团结协作。会议对战后国际关系格局的形成具有深远影响。二战期间,在以雅尔塔会议为代表的一系列国际会议上,美、英、苏三国达成的关于战后世界安排的各种宣言、公告、协议、谅解等被统称为雅尔塔体制,其实质是美、苏安排世界,平分天下。因此显然,雅尔塔体制具有明显的大国强权政治的色彩。是美、苏合作的象征,也是两大国相互妥协的结果。早在德黑兰会议结束后,罗斯福曾说:"我可以说和斯大林元帅相处甚好,他是一个兼具坚定决心,爱好幽默的人,我相信他是俄国心灵纯真的代表,我也相信我们将和他以及俄国人民相处甚欢。"据基辛格在其《大外交》一书中称,雅尔塔会议后,美、苏双方均感满意,美方甚至担心斯大林这个温和派会受到克里姆林宫强硬分子的压力。①

第二节 美苏对峙与冷战格局的形成

一、"冷战"对峙形成的原因

何谓"冷战","战"意指冲突,武装的冲突,打仗,加以"冷"字,指这种冲突不是一种全面的武装冲突,而更多的是一种外交和意识形态方面的冲突与不和。二战后不久,美、苏两大国之间冲突代替了合作,在随后十年里,世界各主要国家分别被纳入以美、苏为首的两大阵营

---

① 〔美〕亨利·基辛格著,顾淑馨等译:《大外交》,海南出版社,1997年版,第367—370页。

里,形成两极世界。

战后冷战形成的原因有以下几点:

第一,是意识形态方面的分歧。苏联声称要遵循马克思列宁主义原则,以马列主义指导其政治、经济、文化以及外交政策。马列主义丝毫不隐瞒自己反对资本主义,并以主张全世界无产者联合起来,消灭资本主义剥削制度为己任,有责任有义务帮助那些资本主义国家和落后的殖民地国家人民的革命斗争。斯大林曾这样说:"这场战争与过去的战争不同,不仅是占领了一片土地,亦将其社会制度加诸其上,每方都在其军力可及之处,建立其制度,绝对没有例外。"所以社会主义国家的强盛必然被当做向资本主义国家的挑战,西方资产阶级本能地将马列主义和共产主义的势力当做洪水猛兽。

第二,是由于帝国主义国家的国家利益决定的。资本主义发展的经济规律促使对原料和市场的需求越来越带有全球性争夺的特征,它要求全世界对其开放市场和提供廉价的资源和劳动力。而社会主义经济实行的是国家控制下的计划经济,在社会主义制度下的国家与地区必然形成抵制资本主义渗透的屏障。而广大的新独立国家也往往向往苏联的工业化的道路。如果让战后这种趋势发展下去,资本主义的经济扩张就会受到影响。因此,西方大国出于经济利益的需要也要将攻击的矛头指向社会主义国家的政治制度,鼓吹建立一个多元和民主的社会。

第三,战后世界大国力量对比发生重大的变化。二战彻底打破了数世纪以来形成的欧洲中心的格局。与第一次世界大战不同,第二次世界大战从一开始就不只局限于欧洲。二战首先使旧欧洲遭受极其沉重的打击,包括英国在内的整个欧洲在战争炮火的破坏和法西斯铁蹄的践踏下已是体无完肤。德国和意大利因战败而退出争霸的舞台,英、法虽然取胜却已被严重削弱。战争期间庞大的军费开支使得英国的黄金储备消耗殆尽,不得不在1946年发行了200多亿英镑的公债,由从前的债权国变为债务国。1946年底罕见的严寒使得燃料和粮食奇缺,人民处于饥寒交迫之中。1947年初英国的工业完全瘫痪。同英国相比,法国的情况更为不妙,战时德国占领了法国,法国被洗劫了四年,经济濒于崩溃,战争结束时,法国进出口实际上已经停止,外汇储备已经枯竭,工业生产急剧下降,国民收入只相当于1938年的一半。用戴高乐的话来说,就是"没有在这场赌博中抓到一张大国的'王牌'"。英、法不仅未能像第一次大战那样掠取到新的殖民地,连旧的殖民统治地也岌岌可危。整个欧洲分裂为两大部分,分别处于美、苏的实际控制下。总而言之,以英、法为代表的昔日繁荣昌盛称雄世界的西欧从此衰落了,欧洲列强主宰世界政治的时代一去不复返了。

大国冲突引发第二次世界大战,欧洲的衰落并没有结束大国的冲突。欧洲中心地位的丧失和殖民主义衰落造成的世界权力中心的真空很快被美、苏填补。

美国以其得天独厚的地理环境,不仅没有受到战争的破坏,反而得到战争的刺激推动,经济、军事实力急剧膨胀。战争结束时,美国拥有资本主义世界工业总产量的60%,对外贸易的1/3,黄金储备的3/4,成为世界最大的资本输出国和债权国,世界金融中心也从英国伦敦转到美国的纽约。美国的经济实力早已是世界第一,无论是工业总产值,还是钢铁冶炼、石油开采、机械制造和农业生产都居世界首位。美国不仅出口武器、工业品,而且是世界上最大的粮食出口国,世界上许多国家和地区仰仗进口美国的粮食度日。美国的政治家们因而时常说:美国无求于世界,世界却要仰仗美国。凭借强大的经济力,美国人民的生活水平远高于世界其他地区,从1939年以来,美国人民的国民收入增加了一倍,存款增加了三倍,美国的人口虽然只占世界人口的7%,在估计的世界收入中却占30%以上。美国的强大还由于其强大的军事实力,不仅它的空军、海军实力居世界第一,它在世界各地的驻军数目和基地数目也是世界第一,而且当时单独垄断着原子弹的生产,这不仅说明它的军事实力第一,而且也说明它的科学技术水平世界第一。正是以这样的实力为基础,美国的统治集团公开地、毫不隐晦地提出要"领导"整个世界。战后不久,美国总统杜鲁门就公然声称:全世界应该采取美国的制度,不管我们喜欢与否,国际的经济格局将取决于我们。为达此目的,美国不仅在战争前及战后迅速填补了德、意、日战败而留下的权力真空,尽力在西欧、中南欧、日本、中国等地扩大了自己的势力范围,还通过联合国来确保在大国合作控制世界中美国的主导作用。

在第二次世界大战中,苏联是反法西斯阵营中唯一的社会主义国家,并经受了最残酷的战争磨炼,为打败法西斯做出了巨大的民族牺牲,发挥了重大的作用。二战中,苏联牺牲了2000万人,物质财富上的损失不计其数。但同英、法不同,苏联在二战中同时也壮大了自己。在军事上,它成为一个庞然大物,拥有400万军队。比起1939年以前,它拥有的人口和地域都扩大了。同美国一样,苏联幅员辽阔、矿产资源丰富,其拥有的资源超过整个西欧。在政治上,它实际已控制整个东欧和中欧。不仅如此,由于1949年中国革命的成功,新中国成为社会主义国家,苏联的东方一翼更加稳固安全,加上二战后亚非民族解放运动的高涨,这些民族独立运动往往带有强烈的反殖民主义反西方反资本主义的色彩,因而成为苏联可以争取的力量。这些因素使斯大林及其他苏联领导人自然而然地从意识形态、自身的国家利益出发,要求在国际政治中充当一个领导角色,与美国平分天下。

第四,大国争霸与地缘政治。近代以来的国际冲突大都同大国的地缘政治思想相关,领土控制是大多数政治冲突的焦点。大多数血腥战争不是起源于同扩大领土有关的民族自我满足感,就是起源于因丧失"神圣"领土而产生的民族被剥夺感。国家领土面积的大小仍然是衡量其地位和力量的主要源泉。一个国家的军事、经济和政治力量越强,它在重要地缘政治利益、影响和参与方面超越近邻的覆盖面也就越大。麦金德认为,对争夺世界霸权的大国而言,控制"心脏中心地带"是最重要的。他把自己的观点化约为一个简单的公式:[①]

谁统治了东欧,谁就能主宰心脏地带;
谁统治了心脏地带,谁就能主宰世界岛;
谁统治了世界岛,谁就能主宰世界。

而另一位西方地缘政治战略家斯皮克曼则认为"边缘地区"才是至关重要的,于是他得出的公式是:

谁控制了边缘地区,谁就能控制欧亚大陆;
谁支配着欧亚大陆,谁就能决定世界的命运。

---

① 转引自〔美〕兹比格纽·布热津斯基著,中国国际问题研究所译:《大棋局:美国的首要地位及其地缘战略》,上海人民出版社,2007年版,第33页。

这两种说法都强调控制欧亚大陆对称霸世界的决定性作用,前一种说法是承认战后苏联的地缘政治优势和战略意图,后一种说法是肯定美国的地缘政治优势和战略意图。苏美两国领导人都认为,任何对方在世界其他地方影响的扩大都是对自己的损害,不管实际上这是否真的损害到自己的利益。战后国际政治中盛行零和理论,权力总量不变,你多得一分,就意味着我失去一分。毛泽东因此说:不是东风压倒西风,就是西风压倒东风。而战后世界许多地方存在冲突与矛盾,双方力量就在这些地方展开争夺。国际的冷战格局与地缘政治冲突相互交织在一起,加剧了二者的紧张。

二、两大阵营形成的过程

在美国及其西方盟国看来,战后苏联及社会主义力量在中欧、东欧、南欧、西亚、远东的发展同30年代德国法西斯的扩张没什么两样。杜鲁门总统决心不能重演当年西方实行绥靖政策最终导致世界大战的教训,故而强调从一开始就必须对苏联采取强硬政策。1946年2月22日,美国驻苏代办乔治·凯南给美国国务院拍了一份长达8000字的电报,对战后苏联的"理论、意图、政策和做法"进行了全面的分析,提出了一整套的所谓"遏制"苏联的"冷战"政策。1946年3月5日,英国丘吉尔又在美国富尔敦发表了所谓"铁幕"演说,呼吁美、英合作,建立军事同盟,以对付苏联的威胁。丘吉尔说:从波罗的海边的什切青到亚德里亚海边的的里雅斯特,一道横贯欧洲大陆的铁幕已经降落下来。在"铁幕"后面的中欧和东欧国家,无一不处在苏联的势力范围之内,受莫斯科日益增强的高压控制。他大肆攻击苏联奉行扩张政策已经威胁欧洲和世界和平,鼓吹英语民族"联合起来",英美建立特殊关系,共同对付苏联。丘吉尔的富尔敦演说,揭开了"冷战"的序幕。

富尔敦演说之后,美国于1946年春利用苏联和伊朗、土耳其的争端,支持伊、土与苏对抗。这些地方一二百年来一直是英国的势力范围,由英国承担遏制俄扩张的任务。此时英国已无此实力。1947年初,英国由于其财政困难,被迫重新评估其防御的轻重缓急,削减其在地中海地区的义务。它通知华盛顿,英国将不再在希腊、土耳其支持它们反对共产主义苏联的扩张。美国很快决定填补此一真空。1947年3

月12日，美国总统杜鲁门向国会宣读了一篇咨文，攻击苏联是"极权国家"，要求国会批准向希腊、土耳其提供4亿美元的经济援助，"以抵制极权政体强加于它们的种种侵犯行动"。杜鲁门提出的这项政策后来被称为"杜鲁门主义"，它是美国对外政策的一大转折点。过去美国把苏联称为盟国，只是在一些具体问题上攻击苏联，现在，杜鲁门公开宣布苏联是美国的主要敌人，美国对外政策的目标是"遏制"苏联的"扩张"。同时，杜鲁门宣布"美国的政策目标必须是支持各国自由人民，他们正在抵制武装的少数集团或外来压力所试图的政府活动"。"不论什么地方，不论直接或间接侵略威胁了和平，都与美国的安全有关。"即表示美国要在世界一切地方同苏联对抗。杜鲁门主义是美苏冷战正式开始的重要标志。

杜鲁门主义出笼后三个月，1947年6月5日，美国国务卿马歇尔在哈佛大学发表演说，他认为欧洲在二战中遭到巨大破坏，"必须考虑给以额外的大量和无偿的援助，不然的话就会面临非常危险的经济、社会和政治解体的危险"。他提出一项"复兴欧洲"的计划，即马歇尔计划。严格地说，马歇尔计划在最初制订时并非一项冷战策略，它不问其意识形态如何对欧洲一切国家提供援助，只要能够调整各自经济计划，使美国援助产生最大效果就行。杜鲁门当时曾不无自豪地说："我们彻底击溃了敌人，逼得他们投降，然后又帮助他们复苏，成为民主国家，并加入国际社会。只有美国才会这么做。"

苏联也曾应邀参加英、法、苏三国外长巴黎会议讨论马歇尔计划。但在拟订欧洲统一经济计划问题上同英法发生重大分歧，因此退出了会议。1947年7月12日，巴黎经济会议开幕，有16个欧洲国家出席，苏联和东欧国家拒绝参加，波兰和捷克曾表示愿意接受，后来受到苏联的严厉斥责才作罢。到1947年夏天，情况已十分清楚，苏联不允许任何共产党国家参加马歇尔计划。巴黎会议于9月提出一项报告，要求美国在四年内提供224亿美元的援助以帮助欧洲的复兴。12月杜鲁门向国会正式提出"美国支持欧洲复兴计划"，国会于1948年4月通过援外法案，开始实施马歇尔计划。通过马歇尔计划，美国与西方盟国实际上在经济上结成联盟，而将苏联与东方国家排除在西方阵营之外。

美国通过马歇尔计划在经济上笼络西欧的同时，还力图从军事上加强对西欧的控制,以便遏制苏联,称霸世界。美国于1948年3月22日开始在华盛顿与英国和加拿大会谈,通过美国草拟的"五角大楼文件",开始了签订北大西洋防务条约的准备工作。经过一年的筹备工作,1949年4月4日,美、加、英、法、比、荷、卢、丹、挪、冰、葡、意等12国在华盛顿签订了《北大西洋公约》。缔约国"决定联合一切力量,进行集体防御及维持和平与安全","对一个或数个缔约国之武装攻击,应视为对缔约国全体之攻击,每一缔约国应采取必要之行动,包括使用武力,协助被攻击国以恢复并维持北大西洋区域之安全"。1949年8月24日,各缔约国完成批准手续,公约正式生效。北大西洋联盟的建立是当时美国遏制苏联、称霸世界战略的工具。

北大西洋公约组织是美国历史上第一次组织并参加一个军事同盟。北大西洋公约使美国在欧洲驻军、干预欧洲政治成为合法。美国国内对北大西洋公约组织的成立以及此前的杜鲁门主义和马歇尔计划也存在担心,感到美国承担了史无前例的责任,一些人认为这些计划与组织太庞大,而美国人的利益界定的不太清楚,担心耗费美国的资源。欧洲对美国的态度也十分矛盾,一方面要依赖美国的核保护伞,另一方面也不太甘心长期仰仗美国的鼻息而生存。尽管如此,出于对苏联及共产主义的本能敌视,美国与西方国家还是克服不同意见,在反苏反共上达成共识。

战后不久出现的杜鲁门主义、马歇尔计划、北大西洋公约组织成为美国和西方对付苏联在欧洲及全世界争霸的三把尖刀。

美国及西方国家也许将杜鲁门主义、马歇尔计划、北大西洋公约看做是纯粹防御性的,但在苏联及其盟国看来,由于这些结盟的性质,西欧的政治重建、经济恢复和重整军备都是针对苏联及其他社会主义国家的,他们因而采取以牙还牙的相应措施。

首先,针对美国的"马歇尔计划",苏联加强了与东欧各国的经济合作。在1947年7—8月间,苏联先后分别同保、匈、波、罗五国签订了贸易协定,西方将这些贸易协定称作"莫洛托夫计划",它是苏联与东欧国家建立密切的经济联系的第一步。在此基础上,1949年,这些国家在莫斯科成立了经济互助委员会(简称"经互会")。参加大会的有苏、保、匈、波、罗、捷等六国。同年2月,阿尔巴尼亚加入,次年9月民主德国加入。其宗旨是,在与会成员国之间建立密切的经济联系,促进各国加速其实现工业化和建设社会主义,巩固整个社会主义阵营。

其次,在政治上,社会主义国家间签订了一系列双边条约,确立了它们相互之间的政治联盟关系。从1947年初到1949初,苏联以及东欧大多数国家之间共签订了16个双边友好互助条约。1949年10月1日新中国成立,1950年2月即签订《中苏友好同盟互助条约》,形成中苏两大国的军事与政治同盟,将欧亚社会主义国家连成一片。

最后,在军事上建立华沙条约组织。1955年5月5日,西方各国不顾苏联的抗议,批准了吸收联邦德国参加北约组织的"巴黎协定"。苏联就在1955年5月14日同东欧各国在华沙召开会议,缔结了友好互助条约,即"华沙条约"。中国代表,国务院副总理兼国防部长彭德怀以观察员的身份参加了这次会议。同年6月4日,华约生效时正式成立华沙条约组织。条约规定,缔约国如遭到武装进攻时,各缔约国应以一切方式,包括使用武装部队予以援助。条约还规定,设立缔约国武装部队联合司令部和政治协商委员会等组织。从此,苏联与东欧各国形成了正式的军事集团。

三、冲突的热点地区与问题

二战后的冷战对峙体现在四个焦点地区冲突或问题上。

美苏争霸的第一个焦点是东欧问题,特别是双方在波兰、德国问题上发生的冲突,导致战时联盟的破裂。

二战后,苏军占领了东欧和易北河以东地区,美、英、法则占领德国其余部分、奥地利大部及整个意大利。这些占领国在各自所占领地区按照自己的意图行使权力。苏联由于控制了中欧和东欧的大部,因而将1亿人口纳入自己的控制下,而美国也不愿让苏联的影响进入意大利、日本。在二战进行中举行的一系列会晤及通过的决议中,英、美实际上也已经承认苏联在东欧的特权,当时主要是出于打败法西斯德国的需要,也是对事实上一种承认。苏联更多地是考虑地缘政治利益,通过控制东欧来确保自己的安全,因为在苏联看来,历史上外国入侵几乎总是从几乎不设防或对俄苏不友好的东欧国家开始的;美国则更多地强调自己的民主价值观的普世性,强调战后这些国家须建立起民主政体。当战争进行时,美、苏都能以大局为重,重视合作,因而能达成妥协,英、美承认苏联对其占领下的东欧地区享有特殊利益,苏联则同意在东欧建立民主政权,这体现在雅尔塔会议所制定的《被解放的欧洲宣言》里。但英、美对战后苏联势力在东欧、中欧的发展深为不满和忧虑。杜鲁门总统谴责苏联违背其原先做出的让东欧国家人民自由选举的诺言,在占领德国和处理德国问题上没能很好地合作,在美国人看来,苏联巩固其对东欧人民的控制是最终实现其在欧洲及东方扩张的第一步。

德国投降后,苏、美、英、法四国分区占领德国,东区由苏联占领,西北区由英国占领,西南区由美国占领,西区由法国占领。大柏林也由四国分区占领,并由四国总司令组成盟国管制委员会。美国强调德国的统一必须先实行经济统一。1946年7月20日,美国提出合并占领区的建议,得到英国的支持,签订了美、英占领区经济合并协议。1947年1月1日,成立双占区。同年,苏占区和美、英双占区分别成立各自的政治机构。在德国的土地上,形成两个社会制度迥然不同的政治实体。1948年2—6月,举行了美、英、法、比、荷、卢六国伦敦会议,决定双占区与法占区协调经济政策。针对美国的行动,苏联采取针锋相对的措施,1948年3月,宣布退出盟国管制委员会。6月24日,苏联封锁柏林,全面切断了西占区与柏林的水陆交通和货运,结果爆发了"柏林危机"。美、英、法派出大量飞机向西柏林空运粮食、煤炭和各种日用品,以维持当地居民的生活。苏联没有对这一空运活动进行干扰。美、英、法也对苏占区实行反封锁。经过长达11个月的斗争,双方于1949年5月达成协议,取消一切封锁,召开四国外长会议讨论柏林形势所引起的诸问题。"柏林危机"暂趋缓和。美国利用"柏林危机"所造成的紧张局势,加快分裂德国的步伐。1949年5月23日,德意志联邦共和国成立。同年10月7日,德意志民主共和国也正式成立。从此,在德国土地上出现了两个德意志国家。

冲突的第二个焦点地区是欧亚大陆的南部地区。1946年,希腊爆发了残酷内战,共产党游击队在人民的拥戴下,同受英国支持的希腊保王军作战,并越战越强。苏联信守其战时对丘吉尔的许诺,将希腊纳入西方势力范围,没有提供援助,但铁托领导的南斯拉夫共产党人则帮助希腊共产党游击队,南斯拉夫背后自然是苏联。在意大利,共产党、社会党等左派力量一直十分强大,他们很有可能通过合法议会选举上台。美国利用经济援助影响意大利的政治。1947年初,美国答应给意大利1亿美元贷款,但它声称不愿意援助一个有共产党人参加的政府。在美国的干预下,5月,意大利天主教民主党领导人加斯佩里借改组政府之机,将共产党人和社会党人逐出政府。在土耳其,战后苏联集结重兵于土耳其边境,要求联合控制黑海海峡,以保证苏联舰队通过达达尼尔海峡进入地中海。在伊朗,由于其地理位置重要,关系地中海和印度洋的交通,又由于其富有石油资源,一直是英、俄争夺的重点地区。一战前,就曾被英、苏分别占领南部和北部;二战中,为防止德国进入印度洋,美、英、苏抢先一步分别占领。按二战中达成的协定,一旦二战结束,苏联军队与英国军队都应退出伊朗,予伊朗以独立地位。但战后苏军没有立即撤退,而是提出要分享美、英在伊朗得到的石油好处。伊朗向联合国提出抗议,苏联最后被迫撤军。

  冲突的第三个焦点地区是远东太平洋地区。1945年,抗战胜利后,中国实际是两支军队、两个政党、两个政府。但对此一事实,许多人不愿承认,蒋介石领导的国民党政府要吃掉共产党政权。美国既出于意识形态,也出于对双方实力的考量,支持蒋介石,只是希望蒋政权能更民主些。美对蒋提供大量的军援和经援。中国国内爆发内战。然而战争的过程及其结果大大出乎一般人的意料,蒋介石在短短几年输光了本钱,被赶到台湾岛,新中国在共产党的领导下从此屹立在世界东方,极大地壮大了社会主义的力量。受中国革命胜利的鼓舞,朝鲜和印度支那的共产党人也积极推动本国的革命。1950年6月25日,朝鲜战争爆发,金日成领导的人民军很快打过三八线,即将解放整个朝鲜半岛。1950年6月27日,美国杜鲁门政府下令进入朝鲜,7月17日,利用安理会,通过决议授权美国组织"联合国军"干涉朝鲜战争。9月15日,美军乘朝鲜人民军主力集中于洛东江前线,后方空虚之机,在仁川登陆。10月19日,平壤沦陷,美军的飞机甚至轰炸了中国东北的一些地区,从而把战火烧到了中国的大门口。应金日成的紧急求援要求,1950年10月25日,中国派出志愿军入朝作战。到1953年朝、中军队击退了美国和李承晚军队,解放了三八线以北地区。1953年7月,美国被迫签订停战协定,朝鲜战争结束。在印度支那,日本投降后,1945

年9月2日,越南人民在胡志明领导下在河内宣布成立越南民主共和国。法国不愿放弃原有的殖民地,二战结束后即派出军队重新进入印度支那,1946年12月18日,法军占领河内。在胡志明的领导下,越南开始抗法战争。抗法战争打了8年,在1954年3月3日—1954年5月7日的奠边府战役中,胡志明的军队打败了法军,取得了抗法战争的最后胜利。

  冲突的第四个焦点不是地缘政治问题,而是关于原子核武器问题。二战结束时,只有美国一家拥有原子弹,但美国十分清楚苏联及其他国家制造出原子弹只是时间问题,因为造原子弹的科学原理已不是秘密。1946年,美国向联合国提交了一份名为"巴鲁克计划"的文件,提出原子能的研究和使用应该由一个国际权威机构来监督,原子能只能使用于和平目的,这一机构应有权派遣观察员到所有国家去检查执行情况,不受安理会的否决权限制。苏联反对这一提议,坚持自己的否决权,他们不愿西方国家自由地对自己的国家和社会进行监督。英国人则担心依靠美国的核武库不可靠,一旦美国回到孤立主义政策,英国将孤立无援。法国也有同样的想法,它们都开展核武器的研究。到1949年时苏联已拥有了自己的核武器。随后几年,英、法也先后有了自己的核武器。苏、英、法先后打破美国的核垄断,使新的大战一旦爆发,就有可能发展为一场毁灭人类的核大战,前景十分可怕。

第三节 冷战的逐步缓和与东西方关系的调整

  从50年代中期开始,冷战格局没有改变,冲突仍不断发生,但同时世界也开始出现缓和的动向,推动缓和进程的大致有如下因素:
  第一,苏、美实力更加接近。50年代中期以后,苏联军事力量特别是核力量迅速发展。苏军扩大到550万人,而美军为140万人。1953年8月,苏联氢弹爆炸成功。1956年,苏联已有能够毁灭美国各大城市的远程轰炸机和核武器储备。1957年8月,苏联比美国早一年成功地试验了第一枚洲际弹道导弹。同年10月和11月,苏联接连发射了两颗人造地球卫星。这表明美、苏军事实力的差距在不断缩小,美国的遏制政策日益陷入困境。另一方面,冷战对苏联的不利影响愈来愈明显。苏联不得不把大量的人力物力用于军备建设,而国内经济建设既缺少资金,又难以从国外引进先进技术。苏联要想在经济上赶上美国,就需要在一定程度上缓和同西方的关系。另外,苏联军事力量的增强,也有可能从实力地位出发同美国进行谈判。

第二,世界秩序正从两极向多极结构转变。战后的欧洲一分为二,形成美、苏对峙的局面。西欧国家同美国结成了联盟,从经济、政治和防务上普遍依赖美国,处于从属的地位。然而,西欧国家并非甘当美国的附庸,只因自己是夹在两强之间的弱者,不得不从依赖中求生存、求发展。只要有可能,它们就要寻求自己的独立性。英、法独立发展自己的核武器是一个说明。1956年中东苏伊士运河危机是矛盾的又一表现,苏伊士运河危机本来由于美国称霸中东的政策而引发,但当英法联军进攻埃及时,美国却为了自身在阿拉伯和穆斯林世界的影响,对英、法施加压力,让它们撤军。这使得欧洲痛感保持独立地位的重要。从50年代中期开始,欧洲加快了统一进程,希望促进西欧与各国之间的联合,永远消除欧洲国家再度发生战争的可能性,并以联合起来的力量共谋西欧的振兴,改善自己的国际地位。1958年戴高乐再度执政后,奉行独立自主的对外方针,积极推行以"法国—联邦德国轴心"为基础的西欧联合,打破美国在西方联盟中的霸主地位,由法国取代美国充当霸主,企图建立起足以与美国相抗衡的"第三种力量"。戴高乐一上台就要求彻底改组北约组织,建立一个美、英、法三大国组成的常设小组,分享北约重要政治和战略问题的决策权。他坚持发展法国的独立核力量。1960年法国成为核大国。1963年,戴高乐断然拒绝肯尼迪提出的要求法国放弃独立核力量的多边核力量计划,并宣布法国对禁止核武器试验不感兴趣。1966年3月,戴高乐宣布法国退出北约军事一体化机构。同时,戴高乐加强了与苏联的关系,1960年3月,戴高乐邀请赫鲁晓夫访问法国,会谈时提出著名的"缓和、谅解、合作"三部曲政策和"从大西洋到乌拉尔"的欧洲建设构想。1966年6月,戴高乐访问苏联,同勃列日涅夫签订了贸易文化协定以及空间探索和技术合作协定,决定在巴黎和莫斯科之间架设直接通话的"热线"。

联邦德国也努力调整对苏联及东欧国家的关系。朝野人士深感继续维持"哈尔斯坦主义"、推行对美国一边倒的政策,会越来越使自己陷入困境。既然美、苏关系已经发生了微妙的变化,民主德国已得到越来越多国家的承认,两个德国的局面已经巩固,联邦德国要解决德国问题,就只能"承认战后现实",以换取苏联的谅解。从联邦德国经济发展的需要,也希望打开东欧市场。因此,此时已是"经济巨人"的联邦德国,急切要求重新制定自己的"东方政策",改善同苏联、东欧国家的关系。1969年9月,社会民主党的勃兰特出任总理,正式宣布实行"新东方政策",加强"与西方合作"并"与东方谅解";承认战后欧洲现状,改善与苏联、东欧关系;承认两个德国并存,希望两个德国加强联系。勃兰特政府随即向苏联建议,就签订一项互不使用武力的协议进行谈判,苏联立即响应。1970年8月,勃兰特亲赴莫斯科,同苏联签订了互不侵犯条约。条约规定:双方保证"不以武力相威胁或使用武力",无条件地尊重所有欧洲国家的现有边界的不可侵犯,扩大两国的合作。

　　从50年代中期开始,社会主义阵营内部也出现分化与动荡的现象。1956年在波兰和匈牙利先后发生反苏反共的事件。1956年春,新担任波兰统一工人党第一书记的奥哈布公开承认党在过去犯了很多错误。6月上旬,波兹南的斯大林机车车辆厂工人要求增加工资和降低奖金税,并派代表团到地方政府和中央的机械工业部请愿,遭到拒绝。6月28日,数万名波兹南工人上街游行,高喊"面包、民主、自由"和"维斯瓦夫"(即哥穆尔卡)的口号,同警察发生冲突。于是,工人武装起来,包围了保卫部大楼,袭击市委大楼、电台和监狱。在一天的巷战中,有55人死亡,数百人受伤。政府派出军队才平息了这一事件。波兹南事件后,波党于7月召开七中全会。全会立即采取措施改善人民生活,实行政治民主化。8月,恢复了哥穆尔卡的党籍。随后,又邀请他参加即将召开的党的八中全会。苏联对波兰局势的发展感到不安。10月19日,波党八中全会开幕。当天,赫鲁晓夫、莫洛托夫等苏共领导人未经邀请就飞抵华沙,想要参加波党的中央全会。波党中央坚决拒绝这一要求,并派出代表团同苏谈判。赫鲁晓夫态度强硬,指责波党有反苏情绪、波党未将人事变动事先告之莫斯科。会谈中传来消息说,驻波苏军在向华沙前进。哥穆尔卡立即宣称:"假如你们不马上命令军队撤出,我们就离开这里,不再进行谈判。"并威胁说:"我要向人民讲话,要在广播电台讲出我的话。"与此同时,波党组织人民准备抵抗苏军进攻。当时，波兰的国防部长是苏联元帅罗科索夫斯基，军队受他控制。波兰政府调动公安部队和组织民兵来守卫华沙。在离首都大约一百公里的地方，把坦克横在公路上作为障碍阻止苏军前进。在这种情况下，赫鲁晓夫做了让步，下令苏军停止前进，同意哥穆尔卡担任波党的领导。波党则表示要坚持波、苏友好。

  苏共二十大后，匈牙利知识界活跃起来。1956年3月17日成立了俱乐部，以匈牙利诗人裴多菲之名命名。俱乐部十分活跃，经常组织各种会议，讨论各种社会问题，参加者多达数千人。在会上，有人公开抨击党的领导和现行政策，并提出"民主社会主义"，"没有斯大林主义的社会主义"等口号。当时匈党的领导人拉科西指责裴多菲俱乐部活动是反党反人民的，并逮捕其中一些成员，查封了一些刊物。这以后，国内局势日趋紧张。7月，苏共领导人米高扬到布达佩斯参加匈党中央会议，决定让拉科西下台，由他的助手格罗接任第一书记，卡达尔任中央书记。但是，领导人的更换并未使局势稳定下来。10月6日，匈牙利为1949年以"铁托分子"和"叛国"罪名而被处决的前外交部长拉伊克举行国葬。30万布达佩斯居民自发涌上大街，护送送葬队伍。这次葬礼实际成为一次政治示威。它不仅是对拉科西罪行的抗议，也是要求进行重大政治改革的一次力量显示。10月21日，各大报刊登出波兰哥穆尔卡复出的消息。次日，"裴多菲俱乐部"和"首都大专院校团体联席会议"，相继向党中央提出"十点要求"和"十六点要求"。要求将拉科西开除出党，纳吉出任总理，提高工资，工厂实行工人自治，按平等自主原则调整匈苏关系和匈南关系，确认言论自由和新闻自由等。

  10月23日下午，首都高校学生开始示威游行。到晚上，示威群众增至数十万人。一些人和保安部队发生了冲突。一些人从军火库和军工厂抢来武器，并袭击占领了电台大厦、电话总局和部分警察哨所。

  当天深夜，党中央和政府举行紧急会议，决定纳吉复任总理，同时通过戒严令，请求驻匈苏军进入首都协助维持秩序。10月25日，党中央又举行会议，解除格罗职务，改选卡达尔为中央第一书记。但这时拥有90万成员的劳动人民党已陷于瓦解。

  10月28日，应纳吉政府要求，苏军撤出首都。11月1日，纳吉宣布匈牙利中立，退出华沙条约组织并向联合国求援。11月3日，纳吉改组政府,宣布实行多党制。

11月1日晚,卡达尔等人和纳吉政府决裂,重组劳动人民党,改名为社会主义工人党。11月4日,以卡达尔为首的匈牙利工农革命政府宣告成立。应工农革命政府的请求,苏军于当天第二次开进布达佩斯。经过四五天战斗,武装冲突基本平息。纳吉及其政府要员避入南斯拉夫大使馆,不久被捕。1958年6月16日,以"叛国罪"被判处死刑。

1968年捷克发生"布拉格之春"事件。1968年4月,捷共中央召开全会,通过了《行动纲领》,宣布"将进行试验","创立一个新的、适合捷克斯洛伐克情况的、具有人道面貌的社会主义模式"。纲领认为,党的领导作用是毋庸置疑的,但党的目标"并不是要使自己成为社会万能的管理者"。党的"路线不能通过发布命令来贯彻","今后再也不允许用党的机构代替国家机构、经济领导机构和社会组织"。纲领提出要发扬社会主义民主,保证集会、结社、迁徙、言论和新闻自由,取消书报检查制度。在国家政治体制方面,纲领认为,"一个党或几个政党的联合,都不能垄断社会主义的国家权力。人民的一切政治团体必须直接参加国家权力机构"。主张以民族阵线为基础,实行社会主义多元化政治体制。在经济方面,纲领主张扩大企业自主权,建立工人委员会,实行民主管理企业。工人委员会有权指定经理、决定企业的利润分配和社会福利等重大问题。充分发挥市场作用,取消国家对外贸的垄断权。在民族问题上,纲领主张建立捷克和斯洛伐克两个民族的联邦制国家。在对外政策方面,主张在进一步发展同苏联的"联盟和合作"的同时,发展同一切国家的互利关系。四月行动纲领把经济与政治体制改革结合起来,是50年代中期以来捷政府所有改革方案中最激进的纲领。它受到广大人民的欢迎。各界群众举行各种集会讨论国家生活中的各方面问题,出现了"布拉格之春"的活泼局面。

苏联对捷克斯洛伐克发生的变化不满,认为它是反苏的,越出了社会主义民主的范围。1968年8月20日晚,苏联以及一些其他东欧军队从四面八方越过捷克斯洛伐克的边界,占领捷克。随后,逼迫捷克签署了《苏捷会谈》公报和《苏军暂住捷境条约》,将捷克实际置于苏军监视之下。

社会主义阵营内部变化最大影响也最为深远的是中苏关系的恶

化。斯大林时代,在一些问题上双方领导人虽然也存在不同看法,但由于苏联对华实施大量援助,中国共产党人实行一边倒政策,中苏友好成为两国关系的主旋律。赫鲁晓夫上台后,苏联的援助开始时仍在继续,但苏联对兄弟党的唯我独大作风以及对斯大林的清算和对西方的缓和政策,引起中国领导人的不满,50年代末60年代初的文字论战,发展到1969年在中国边境的武装冲突。中国也开始寻求同美国的关系正常化,并开始实行"一条线"政策,主张建立反对霸权主义的统一战线。苏联取代美国成了中国头号敌人。

两大阵营内部的这些矛盾冲突,极大地动摇了意识形态在国家关系中的作用。两极的结构逐渐演变为多极结构。美、苏开始同对方阵营的国家接触对话,它们双方也产生对话的需要。

第三,第三世界的兴起。二战后,旧的殖民体系瓦解,民族解放运动风起云涌。美苏都极力对新独立的亚非国家和地区施加影响,这里有加剧美、苏关系紧张的因素,但在一些关键时候,它们发现自己也需对方帮助摆脱困境。比如,1959年,古巴革命取得胜利。胜利之初,美国企图拉拢古巴新政府,美国承认了古巴临时政府,卡斯特罗还应邀赴美进行私人访问。但随着古巴革命深入,美国与古巴关系日益恶化。它不仅对古巴实行经济封锁,而且断绝了外交关系。1961年4月17日,美国中央情报局组织了一支雇佣军入侵古巴,遭到古巴军民的英勇还击,雇佣军全军覆没。"吉隆滩战役"后,卡斯特罗宣布古巴进入社会主义革命阶段,全面倒向苏联。1962年,赫鲁晓夫以保卫古巴为名,开始秘密地向古巴运送导弹,企图造成核威慑。被美国发现后,10月22日晚,肯尼迪发表电视演说,要苏联迅速撤走在古巴的进攻性武器,并下令封锁古巴,核潜艇进入阵地,满载核弹头的战略轰炸机准备作战,战争有一触即发之势。在肯尼迪咄咄逼人的核讹诈面前,赫鲁晓夫采取了退让的政策,他两次写信给肯尼迪,表示愿意从古巴撤走导弹,条件是美国保证不入侵古巴,并从土耳其撤走针对苏联的导弹基地。肯尼迪要求苏联先撤出攻击性武器,然后才考虑提供对古巴的保证。一场核大战的危险终于避免。还有,70年代初,美国陷在越南战争的泥潭中难以脱身;而苏联涉足中东,1973年阿以战争,埃及先胜后败,第三军团被围困在西奈沙漠,面临全军覆没的危险,作为埃及最大靠山的苏联却无能为力。最终苏、美双方相互帮忙才实现从中东和越南脱身。它们意识到要维持自己在世界上的霸权,需要相互扶持。

第四,双方政治领导人的变化也影响到缓和政策。1953年斯大林去世后,美苏双方关系出现微妙的变化。艾森豪威尔总统表示,对总是简单地谴责苏联,他"已经感到厌倦",而"感兴趣的是未来"。他认为苏联和美国政府都是新人上任,这完全是个新的开始,"现在让我们开始相互对话吧",如果苏联"有什么改进关系的建议,我们愿意听听"。苏联新领导人上台后,也开始改变斯大林时期的对外政策,表现出和解的姿态,呼吁通过和平方式解决一切国际争端,促使朝鲜和印度支那战争停止,同希腊和以色列恢复外交关系,放弃对土耳其的领土要求,归还芬兰的波卡拉—乌德海军基地,呼吁苏、日关系正常化等等。在1956年2月举行的苏共二十大上,赫鲁晓夫提出,"和平共处是社会主义国家外交政策的总路线",强调同美国实行"和平竞赛"。苏联极力谋求缓和同美国为首的西方国家的关系。勃列日涅夫上台后,不仅没有停止赫鲁晓夫开始的缓和政策,而是更加积极地推行之。1969年3月,他提出了一整套实现欧洲缓和的主张,建议东西方对话,建立华约和北约在内的"欧洲集体安全体系"。1971年在苏共二十四大上,他提出以缓和为中心的六点"和平纲领",宣称要把缓和放在苏联外交政策的首位。而恰在此时,正当美国尼克松执政,他要实现从越南脱身的竞选许诺。1972年2月和1972年5月,尼克松先后访华和访苏,尼克松成为第一位在战后访华和访苏的美国总统,从而加快了缓和的进程。

1972年5月尼克松访问苏联期间,与勃列日涅夫达成协议,同意"欧洲安全与合作会议"和"中欧裁军会议"分别平行召开,结束了自1964年苏联倡议"欧安会"以来的争吵。1972年11月在芬兰赫尔辛基举行35个国家大使级"欧安会"筹备会。经过两个阶段数千次会议,才拟定出"欧安会"的"最后文件"。1975年7月30日至8月1日,举行第三阶段35国的首脑会议。出席会议的有美国总统福特、苏共总书记勃列日涅夫等。苏联的主要兴趣是通过保证边界的不可侵犯性和不干涉各国内政,获得国际上对战后欧洲现状的承认。西方则把会议视为促进诸如尊重人权、扩大东西方接触、旅行自由、信息自由交流等问题的一个机会。会议签署了《欧洲安全与合作会议最后文件》,即《赫尔辛基宣言》,内容基本涵盖了双方的要求。赫尔辛基协议没有约束力,不具有条约的地位。尽管如此,这是二战结束30年后,苏联集团与以美国为首的西方国家签订的一份重要外交文件,它既象征冷战的逐步缓和,也对后来的冷战终结产生了重要影响。

第四节 两极体系之下的世界和平

在1945—1975年的30年中,美苏关系经历了从战时合作到战后冷战对峙,从50年代中期开始,双方又开始寻求缓和。缓和并不意味着冷战的结束,缓和是一种冲突与合作交织的状态,冷战对峙偏重于冲突对抗,缓和偏重于对话妥协。缓和的特点是频繁地举行最高级会议以及外长和较低级别的外交谈判。但这并不意味着缓和同彼此谅解或友好与融洽相处是一回事。缓和一词常被认为是国际紧张局势的缓解;而并不意味没有紧张。缓和显然符合美苏双方的利益。缓和使得美国能从越南战争中脱身;缓和降低了意识形态上的热度,减轻了双方的责任负担;双方开始限制战略武器的会谈,从理论上说,这对减轻双方的国防负担和世界安全来说都是有意义的。对于苏联来说,缓和获得的最大收获是和平解决德国的方案,缓和期间苏联与西方先后签订的几个条约都从法律上承认了1945年以来的现状。对中国说来,虽然不是缓和过程的参与者,但也是缓和过程的受益者。从1972年尼克松访华开始,美国逐步实现了同中国的关系正常化。

回顾历史,二战结束后人们担心的第三次世界大战至今没有爆发,经历了难得的和平现已60年,不能不归功于战后的两极结构,两极之间虽然冲突不断,但仍能保持对话和相互妥协,达至缓和。《大国政治的悲剧》的作者米尔斯海默甚至认为:两极体系最倾向和平,不平衡的多极体系最容易导致冲突,而平衡的多极体系介于两者之间。[1]

---

[1] [美]约翰·米尔斯海默著,王义桅等译:《大国政治的悲剧》,上海人民出版社,2003年版,第478页。

进一步阅读书目

〔美〕斯帕尼尔著,段若石译:《第二次世界大战后美国的外交政策》,商务印书馆,1992年版。

〔美〕基辛格著,顾淑馨、林添贵译:《大外交》,海南出版社,1998年版。

〔美〕布热津斯基著,中国国际问题研究所译:《大棋局:美国的首要地位及其地缘战略》,上海人民出版社,2007年版。

齐世荣、廖学盛主编:《20世纪的历史巨变》,第四编第十一章《第二次世界大战与国际格局的演变》,学习出版社,2005年版,第446—479页。

第十章
中东问题

"中东"的概念来源于西方,在西方人眼中,亚洲位于欧洲之东,东亚属于远东,西亚地区就是中东了,因此中东与西亚两个概念时常重合,但一般说来,中东地区将北非的埃及包括在内,而不包括阿富汗;而西亚则相反,包括阿富汗,却排除埃及。

近代以来,现代民族国家意识开始在这一地区传播,在20世纪上半叶,先后出现了各种民族主义运动,产生出一批新的国家,政治地图被大大改变。二战结束后,这一地区陷入长期的政治动乱之中,其中,有世界大国争夺的因素,有阿拉伯人与以色列人之间的战争,有穆斯林兄弟中不同国家不同教派之间的纷争,等等,直到今天仍未结束,形成旷日持久的中东问题。

第一节 中东地理与历史概况

地理上,这是个多山、多沙漠的高原区,有三大高原,分别是:安纳托利亚高原、伊朗高原和阿拉伯半岛高原。高原中有大片沙漠。三大高原之间有肥沃的丘陵与平原地带,包括著名的两河流域、今天的叙利亚、约旦、黎巴嫩、以色列这些地中海东部地区,整个形状像一弯新月。这里地势平坦,土地肥沃,物产丰富,人口密集,因而时常被人称作肥沃的新月形地带。

近代以前及近代之初,肥沃的新月形地带是来自三大高原的部落集团争夺控制的地区,来自伊朗高原的波斯人、来自阿拉伯半岛的阿拉伯人,以及居住在安纳托利亚高原上的土耳其人先征服这一地带及中东大部分地区,从而先后建立起历史上的波斯帝国、阿拉伯帝国和奥斯曼帝国。

三大帝国的存在影响了这一地区的语言文化结构,相应地产生出三大历史文化区域,即伊朗文化区,包括伊朗和阿富汗;土耳其文化区,主要是在今天的土耳其;阿拉伯文化区,包括今天的伊拉克、科威特、约旦、叙利亚、巴勒斯坦、沙特阿拉伯、摩洛哥、利比里亚、埃及等。因此这一地区存在历史文化上的多样性。

尽管存在这种多样性,但中东地区的国家也存在一些共性。

首先,中东地区在国际地缘政治中具有重要的战略地位。西亚、中东位于亚洲,分别与非洲和欧洲接壤。曾有人这样说明它的地理位置的重要性:如以耶路撒冷为圆心,4000英里为半径,画一圆,可将欧、亚、非三洲包括无遗。中东周围有五个海:里海、黑海、地中海、红海、阿拉伯海,是国际交通的重要水道,也是铁路、航空的重要枢纽。其中土耳其的海峡区、埃及的运河区、红海的曼德海峡、波斯湾的霍尔木兹海峡战略地位尤为重要。

其次,这些地区和国家中,98%以上的人信仰伊斯兰教,伊斯兰教在人民的社会生活中具有压倒一切的重要性。宗教与政治势力联系密切,在这一地区大部分国家中,伊斯兰教成为国教,伊斯兰教法即国家法律,实行高度的政教合一的政治制度,不承认任何世俗国家作为政治实体的存在。在伊斯兰教中,国家是指由宗教领袖统治领导下的全体教徒。因此,伊斯兰教中的国家根本不同于现代国家的观念。在这一地区,人们相互之间不太重视你来自何方,重要的是你是否是伊斯兰教徒,属于哪一教派。人一般地被区分为三种:伊斯兰教徒、被征服的不信教者、抱敌意的异教徒。历史上,伊斯兰教徒只交象征性的税,主要税收负担落在非穆斯林身上,他们不仅要交土地税,还要交歧视性的人头税。在这种社会中,政治首领、宗教领袖和大地主往往三位一体。

再次,这一地区绝大部分是干旱地区,沙漠、山区多,地广人稀。这一地区不同程度地依靠人工灌溉,只有5%的地是可耕的,水是这一地区宝贵的稀缺资源。畜牧业在国民经济中占一定的比重。但自19世纪末20世纪初以来,由于这一地区发现丰富的石油资源并开始大量地开采,石油成为中东地区富有的资源,石油产业成为中东地区的支柱产业。

第二节　阿拉伯民族主义与一战后阿拉伯地区新国家的形成

一战前,中东地区大部分尚未成为西方帝国主义国家直接统治下的殖民地。阿富汗是英国的势力范围,1907年,英国和俄国订立协议,分别对伊朗南北实行控制。英国实际占领的是苏伊士运河区以及阿拉伯半岛的南部和东南部的重要港口和据点。其余广大地区仍由奥斯曼帝国行使宗主权和收税权,但事实上,奥斯曼土耳其除小亚细亚本土外,对阿拉伯半岛地区政治上的控制只是名义上的。阿拉伯游牧部落与定居人民不同,他们具有自由的天性,不能容忍任何的政治控制和赋税。长期以来,奥斯曼帝国通常只有依靠军事征服、对部落进行经济补助、挑动各部落之间的对立,才能勉强维持住这一虚弱的名义上的统治。维系这些社团对奥斯曼帝国联系的唯一纽带是土耳其的苏丹哈里发,他不但是帝国的政治统治者,而且是整个穆斯林世界的精神领袖。但由于穆斯林中存在各种教派,这种纽带是十分脆弱的,哈里发实际上只为逊尼派所拥戴。

一战爆发后,阿拉伯世界的民族主义运动高涨,当时有两种不同的阿拉伯民族主义,一种是发生在地中海东岸今天的黎巴嫩、叙利亚、巴勒斯坦地区的民族主义。这一地区受西方影响早而且较大。早在19世纪这里就出现了像贝鲁特大学这样的西式大学,这里的商业资本主义也比较发达,同西方的文化联系多且广。因此,这里的民族主义具有资产阶级领导的现代民族主义的特点。而在这地区以南的民族主义则具有不同的特点,这一地区经济比较落后,大多是游牧部落居住的地区,封建酋长和贵族势力比较大,因此民族主义运动的领导权掌握在封建贵族手中,运动的目的是建立一个阿拉伯国家。当时这一地区最活跃的民族主义运动的首领是居住在麦加的代表阿拉伯封建贵族势力的哈希姆家族,首领是塞里夫·侯赛因,由于麦加是穆斯林们朝觐的圣城,所以在伊斯兰世界拥有巨大的影响力。

一战爆发不久,侯赛因就着手利用这一机会来摆脱奥斯曼帝国的统治。他有三个儿子,老大阿里,老二阿卜杜拉,老三费舍尔。一方面,他表面上保持着同奥斯曼帝国的臣属关系,暗中又同英国拉关系。1915年春,侯赛因的三子费舍尔应邀到土耳其,他在途经大马士革时同叙利亚的一些民族主义者进行秘密接触,达成了一个《大马士革纪要》,提出战后建立一个以哈希姆家族为核心的独立阿拉伯国家,这个国家的版图大致涵盖今天的巴勒斯坦、黎巴嫩、约旦、叙利亚、伊拉克和阿拉伯半岛,即地理上整个西南亚部分,只是考虑到英国人在亚丁的地位,才将亚丁排除在外。侯赛因为了使这个计划实现,将此计划提交给英国人,同英国人进行谈判。英国的谈判代表是当时的英国驻埃及领事亨利·麦克马洪爵士,阿拉伯方面则是塞里夫·侯赛因。侯赛因答应,如英国人同意并帮助他实现这一目标的话,阿拉伯人愿团结起来,站在协约国一边,从侧翼干扰土耳其与大马士革、麦地那、麦加的交通联系。英国人当时为了打击德国的盟国土耳其,口头同意这一要求,但没有形成正式文件。1916年侯赛因领导阿拉伯人在汉志起义,费舍尔率起义军加入英军同土耳其军队作战。1917年,侯赛因自己宣布为汉志国王。1918年,费舍尔率军进入叙利亚。按照侯赛因的设想,自己的三个儿子将分别是汉志、约旦、叙利亚的统治者。

侯赛因的计划与愿望并没能实现。早在1916年5月,英外交官赛克斯与法国驻贝鲁特总领事皮科特曾进行谈判,后英、法、俄订立赛皮协议,按此协议,一战结束后,俄国将得到黑海海峡,法国得到叙利亚,英国得到伊拉克,巴勒斯坦许诺给犹太人,这样的安排实际上与英国人对侯赛因的许诺大相径庭。1917年十月革命后,俄国将这一协议的内容公布,激起阿拉伯人的极大愤慨。侯赛因说在原先的谈判中英国人许诺巴勒斯坦归阿拉伯人,英国人则加以否认。至于叙利亚,法国则说法国没参加英、阿谈判,对他们的协议不予理睬,要求费舍尔退出叙利亚。

在巴黎和会上,阿拉伯人与英、法发生争执。失败的自然是阿拉伯人。除了强权政治因素外,对阿拉伯极为不利的是,阿拉伯半岛居住的居民不能形成一个整体。在巴黎和会上,汉志代表提出建立以侯赛因家族为领导的阿拉伯联邦;叙利亚的阿拉伯人则感觉自己是西方文明在东方的前哨,通过设在巴黎的中心委员会提出要求建立一个独立于汉志的叙利亚国;黎巴嫩的马龙派教徒要求维护与扩大在奥斯曼统治时已经取得的自主权。

巴黎和会上争执的结果,最后按英、法的意愿对叙利亚(包括黎巴嫩)、巴勒斯坦、约旦、伊拉克实行委任统治,前一个为法国所有,后三个归英国管辖。

阿拉伯半岛地区,是贝都因人居住的地区,当时有三支较强大的势力。第一支势力是前面提到的以塞里夫·侯赛因为首的哈希姆家族,以汉志国为中心,居民信奉逊尼派。第二支势力是内志王国,当时的苏丹是伊本·沙特,该地居民信奉瓦哈比派,该教派兴起于18世纪中叶,他们认为经过许多世代,伊斯兰教许多方面遭到歪曲、变形,宗教仪式又过于繁琐,因而提出要回复到伊斯兰教先前具有的严肃性和朴素性。因此被看做是原教旨主义者。伊本·沙特本人出身贫寒,他靠武力征服其他部落成为内志国王。第三支势力是萨那的伊玛姆,他在政治上仍忠于土耳其,在今天的也门一带,信奉柴地斯宗。

1923年,土耳其在洛桑条约中放弃对阿拉伯地区的宗主权,又在1924年宣布废除哈里发。汉志国王侯赛因在得知这一消息后,立即凭借自己占有麦加的有利地位,宣布自己为哈里发。这种做法遭到内志的不满与抗议,成为内志的伊本·沙特对汉志讨伐的借口。不到6个月,伊本·沙特便将侯赛因驱逐出麦加。侯赛因退位,让自己的大儿子阿里继任哈里发,阿里也被沙特所驱逐,伊本·沙特镇压所有反抗者,宣布自己为汉志国王,沙特将自己的统治区域从波斯湾扩展到红海边。较南边的阿西尔,在上有沙特,下有也门的挤压下,1926年宣布臣服沙特,1930年被合并。从此,沙特阿拉伯成为半岛上面积最大的国家,以利雅得为首都。

失去了汉志的侯赛因家族被英国人收留。英国人让侯赛因的二儿子阿卜杜拉·侯赛因当上了约旦的国王,让被法国人驱逐的费舍尔·侯赛因当上了伊拉克国王。

第三节 犹太复国主义与以色列国的成立

作为地理概念的巴勒斯坦,指地中海东南岸地区,大体上相当于地中海沿岸到太巴列湖、约旦河及死海一带。巴勒斯坦人,字面上的意思是指原居住在这一地区的阿拉伯人。今天,原居住在这一地区的阿拉伯人大多已被赶出自己的家园,成为国际难民,而外来的犹太移民作为以色列公民,成为巴勒斯坦实际的居民。因而巴勒斯坦问题便是阿拉伯人与犹太人在巴勒斯坦这块土地上争取生存权利的问题。

历史上,犹太人曾经生活在这里。公元前11世纪在这块土地上曾建立过犹太国和以色列国,但后来被其他帝国灭亡。犹太人在这里曾创造了自己灿烂的文明,创造了自己的宗教文化——犹太教,基督教和伊斯兰教都深受犹太教的影响。在公元前后,犹太人被迫流散到世界各个角落,成为国际难民。

在其后漫长的历史中,犹太人饱尝了异族的欺凌。长期以来,主要是受信奉基督教和天主教的欧洲人的迫害。犹太人被指责出卖基督耶稣,犹太人等同于唯利是图的小商人。正是在这种宗教压迫和社会歧视中,使得犹太人在近两千年的流亡中未能被居住国的文化宗教所同化,仍然保持了自己的宗教文化习俗。

近代以来西方资本主义的发展为长期经商为生的犹太人社团提供了发展的机遇,犹太人往往在所在国家中成为富裕的群体,而经济状况的改善并没有带来政治地位的相应提高,社会上歧视和迫害犹太人的事件有增无减。一些国家的统治者利用民众的仇富心理以及转移国内矛盾或对外战争的需要,制造迫害犹太人事件。在这种恶劣的历史与现实环境中,犹太人为了生存必然要寻求自身的出路。因此,虽然以后犹太人主要是与阿拉伯人冲突,但追溯历史,巴勒斯坦问题的产生却与欧洲人迫害犹太人的历史有关。

犹太人在建立自己的国家过程中,经历了宣传组织(19世纪下半叶—1917年);移民建国(1917—1948年);巩固扩展(1948年至今)三个阶段。

从19世纪下半叶开始,在欧洲资产阶级革命思潮的影响下,犹太人的上层,尤其是知识分子阶层产生出反抗压迫求解放的民族意识,他们不愿再忍受千百年来的不公平待遇,寻求解放之路。

1882年,俄国犹太医生利奥·平斯克写了题为"自我解放"的文章,提出要解决犹太问题,就要从一个游荡民族变为一个正常的民族,在某地建立自己的家园。从此以后,在欧洲,首先在东欧,后又在西欧,出现了争取犹太复国的政治组织。

犹太复国主义也称作锡安主义。锡安是耶路撒冷西南角的一个小山头,是犹太教圣殿所在地,在犹太教中称为"圣山"。据《圣经·旧约》记载,犹太人颠沛流离后,来到锡安山居住。复国主义者利用这一点,号召各地犹太人回到锡安山,复兴犹太国。

1897年,犹太复国主义运动第一次作为世界性政治运动出现,8月29日,在瑞士的巴塞尔举行锡安主义第一届代表大会,产生世界犹太复国主义组织。维也纳的犹太人记者西奥多赫兹尔被选为主席,成为运动奠基人。西奥多赫兹尔于1896年出版《犹太国》一书,书中谈道:"只要犹太人居住在他国,就会受压迫,只有把犹太人与非犹太人分开建立一个独立的犹太人国家,才能最终解决犹太问题。"他的著作为运动提供了政治理论依据,被视为犹太复国主义的经典性著作。

在该次大会上,还通过了运动纲领:目标是要在巴勒斯坦为犹太民族建立一个由法律保障的犹太国家。这次大会还规定了具体步骤和方法来推动运动的发展,从而揭开了复国主义运动新的一页,使分散的地区性运动成为有组织的世界性的政治运动。1901年,犹太国民基金会建立,筹集资金和物质,开始组织移民,在巴勒斯坦建立移民点。

刚开始时,积极参加这一运动的人数有限,移民的更少。千百年来尽管犹太人受种种屈辱,但在当地毕竟生活了几十代人,已经习惯了,而巴勒斯坦对他们说来则是陌生的,比起欧洲的生活不知要困难多少倍。到1914年参加运动的犹太人仅为13万,占世界犹太人总数的1%,移到巴勒斯坦的犹太移民仅占巴勒斯坦总人口的8%,占有土地的2.8%。

然而两次世界大战的发生客观上加速了犹太人在巴勒斯坦移民建国的进程。英国人在此期间,起了重要的作用。

在第一次世界大战进行的时候,英国人为了钳制土耳其,不仅挑动阿拉伯人的民族主义情绪,而且也利用犹太人,以制造中东各种力量的均势。尤其由于犹太人中有一些大财主,如大银行家罗斯柴尔德家族,英国人想争取他们经济上的支持。而犹太人也抓住机会,做英国人的工作,如犹太政治家,后来的第一任以色列总统魏兹曼就向英国人建议:如果迁移大量的犹太人,就可能组成一支保障运河安全的部队,来维护英国的利益。

1917年11月2日,时任英国外交大臣的贝尔福写信给罗斯柴尔德,称:"英王陛下政府,赞同在巴勒斯坦建立犹太人国家,并愿为此尽最大努力。"该信后被称为《贝尔福宣言》,标志着英国政府支持并参与犹太人的复国主义运动。

1922年,英国在巴勒斯坦建立委任统治制度,这为犹太复国主义运动进一步提供了有利条件。英国人在巴勒斯坦支持犹太人压制阿拉伯人,移民逐渐增加。尤其在30年代初,由于法西斯在德国和其他一些欧洲国家上台后,加紧迫害犹太人,犹太人不得不纷纷逃离自己的家园,加快了向巴勒斯坦移民的过程。由1918年的5万人,增加到1948年的70万人,巴勒斯坦的犹太居民从原来占当地人口的1/12增加到1/3,其中89.6%来自欧洲,其余10.4%来自亚洲。犹太人在巴勒斯坦建立移民点,建立自己的武装部队和行政组织,逐渐形成犹太国家的雏形。

阿拉伯人逐渐感受到威胁,他们开始反对英国人的政策,30年代掀起反对英国委任统治,抵制犹太移民的高潮。1936年,在耶路撒冷建立了阿拉伯人最高委员会,1937—1939年间,由抗议、罢工发展为农民反抗的武装斗争,得到周边阿拉伯国家的支持。这样,从30年代末开始,英国人不得不调整政策,开始采取限制犹太人移民、拉拢阿拉伯人的政策,平衡阿犹矛盾,维护自己的地位。这点反映在1939年英国政府发表的白皮书中。白皮书主要谈及三点:1.把巴勒斯坦变为犹太国家不是英国政策的一部分。2.5年内,再引进7.5万犹太人,以后不准更多的犹太人进入,禁止在巴勒斯坦转让土地。3.10年内结束在巴勒斯坦的委任统治,建立一个阿拉伯人和犹太人双方分享权力的巴勒斯坦国家。

阿、犹双方对白皮书都不满意,尤其是犹太人,其领袖本·古里安主张反对英国当局的主张,并开始转而寻求美国的援助。1942年,本·古里安正式访问美国,美国的犹太人复国主义组织在纽约开大会,提出取消限制犹太人向巴勒斯坦移民,在巴勒斯坦建一个犹太国家和一支犹太人军队的纲领。这样,运动的中心也就开始转到美国。1944年,罗斯福总统提出:应该协助犹太人建立国家,犹太人可以无限制地移民巴勒斯坦。

美国支持犹太人的建国运动,这种支持并非偶然。犹太人资产阶级在美国的政治经济生活中占有重要地位,美国是犹太人的重要聚居地,是犹太复国主义运动的大本营。19世纪末20世纪初以来,大批犹太人移居美国,二战时高达500万人,超过了当时在巴勒斯坦居住的犹太人,美国也成了世界上犹太人最多的国家。尽管仅占美国人口的2.9%,但在美国经济中地位重要,凭借其所拥有的大量财富,积极影响美国的政治,甚至能在一定程度上左右美国的总统选举,因此有人说,美国的国会议员要看犹太资产阶级的脸色行事。进入20世纪后,尤其在经历两次世界大战后,美国已经确立自己的世界超级大国地位,而中东的战略地位,中东的石油资源对美国的世界战略至关重要。一个犹太人国家在中东的存在有利于美国控制中东。此外,美国支持犹太人移民巴勒斯坦也有不想让太多的世界各地的犹太人移民美国,加重美国的负担的考虑。

1945年,美国总统杜鲁门在波茨坦会议上向英国提出:取消1939年的白皮书,要求英国同意在德国的10万犹太人移入巴勒斯坦。英国在美国的压力下,在巴勒斯坦的处境日益恶化,只能让美国参与解决巴勒斯坦问题。1946年1月,英国同意英、美双方组成调查委员会,研究解决巴勒斯坦问题的方案。

1947年9月,第二届联大成立专门委员会,提出解决方案《巴勒斯坦将来治理问题决议》,即《以巴分治方案》,11月29日联大上以33票赞成,13票反对通过此方案。方案主要内容如下:

1. 到1948年8月以前,英国结束在巴勒斯坦的委任统治,英军撤走。

2. 两个月后,在巴勒斯坦分别建犹太国和阿拉伯国,政治上分治,经济上联合,实行共同的货币制度,以及统一的铁路运输和经济开发计划。

3. 耶路撒冷作为国际特别行政区,由联合国管理。

根据此方案,占人口1/3的犹太人获得55%的国土,而占人口2/3的阿拉伯人仅拥有43%的土地。而且犹太人所占的土地大多是靠近海滨的富庶之地和港口城市,而阿拉伯人所有的大多是贫瘠之地。

1948年5月14日,以色列国建立,仅16分钟后,美国就宣布承认,三天后,当时世界的另一超级大国苏联也给予承认。

第四节 五次中东战争

几乎从以色列成立的第一天起,就不得不面临战争的形势。从1948年到1982年间以色列与阿拉伯国家间先后发生了五次较大规模的战争。

第一次中东战争,也称巴勒斯坦战争,取阿以双方为争夺巴勒斯坦而战之意。以色列称之为"独立战争",意为以色列为捍卫独立而进行的战争。这次战争始于1948年5月15日,打到1949年1月3日最后停火,前后历时7个月。战争发动者是阿拉伯一方,阿拉伯人不满联合国的方案,不愿承认以色列国的合法性,更不愿按联合国的方案将手中的土地交给以色列人。联合国的方案一通过,双方的武装力量就开始互相袭击。5月15日,也就是以色列建国的第二天,埃及、约旦、叙利亚、黎巴嫩和伊拉克就出兵为他们的阿拉伯兄弟打抱不平。开始时他们颇为得手,以色列处于危机之中。关键时刻,美、苏两国同时给以色列以援助。而此时的阿拉伯人却暴露出他们的弱点,内部不团结,他们更多地想控制可能成立的阿拉伯国,或瓜分其土地,充当中东的领导者,对以色列的潜在力量与潜在危险估计不足,一旦小胜便忙于讨论瓜分战利品。以色列一面争取外援,一面实行对阿拉伯人分化瓦解的策略,如与约旦国王谈判,许以约旦河西岸地区。

战场形势很快发生转变,当时阿拉伯人使用的是过时的武器装备——毛瑟枪,而以方则配备了来自欧美的先进武器。经过半年多的较量,阿拉伯国家战败。在美国的调停下,以色列分别与埃及、黎巴嫩、约旦和叙利亚签订了停火协议。伊拉克始终没有同以色列签订停火协议,因为它不与以色列接壤,事实上也处于停火状态。

第一次中东战争的结果使以色列在中东站稳了脚跟,它不仅得到了分治方案给它的土地,而且多占了6200平方公里的巴勒斯坦土地,占有了80%的巴勒斯坦土地。1949年5月11日,以色列被接纳为联合国的第59个会员国。约旦占了约旦河西岸5268平方公里的土地,埃及占了354平方公里。损失最大的是巴勒斯坦人,分治规定的阿拉伯国流产了,它的土地被以、约、埃瓜分了。90万阿拉伯人逃到周边国家成为难民,15万人留在以色列。耶路撒冷被一分为二,旧城区被约旦的阿拉伯军团占领,以色列控制了新城区。

第一次中东战争也是美国取代英国插足中东的开始。英国承认以色列是美国的势力范围,美国承认约旦是英国的势力范围。

第二次中东战争也称苏伊士运河战争,发生在1956年。如果说第一次中东战争尚只是地区性冲突,冲突双方是阿以之间,那么第二次中东战争便越出了地区范围,是埃及为一方,英、法、以为另一方的冲突。

战争的直接导火索是苏伊士运河的所有权与管理权问题。苏伊士运河通航于1869年。运河是用埃及的金钱和人力,在埃及的国土上开挖的,它的主权无疑属于埃及。运河通航后,利润滚滚而来,但这些钱都进了外国人的腰包,据埃及提供的数字,1955年运河所获的1亿美元的利润中,埃及人仅得到300万美元,仅占3%。问题在运河的利润是按拥有的股份分红的。早在1875年,英国利用埃及政府财政困难之机以英国政府的名义,用400万英镑的低廉价格从埃手中购得苏伊士运河股票总额的44%。二战后在公司股票的80万股中,英国占了35万股。利润很大部分还被公司管理高层分享,而管理权掌握在董事会手中。董事会的32名董事中,埃及人只有5名,其余27人中,法国人16名,英国人9名,荷兰、美国各1名。上层管理机构的人员几乎清一色的是外国人。

因此,埃及对运河的主权实际只是徒有虚名。收回苏伊士运河,成为埃及人民为独立、主权而斗争的主要内容。二战结束后,随着民族主义运动的高涨,1952年埃及发生了7月革命,以纳赛尔领导的埃及新政府开始采取措施,努力逐步实现收回运河的目标。1954年10月,英、埃签订了关于苏伊士运河英军基地的协议,规定英军在20个月内完全撤出运河区。1956年6月19日,根据1954年协议,最后一名英国士兵降下了英国国旗,撤离了他们强占了74年之久的运河地区。

但英国撤军不是埃及的最终目的,最终目的是收回运河的权益,运河挣来的钱应归埃及人所有,而不应再由外国资本垄断。纳赛尔在英国撤军当天的庆祝大会上宣读了关于收回苏伊士运河的285号法令。

纳赛尔政府做出此一决定有多方面的原因。首先,是战后民族主义运动高涨、旧殖民主义衰弱这种国际大环境使然。殖民主义的剥削与压迫已成过街老鼠,人人喊打,此举大得埃及人心,并得到第三世界人民的支持,社会主义国家的喝彩,就是那些非当事人的西方国家也不敢吱声。

其次,是为了解决埃及当时面临的政治和经济危机。早在1952年,埃及政府就计划在尼罗河中游阿斯旺地方建造一个高坝。这座水坝如建成,将大大扩大埃及的灌溉面积和增加发电量。纳赛尔将它称为"新的金字塔工程",工程费用颇巨,需10亿美元。1955年,美、英表示愿在第一期工程捐赠埃及7000万美元,世界银行也允诺借款2亿美元,法国也加入投资行列。但在1956年7月19日,美国突然宣布撤回对埃及提供"援助"的声明。随之,英国和世界银行也收回了他们对埃及的承诺。在这种背景下,一星期后,纳赛尔决定将苏伊士运河收归国有,声称要用苏伊士运河的收益来建水坝。

要了解为什么美国突然改变态度,就需谈到战后美国在中东的战略。前面,我们谈到美国在二战前后支持犹太人移民巴勒斯坦,战后又给以色列大量的经援和军援,如没有美国的支持,以色列是很难在中东立足的。但这只是问题的一方面。另一方面,作为美国全球战略的一部分,美国帮助以色列的动机,是要遏制苏联在中东的发展,试图独霸中东。而中东绝大多数的人口和土地是阿拉伯人的,以色列无论是占有的土地还是人口,与阿拉伯世界都是不相称的,如果将穆斯林世界因素考虑进去,两者之间的差距更形巨大。因此,美国的全球战略利益并不能完全与以色列的国家利益合拍。任何美国政治家都不会因为一个以色列而丢掉整个阿拉伯世界甚至穆斯林世界,尤其考虑到自己身旁有一个竞争对手——苏联。美国支持以色列是为了控制中东,有以色列,美国在中东地区就有了一个落脚点,可以操纵中东的政治,让以色列来教训不听话的阿拉伯国家,自己从中调停,为美国控制这一地区的总体战略服务。

二战结束后,美国甚至曾把争取阿拉伯世界摆在扶植以色列之前。谁控制了阿拉伯国家,谁就控制了中东——这一世界的中心地带,谁控制了中东,谁就控制了石油——这一世界经济的动力之源。50年代初,美国的策略是在中东西亚地区建立一种战略伙伴关系,具体体现在建立中央条约组织上。1954年,土耳其和巴基斯坦签订了相互防卫条约,次年,伊拉克加入到该条约中,所以也称巴格达条约,随后,英国和伊朗也加入。这一条约与北大西洋条约、东南亚条约、日美安全条约一道构成了一个完整的对付以苏联为首的社会主义阵营的体系。美国及西方十分清楚埃及在阿拉伯世界、穆斯林世界以及亚非国家中的影响力,因此极想将埃及拉入中央条约组织。为达此目的,在50年代初,尽管以色列一再要求美国提供军援,美国都予以拒绝,生怕得罪埃及。当埃及与英国讨论英从苏伊士运河撤军时,美国一再对英施压让英做出让步。纳赛尔要建水坝,美国带头慷慨解囊。

但是,埃及似乎有意不迎合山姆大叔的好意。纳赛尔不是共产党人,并不完全认同苏联的方针政策,但他作为民族主义者与第三世界国家的有影响的领导人,不愿完全站在以美国为首的西方阵营一边,反对苏联和社会主义阵营。所以埃及拒绝参加巴格达条约,不仅如此,埃及积极与苏联搞好关系。

美国见软的不行,便给埃及施以颜色。1956年,美国让法国出售武器给以色列,并让世界知道,此举是美国同意的。纳赛尔则以宣布取消对台湾蒋介石政权的外交承认,转而与中华人民共和国建立外交关系来奚落美国。美国于7月撤回了对阿斯旺水坝的财政资助。在这样的背景下,纳赛尔宣布将苏伊士运河国有化。

此举冲击了英、法在中东的利益,而以色列看到了让西方站在自己一边的机会。英、法、以三国密谋,决定实施武力干涉,企图重新占领苏伊士运河。埃及军民在纳赛尔领导下,进行了英勇的抵抗。

埃及人的反抗赢得了世界广大人民的支持与声援,苏联、中国等社会主义国家一致站在埃及一边。这时,美国的态度起了关键作用。美国只是想教训一下埃及,并不想扩大战争,将埃及完全赶到苏联一边。美国通过联合国,呼吁双方停火,撤退所有的外国军队,英、法在美国的压力下被迫在11月6日同意停火,同年年底撤退军队,以色列也不得不照样执行,在次年2月撤离西奈半岛。第二次中东战争结束。

第三次中东战争又被称为"六·五"战争,因战争始于1967年6月5日,以色列对埃、叙、约发动突然袭击而得名,6月11日双方停火,战争整整打了100小时，前后不足6天，以色列称之为"六天战争"。

这是以色列发动的一场"先发制人"的战争，在战争的第一天，以色列派出其全部的飞机对10个埃及机场展开了空袭，一时间200架埃及飞机被炸毁在机场，100多名飞行员丧生。以色列掌握了制空权，掌握了战场上的主动权。

"六·五"战争是以色列占领阿拉伯领土最多的一次。以色列把埃及和约旦在巴勒斯坦战争中分占的阿拉伯国的领土（加沙地带、约旦河西岸和耶路撒冷东区）全部抢到手。这样一来，原英国委任统治时的巴勒斯坦土地全部落到以色列手中，以色列的国土由原来的熨斗型变为战车形。此外，它还占领了埃及的西奈半岛和叙利亚的戈兰高地。

1967年11月22日，联合国安理会通过"242号决议"，要求终止战争状态，以色列军队撤离其于最近冲突中所占领的领土。但以色列拒绝执行。

第四次中东战争发生于1973年10月。由于发生在穆斯林的斋月期间，阿方称之为"斋月战争"，而战争爆发当日是以色列的赎罪日，以称之为"赎罪日战争"，一般人称之为"十月中东战争"。

这次战争是埃及、叙利亚以突然袭击以色列开始的。1973年10月6日，埃及军队成功地攻破以色列的巴列夫防线，这大大出乎以色列人意料之外。除了时间因素，即穆斯林的斋月与犹太人的赎罪日期间，按双方的宗教传统不宜在此期间发动战争之外。另一重要因素是以色列人认为埃及已经没有能力在战场上打赢以色列，其背后靠山苏联也不愿过深地卷入，担心新的中东战争将导致世界核大战。

但是对埃及说来，实施对以色列的打击是为了摆脱困境的无奈选择，不合常规但合情理。"六·五"战争后，苏、美两国都分别加强埃及和以色列的武装。在纳赛尔的多次请求并以辞职相威胁下，苏联派出飞机和飞行员负责埃及的空防。苏联派出多达1万名的军事顾问和技术人员到埃及，后来此一数目又翻了一番。但同时苏联人一再要求埃及保持克制。因此，埃、以之间陷入一种长期的消耗战，出现一种"不战不和"的局面，既不能真打大打，又无法通过谈判真正解决问题。这种"不战不和"的局面给埃及带来不利的局面，埃及面临经济困难、军费开支庞大、苏伊士运河堵塞、西奈半岛油田被占等的严重困难。纳赛尔由于多年劳累,积劳成疾,于1970年9月28日去世,享年52岁。继任者是原副总统安瓦尔·萨达特,他也是一位军人。

新上台的萨达特想打破这种不战不和的局面,急于与以色列签订某种和平协定,他还认识到要达此目的,关键在于获得美国人的支持。他上台不久就做出姿态,1972年7月,萨达特下令结束苏联军事专家在埃及的使命,要求苏联顾问撤离埃及,并接管了苏在埃及的军事设施与装备,不再让俄国人使用埃及的军事基地。此举的目的显然是要争取美国人站到阿拉伯人一边,希望美国出于加强对阿拉伯世界影响的动机对以色列施加压力,将以色列逼到谈判桌旁。但萨达特此举未能立即奏效,以色列人认为埃及过去态度强硬靠的是俄国人,现在将俄国人赶走,等于自己丢掉手中的一张王牌,以色列因而更是有恃无恐,坚持自己的立场,不愿做任何让步。而美国则完全同意以色列的看法,他们很高兴看到俄国人被赶出中东,认为中东已在自己的掌握之中,不愿回应埃及的好意。

萨达特被逼得走投无路,只好走回头路,重新与苏联人结好。1972年秋,苏联人又重新向埃及提供更多更新的军事装备。经过这一场反复,萨达特认识到谈判必须要有实力做背景,必须将以色列逼到谈判桌旁,这只有依靠战场上行动。他也明了,埃及没有多大希望能彻底打胜以色列,但他认为,通过战争至少能给以色列以重创,让西方知道阿拉伯人的斗志。不然的话,让这种不战不和的局面继续下去,任凭大国摆布,只能导致国内不满情绪的增加,导致自己政权的不稳。恰好此时,阿拉伯各国出现了新一轮的团结合作。1973年初,埃及与阿拉伯国家的军事首脑在开罗举行会议,商讨了未来战争的共同战略。5月埃及邀请阿尔及利亚总统布迈丁访问开罗。8月萨达特访问沙特阿拉伯和卡塔尔,争取阿拉伯各国的支持,并商讨利用石油武器开展斗争的问题。9月,埃及、叙利亚、约旦三国政府首脑在开罗开会,确定了对以色列共同战斗的目标。所以十月战争之前,埃及已做了充分准备,要打一场收复失地的有限战争,以打破"不战不和"的僵局。

十月战争的开始阶段,阿方进展迅速,埃及攻破了以色列的"巴列夫防线",在叙利亚前线,叙军与伊拉克、约旦、沙特部队协同作战,向以色列发动攻势,收复了戈兰高地部分失地。巴勒斯坦游击队则插入以色列后方作战,袭击以军的营房和供应基地,伏击以军车队,配合正面战场的战斗。

在进行军事斗争的同时,阿拉伯国家第一次使用石油为武器,根据战前制订的计划,采用提价、减产、禁运、国有化、增加本国股份等措施,掀起一场石油斗争,配合叙、埃前线国家的战斗。10月16日,科威特、沙特、卡塔尔、伊拉克、阿联酋以及伊朗等海湾国家决定提高原油市场价格77%。阿拉伯石油输出国会议还做出决定,以9月份各成员国的产量为基础,每月递减5%;并依据各石油进口国对这场战争的不同态度,将它们分为"友好"、"中立"和"不友好"三类国家,在石油供应上采取区别对待。

石油斗争打击了欧美世界经济,在政治上分化了西欧、日本和美国的关系。西欧共同体和日本于11月相继发表声明,呼吁以色列从占领地区撤退,表示了不同于美国的看法,美国和以色列陷入孤立状态。

但不幸的是,战场上发生了不利于阿拉伯人的转变。在美国的全力支持下,依靠美国电子监控系统提供的情报,一支以色列部队在埃及前线成功地越过苏伊士运河,沿西岸迂回包抄了埃及军队的后方,切断对埃及第三军团的供应线,使第三军团有全军覆灭的危险。在叙利亚前线,以色列不但重占了戈兰高地,还侵占了叙利亚的其他一部分土地。

在此危急关头,萨达特要求苏、美安排停火。1973年10月20日,尼克松的安全顾问基辛格与苏联勃列日涅夫在莫斯科会晤安排停火细节,在他们协议的基础上,10月22日,联合国通过338号决议。但紧急的问题是以色列仍在打,第三军团之围不能解。埃及要求苏联干预,苏联做不到。萨达特只好转求美国,这正中美国的下怀,尼克松很快秘密告知开罗,美国将不允许以色列消灭埃及在西奈半岛上的第三军团。

在美国基辛格的调停下,1973年11月11日,埃、以双方军官签订了一项协定,停止敌对行动,这一协定确认了美国作为中东调停人的作用。此后,基辛格成为中东舞台上的中心人物,他往还穿梭于开罗与特拉维夫之间,"穿梭外交"概念由此而生。在他的安排下,1974年1月18日,埃、以签订了摆脱接触的协定,美国继续给以色列以军援,给埃及以经援。美国同时安排叙以停火,并获得成功,阿拉伯人结束他们的石油禁运。

1975年9月,埃及和以色列在基辛格的调解下签订一系列协定。以色列对埃及做出一些让步,以色列从运河区后撤,建立一个缓冲区,交出一些战略要地,以及一些油田,但仍占领西奈大部分的土地。埃及人许诺在未来不再对以色列动武,而继续寻求一种永久的解决方案。美国则承诺在埃、以之间建立电子监控系统来监视双方是否遵守停火协定,美国将帮助以色列提高军事能力,并保证如苏联威胁以色列,美国将支持以色列。萨达特在1976年3月宣布废除1971年与苏联签订的《苏埃友好合作条约》。

1977年11月,萨达特做出了令世界震惊的决定,他要亲自访问以色列,以色列表示欢迎。埃、以的进一步接近,终于导致在1978年9月埃、以在美国的戴维营签订了戴维营协定,根据这项协定,以色列将把它所占领的全部西奈土地归还给埃及(1982年以色列完成撤军),埃及允许以色列使用苏伊士运河和阿喀巴湾。在协定中,埃及同意将约旦河西岸、加沙地带、巴勒斯坦问题放在一边,不让其影响埃、以和平。此外,埃及宣布对以色列实行外交承认,1980年初双方互换了大使,这是历史上第一次第一个阿拉伯国家正式承认以色列存在的权利。1979年3月26日,埃、以签订和平条约。

埃、以条约的签订标志着埃及摆脱了长达三十余年的与以色列紧张对峙的战争状态,并收复了失地。为此,埃及也付出了巨大的代价,埃及人长期充当阿拉伯世界的领袖,但当戴维营协定签订时,埃及已被看做是阿拉伯世界的叛徒与公敌,埃及遭到阿拉伯世界的集体制裁。阿拉伯国家联盟撤销了埃及的会员资格,17个阿拉伯国家与埃及断交,联盟总部由开罗迁往突尼斯。而埃、以和平的倡导者萨达特则在1981年10月6日在庆祝十月战争八周年的阅兵式上被刺身亡。

对以色列而言,与埃及实现和平,消除了它在阿拉伯世界中的最强大敌人,安定了自己的西边一翼,并分化了阿拉伯阵营。埃、以和平进程确立起了"在美国的主导下,双方单独会谈,以色列以土地换和平,换取阿拉伯国家承认"的解决中东问题的模式,为解决中东问题带来一缕曙光。

埃、以和平并没有解决巴勒斯坦问题。1982年6月6日,以色列以"巴解组织"派人伤害其驻英大使为借口,大举侵入黎巴嫩,很快就占领了黎巴嫩1/4的领土,攻陷了巴勒斯坦游击队的大部分基地,并与叙军交战,摧毁了叙利亚部署在贝卡谷地的导弹基地。6月14日,以军围攻巴解组织总部所在地贝鲁特西区。这场战争被称为"第五次中东战争"。

在这次战争中,陷入重围的巴解组织在有关方面的斡旋下,根据"和平解决贝鲁特问题的方案",从1982年的8月21日至9月1日,将12000名巴解战士分15批撤离贝鲁特,分散到约旦、伊拉克等8个阿拉伯国家。巴勒斯坦人深陷于颠沛流离的状态。

第五节　海湾战争与美国入侵伊拉克

同埃及实现和平,将巴解赶出黎巴嫩,以色列终于在自己的西面、南面有了一定的安全保障。但全面的中东和平并未能实现。此时,东边萨达姆领导下的伊拉克开始对以色列采取敌视的态度,成为以色列的最大威胁。

萨达姆·侯赛因1937年生于伊拉克一个乡村,1956年10月,他加入反对亲英统治者的起义;1956年,加入阿拉伯复兴社会党。1958年,参加了反对原伊拉克国王的政变(失败)。1959年10月,萨达姆参加了刺杀总理卡桑的行动,被伊拉克政府判处死刑,而他本人则经叙利亚逃到埃及开罗。1960年,在埃及开罗大学修读法学时,他开始与美国中央情报局(CIA)接触。当时美国担心伊拉克政府与共产党的关系日益密切,于是向复兴党及其他反政府势力提供援助。

1963年2月8日,萨达姆在复兴党发动军事政变夺权后回到巴格达,开始掌管党内权力,但同年11月,当时的总统阿里夫大举缉捕复兴党人,1964年萨达姆被捕。但在狱中,萨达姆被选为复兴党副总书记,并在1967年越狱,此时的萨达姆已是复兴党的第二号领导人物。

1968年7月,萨达姆回到伊拉克协助发动政变,推翻阿里夫总统,使复兴党再次掌权,翌年成为革命指挥部的副总书记以及宣传部长和安全部长。1972年6月1日起他开始将外国的石油公司国家化并将

二十世纪世界史

石油收入用来建造军队,虽然他没有军事经验,但经他要求他被晋升为伊拉克军队的一名将军。

1979年7月16日,萨达姆达到权力巅峰,当天他就任总统,成为伊拉克党和国家的领导人,原总统贝克尔被迫下台改任伊拉克革命指挥委员会主席。萨达姆执政时期主要有两大政绩:发展经济及阻止伊拉克分裂。

伊拉克未成为现代国家前,原为奥斯曼帝国的一省,因种族、宗教及经济差异,国家随时面临分裂的危险。当时,什叶派与逊尼派交恶,阿拉伯人与库尔德人积怨甚深,部族首领与城市新兴商人阶级的矛盾斗争不断。萨达姆上任后,大力发展经济及福利,以争取民众支持;同时亦改革党内权力架构,避免政变再次发生。

萨达姆执政后,埃及已经同以色列和解,丧失其在阿拉伯世界中的领袖地位,萨达姆试图填补空白充当阿拉伯的领袖。当时伊朗正爆发伊斯兰革命,1980年9月22日,在两伊边境发生一系列冲突事件之后,萨达姆·侯赛因发动了持续八年之久的两伊战争。

长达八年的两伊战争,令伊拉克经济受到重大打击,对石油出口的倚赖变得更为重要。1990年8月2日,伊拉克指责科威特蓄意压低油价,对外宣布"科威特为伊拉克的一个省",并挥军进攻。

联合国安理会开始对伊拉克实施经济制裁。从此伊拉克在国际上被孤立。1991年1月17日,美国领导的多国部队发动海湾战争,开始对伊拉克和被占领的科威特进行代号为"沙漠风暴行动"的大规模空袭。空袭在2月28日结束,伊拉克部队在萨达姆领导下决定退出科威特。

2003年3月20日,美国借口伊拉克存有大规模杀伤性武器,发动对伊拉克的攻击,美伊战争(或称"伊拉克战争")爆发,美军开始实施"斩首行动";4月9日,萨达姆在巴格达的雕像被推倒,标志着美军占领了巴格达,伊拉克的政权被摧毁,萨达姆·侯赛因结束了其24年的统治生涯,下落不明。

2003年12月13日伊拉克时间晚上八时,萨达姆在家乡提克里特被捕。2004年1月10日,美国正式宣布根据日内瓦公约确定萨达姆·侯赛因为战俘,并获得战俘待遇和权利。但2006年12月,萨达姆被处以绞刑。

海湾战争和随后的美国入侵伊拉克战争是世界两极体系瓦解、冷战结束后的第一场大规模局部战争。它深刻地反映了世界在向新格局过渡时各种矛盾的变化,是这些矛盾局部激化的结果。

不论当事方如何解释伊拉克危机的起源,三大因素实际决定了这场危机的进程与结局:其一是争夺石油资源。伊拉克所处的海湾地区是全球主要的石油产地,伊拉克本身拥有世界第二大石油储量;发达国家对这一地区的石油有很大的依赖性,单是美国就有1/3的石油由这一地区进口,而且比重还在上升。一个抱有敌意的政权,控制着西方国家的主要石油阀门之一——这一现状是美国无法容忍的。其二是控制地缘枢纽。从世界地图上看得十分清楚,海湾、中东乃至整个西亚,扼守亚洲、欧洲、非洲三大洲的交界处,有多个海上、空中和陆路的重要通道由此经过,属于全球地理要津和战略制高点。如同米洛舍维奇时代的前南斯拉夫曾经是北约东扩的绊脚石一样,萨达姆的伊拉克是美国控制这一地缘枢纽的眼中钉。其三是防范亨廷顿所谓的"文明间冲突"。在一些有狭隘意识和文化偏见的西方人士看来,后冷战时代的国际冲突有可能由不同种族及文明之间的差异所诱发,因此要未雨绸缪、防患未然。由此看来,用强力改变伊拉克的政权,有"杀一儆百"和"敲山震虎"之功效,它实际上也是对有所谓"原教旨主义"情绪的伊斯兰国家的一种警示。

第六节　中东问题的实质

人们一般认为中东问题的核心是巴勒斯坦问题。而巴勒斯坦问题的争端主要是阿拉伯人与犹太人之间的矛盾。

如果说,在二战结束后的几十年里,对以色列的安全和美国利益形成挑战的是埃及领导的阿拉伯世界,八九十年代是萨达姆的伊拉克,那么武力解决伊拉克问题以后,美国并未能避免出现大规模的、连锁式的反美、反以活动。美国用武力推翻萨达姆政权的后果之一是加强了伊朗在中东地区的实力地位,而伊朗为了提高与维护自己在穆斯林世界和中东的影响力,有意强化自己的反美反以的立场,今天美国和以色列不得不面对来自伊朗的挑战,它成为美国对外对策面临的最大难题。只要中东问题没有得到全面和公正的解决,全球各地(尤其是穆斯林所在的各国、各地区)针对超级大国的对抗与冲突就不会减少。军事上的成功相对容易,而中东症结的消除却不那么简单。

从我们对中东问题的起源与发展的全过程考察,我们会看到,中东问题实质上更多与世界大国在中东实现其霸权的野心有关,先是英国人,后是美国人,他们将中东地区视为其世界霸权的关键,他们的世界霸权体现在他们对中东的控制上,而他们的衰落也从他们失去对中东的控制开始。

进一步阅读书目

〔英〕费舍尔著,苏永煊、高泳源译:《中东:自然、社会、区域地理》,三联书店,1958年版。

〔美〕凯马尔·H.卡尔帕特编,陈和丰等译:《当代中东的政治和社会思想》,中国社会科学出版社,1992年版。

彭树智主编:《二十世纪中东史》,高等教育出版社,1992年版。

第十一章
欧洲统一进程

资本主义发展和民族国家形成是近代以来欧洲历史进程中的两大主题。这两大主题既相辅相成,又存在难以克服的内在矛盾,导致20世纪上半叶欧洲经历了史无前例的两次世界大战。二战后,欧洲的政治家们痛定思痛,决心寻求摆脱困境的出路,从而开启欧洲统一的道路,并为世界其他地区的合作树立一个良好的样板。

第一节 欧洲历史与文化

欧洲位于欧亚大陆的西北部。它的东部与亚洲连成一片,通常以乌拉尔山脉、乌拉尔河、里海、高加索山脉、黑海和马尔马拉海一线作为欧、亚两洲的分界。实际上它是欧亚大陆向西突出的一个大半岛,西面隔着浩瀚的大西洋与美洲大陆遥遥相对,南面则是隔着地中海与非洲大陆举目相望。全洲面积1160万平方公里,1955年时人口5.4亿。

欧洲是个地理、气候、民族、文化都存在多样性的地区,大致可以分为四大块:1. 西北欧—大洋区,由英国、低地国家、北欧的一些国家组成,人种构成上主要是诺曼人的后裔。2. 地中海沿岸区,主要的国家有法国、意大利、西班牙等。也称拉丁文化区。3. 中欧地区,主要是德国和奥地利,为日耳曼人的后裔。4. 东、南欧地区,这是斯拉夫人区域,有俄罗斯、波兰、原南斯拉夫等国家。

尽管存在人种、语言、文化上的多样性,但同其他大洲相比,欧洲具有的同一性远远大于差异性。从人种上说,欧洲人基本属于白种人,语言虽然各异,但都是拼音字母,不妨碍欧洲各地区人民的相互交往。最重要的是,欧洲各国继承了相同的文化渊源。

一般而言,古代欧洲给予现代欧洲的主要历史遗产是希腊、罗马的古典文明,而中世纪则为欧洲铸就了基督教文明。现代欧洲各国,无论西欧、东欧、南欧或北欧皆是在此两大文明的融汇中创造自己的近现代文明的。

希腊文明不仅以其精美的艺术震撼今天的人们,而且在民主政治建设、科学成就等方面取得了其他地区古代文明难以企及的成就。希腊的古典传统为罗马所继承,并随罗马帝国而传播到欧洲各地。从欧洲历史发展的角度看,西欧、南欧以及中欧在罗马帝国时期取得了"车同轨、书同文"的统一的经济文化基础,以至"西方任何一个重要城市都可找到某些罗马的东西"。再加以文艺复兴以来的提倡和尊奉,直到今天,希腊文明仍是欧洲各国文化的一个重要的源头,从而形成欧洲学人"言必称希腊"的习惯。连恩格斯也说:"没有希腊文化和罗马帝国所奠定的基础,也就没有现代欧洲。"

基督教成为欧洲同一性的另一重要因素。基督教虽然产生于亚洲的巴勒斯坦地区,但却在欧洲繁荣滋长,以至人们今天都把基督教看做是西方的宗教、欧洲的宗教。公元3世纪时,罗马帝国境内的基督教徒已达600万。罗马帝国灭亡后,各蛮族王国此起彼伏,城市荒废、商旅断绝,只有教会还保持了全欧洲唯一的各地方组织服从中央罗马教皇的超级机构,教会势力更见强大。从此直到中世纪的结束,千余年间,欧洲通过基督教及其教会统治而有宗教与文化的统一与认同。因而中世纪的欧洲对于现代欧洲说来,也与其统一运动有密不可分的历史联系。教会统治固然有其黑暗的一面,但欧洲各国各地区的中世纪文化在教会包办一切的情况下又确实具有相当一致的色彩:例如同一本《圣经》、同一套教条、同一式建筑、同一种艺术风格、同一派社会风尚。尤其值得一提的是基督教的传播在中世纪还引发了十字军东征,在对异教的讨伐中,欧洲增强了同一性;同时,中世纪后期阿拉伯人对欧洲的入侵,也加强了欧洲人的认同感。

1500年后,欧洲告别了中世纪。资本主义发展带来经济繁荣的同时,也造成了欧洲大陆连绵不断的战争。1618—1945年间,欧洲至少发生了37次规模较小的战争和9次"欧洲大战"。平均不到7年,欧洲发生一次战争。运用武力解决冲突已成为欧洲的习惯,战争与分裂成为一种"欧洲病"。

大国争霸导致 20 世纪两次世界大战,欧洲成为两次大战的主战场,蒙受了人员与财产的巨大损失。第二次世界大战的结果是欧洲的衰落。战后欧洲不再是世界权力的中心,世界政治力量的天平,一头是非欧洲的美国,另一头是半欧洲的苏联,从战争废墟上站起来的欧洲,突然发现自己处于一个全新的世界体系中。欧洲不再能够支配世界,而且欧洲自己的事务要由欧洲以外的力量支配。"雅尔塔"体系把欧洲一分为二,东部欧洲已完全置于苏联的控制下,西部欧洲也要仰仗美国带有附加条件的援助才能生存。一向是群雄并起的欧洲,现在成为美、苏两霸争夺的战场。在这种新的世界格局中,西欧将何以自处?西欧能够在新的世界格局中占有什么位置?这是战后初期西欧各国面临的共同问题。

第二节 欧洲一体化过程

一、第一阶段(1945—1975)

当二战尚在进行时,一些欧洲的有识之士已经在思考通过欧洲的联合,来保持欧洲在世界政治中的地位。其中,英国的丘吉尔就十分积极。二战时,伦敦成了多国流亡政府的所在地,英国自然成为欧洲的政治中心,充当欧洲领导的角色。1942 年,丘吉尔提出建立"欧洲合众国"的设想,英国想凭借与美国特殊的盎格鲁—撒克逊关系,领导这一联合。对 20 世纪英国战略家说来,他们一直抱持的理想安排是"拉住美国,压制德国和排除俄国"。他们所设想的欧洲联合也不会背离这一原则。1946 年 9 月 19 日,丘吉尔在苏黎世发表题为"欧洲的悲剧"的演说,呼吁"法国和西德和解","联合起来,重建欧洲大家庭"。1948 年 1 月,英国外交大臣贝文在下院发表演说,表示要摈弃传统的均势外交,实现西欧的统一。

1948 年 5 月 7—10 日,欧洲统一运动的代表在海牙举行会议,英国的丘吉尔、法国的雷诺、皮杜尔、舒曼、意大利的加斯里布等参加了会议。会议决定由发起团体组成联合委员会以推动欧洲的统一。经过筹备，1949年5月5日，英、法、比、荷、卢以及意大利、爱尔兰、丹麦、挪威、瑞典共10国正式签署章程，成立欧洲委员会，研究欧洲联合问题。

欧洲委员会虽然成立了，但没能发挥什么作用，主要是英、法两大国在许多关键问题上不一致，主要反映在合作的方式上。英国人主张"欧洲国家间的合作"，而不是主张"超国家的联合"。英国人有很浓重的"帝国思维"，不愿将自己摆在同其他欧洲国家平等的位置上，强调自己的特殊性，想领导控制欧洲，想在外人、美国人面前代表欧洲，又在欧洲人面前代表美国，因而重视同美国的关系。而法国强调真正的联合。

像英国人一样，法国最初也曾想依靠美国来压制德国。然而一战结束后的凡尔赛会议后，美国有关通过一项条约来保证法国的安全的承诺没能兑现。失望之余，法国开始探索围绕一个共同的欧洲计划的法、德合作：建立一个围绕法、德特殊关系的联盟体。在第一次世界大战后很快就开始得到提倡的具有远见的泛欧洲计划表述了这一目标。欧洲应建立一个以法国和德国为首的联盟，这将使得欧洲内部的战争不可能发生，并且有力地促进欧洲在全球体系中的集体利益。实际上，泛欧洲思想吸纳了德帝国旨在建立全球平衡的欧洲联盟计划，只是联盟的实现是通过法、德合作而非德国的征服，泛欧洲计划一度成为法国在一次大战后未能实现的与美国结盟的地缘政治上的替代物。在两次大战之间，法、德官方合作以1925年的《洛迦诺公约》为标志达到顶点。这项公约是由当时的德国外交部长斯特莱斯曼、法国外长白里安和英国外交大臣奥斯汀·张伯伦共同策划的。起初看来合作还是有希望的，但到1927年即趋于暗淡，斯特莱斯曼和白里安于1927年和1932年先后去世，法国和德国未能解决它们在东欧问题上的分歧，他们的欧洲计划也就搁浅了。而1933年希特勒的上台彻底打破了法、德合作推进欧洲联合的前景，因为希特勒要的是独霸欧洲。

二战结束后，就像在第一次世界大战后曾经经历过的一样，随着对"盎格鲁—撒克逊"不断增长的失望以及对与德国合作建立一个新欧洲秩序的价值的重新认识，泛欧洲思想在法国趋于成熟。

从根本上讲，法、德欧洲规划同盎格鲁—撒克逊大西洋规划不同之处在于矫正欧洲国家体系的历史性不稳定的不同对策。大西洋联盟对欧洲的假定是,它的不稳定是固有的,因此需要一种外部平衡的力量。欧洲联盟对欧洲的假定则是,它的不稳定并非是不可矫正的。一般来讲,欧洲人,尤其是法国人和德国人,能够融合它们的民族利益,并且在一个共同的机制里把它们协调为一种集体利益。法国人也是在经历了两次大战的惨痛经历后获得这种认识的,近代以来,法、德两国多次兵戎相见,很大原因在于法国不能容忍德国崛起对自己在欧洲地位的挑战,因而在一战前与英、俄一道遏制德国,导致第一次世界大战。战争的结果是法、德都遭到削弱,说明遏制政策是无效有害的,只有合作才有出路。

英国和法国之间的这种历史创造力和共鸣感的不合拍贯穿于整个战后欧洲政治史,并将继续困扰整个欧洲计划的未来前景。

对于德国说来,一个联合的欧洲是符合自己的利益的,因为德国是欧洲最强大的国家,联合的欧洲中德国无疑将起领导作用。所不同的只是在于是通过战争征服独霸欧洲,还是走和平协商的联合之路。战争的失败使得德国别无选择地对后一种方案抱一种欢迎的态度。从而成为战后欧洲联合的关键性力量。

当然,无论是英国人的以大西洋联盟为基础的欧洲合作模式,还是法国的以法、德合作为基础的欧洲联合模式,都需要一定的条件,即如何获得美国的认可。而二战后出现的冷战格局,使得欧洲人欢迎美国人领导欧洲,美国人自己也乐见欧洲走联合之路。

所以说,战后欧洲联盟的成功取决于两个关键性因素:美国的支持和法、德特殊关系。

二战刚结束时,法国政治混乱,经济问题严重。法国人最初仍想通过肢解、改造、削弱德国来发展自己。战后初期,德国全境由美、英、法、苏分区占领,法国占领了同自己接壤的德国西南部地区。但法国的想法没能得到英、美的同意,美国要将英、法、美三国占领区合并建立德意志联邦共和国。法国只能同意美国的意见,但法国仍占有萨尔地区,德国不能承认这种占领的合法性。西北欧的经济一体化程度已经很高,德国的鲁尔、萨尔,比利时,卢森堡,法国的阿尔萨斯、洛林,这一片地区是煤铁资源聚集区,相互依赖性很高。德国的经济起不来,会影响周边国家的经济,但如果德国经济起来了,法国如得不到德国鲁尔地区的焦炭,法国的炼钢业将大受影响。既然法国无法肢解德国,无法占领萨尔、鲁尔,就只能想办法与德国全力合作。而此时,美国提出马歇尔计划,法国的"莫内计划"因而应运而生。

法国人让·莫内(1888—1979)靠自学努力成为一名经济学家。他一生为创建欧洲联邦而奔波,后被誉为"欧洲之父"。莫内主张争取美援,认为"法国必须得到外国的贷款,至少这是一条捷径","如果没有外国贷款,那么现代化的实现就将被拖延,实现的条件也将被改变。能够实现现代化的期限必然会更长,人民将为国内消耗做出更大的牺牲"。正是在推行现代化的过程中,他更加认识到欧洲实现联合的必要性。他说:"我认为,法国夹在各邻国之中,而对欧洲各国的竞争,恐怕不大可能独自实现现代化而富强起来,同时,其他欧洲国家也会感到欧洲市场狭窄,又受国界的限制。"在他看来:"欧洲各国如果只在民族独立的基础上重建各自的政府,强权政治和经济保护主义就会重新抬头,欧洲便无和平可言。""唯一的办法是成立欧洲联邦。"在有限范围内放弃寻求各国的主权问题,是解决欧洲联合的唯一可行的办法,但这必须取决于德国问题的解决。他最为担忧的问题是:法国明天的钢铁工业是否还会受德国焦炭的任意支配?他对德国钢铁耗费了鲁尔的全部焦炭以至法国和整个欧洲的钢铁都因此受到影响的状况感到焦虑不安。早在1944年,他就设想过将鲁尔的煤钢资源交付给欧洲权力机构领导和管理。到1950年,他明确提出:"如果不迅速控制德国的工业生产及其竞争能力,法国经济复兴将受到阻碍。"如何解决德国问题呢?莫内认为:"应从误会最多之处着手,在最容易重犯旧错误之处做起,只要我们大家都能消除对德国工业统治的恐惧心理,对于欧洲联合的最大障碍也就消除了。唯一的办法是,在把德国工业从战败国被歧视的地位解脱出来的同时,把法国的工业与德国的工业都放在同一起点上。这样,才能为欧洲的谅解创造必要的经济和政治条件,才能对欧洲的统一起积极的促进作用。"

具体做法就在他1949年提出的一份报告中,主张通过对煤炭和钢铁实行联营共管走向联合。这是一份为法国政府率先走上欧洲联合的极富建设性的方案。莫内的方案得到法国外长舒曼的支持。1950年5

月,舒曼正式提出建立欧洲煤钢共同体的计划,也称舒曼计划。

舒曼计划能否实现,取决于德国的态度。幸运的是,当时执掌德国政权的是一位睿智的政治家——康纳德·阿登纳(1876—1967),他在德国当政14年(1949—1963),正是在他的领导下,德国积极参与欧洲统一进程,是统一进程的大功臣。

1949年9月,阿登纳作为基督教民主联盟主席任德意志联邦共和国第一任总理。阿登纳生于莱茵地区,该地区在中世纪时处于法兰西和德意志的中间地带。他自幼在忠于德国和热爱法国文化的政治文化氛围中受教育并长大成人。许多莱茵人具有一种矛盾的心理:他们是德国人,具有德国国籍,而同时他们又具有法国的文化心态,阿登纳也不例外。当时,联邦德国乃应冷战形势而生,立国匆匆,困难重重。战争及战败被占领所带来的各种经济社会困难自不用说,连国家政治主权也是不完整的。由于冷战,德国被一分为二。联邦德国除了要尽快实现国家主权恢复、经济复兴、国家安全保证等基本目标外,还负有重新统一德国的重大使命。联邦德国要实现这些目标面临许多矛盾和困难:一方面,它作为主权不完整,经济受重创的战败国,作为实力不足而又处于地缘政治重要地位的新国家,需要恢复主权、复兴经济、增强实力和保卫国家安全;另一方面,由于它承载了两次打破欧洲均势,挑起世界大战的历史包袱,由于它处于欧洲心脏的重要地缘政治地位,以及具有潜在的危险实力,德国令每一个欧洲邻国对其提高政治地位、增强经济实力都顾忌重重而一致反对。法国是反对呼声最强烈的一个。在这种情势之下,从现实出发,阿登纳不能不把眼光放在德法和解与欧洲联合的问题上,认为德国只有立足于欧洲,以欧洲联合为旗帜,实现了德法和解,才能打开这个外交僵局。

阿登纳认为,欧洲联合对于联邦德国具有如下三个方面的意义:第一,它是联邦德国重返国际社会的出发点和恢复国家主权的前奏。无论是怎样形式的欧洲联合,在阿登纳看来都少不了德国的参与,联邦德国所处的地位决定了它在欧洲联合中不可或缺。同时,阿登纳认为,欧洲联合将能为活动范围有限的联邦德国提供一个可以施展的国际舞台,联邦德国可以借欧洲联合需求的名义,提出自己合理的政治经济要求。第二,联邦德国亦能借它顺利实现国家安全目标。战后对德的军事限制尤为严格,联邦德国只能将国家安全寄望于集体安全保护,而欧洲联合的集体安全体制最为有效。一则只有将德国安全与欧洲邻国安全结合在一起,才能消除邻国,尤其是法国的顾虑,令其以安全需要的名义分解德国的做法变得毫无意义。再则德国是欧洲国家,只有立足于欧洲,才是现实做法。战后美国虽然充当了欧洲的保护者,但从长远看,欧美利益并不总能协调,欧洲终将联合自保,德国必须把国家安全植根于欧洲联合。第三,它还是实现德国统一最有效的途径。阿登纳认为,德国和欧洲同样被一分为二,德国和欧洲的分裂都是美苏冷战的产物。在冷战期间,无论是美国还是苏联都不会愿意放弃自己的阵地,让德国和欧洲统一到对方阵营里。因此,联邦德国所能做的首先便是让德国统一和欧洲统一结合在一起,尽可能地增强德国和西欧的实力地位,以期将来能在实力的基础上,实现有利于西方的德国和欧洲的统一,阿登纳把欧洲联合看做是增强实力地位的一种方式。只有这样,德国统一才是切实可行的,否则由于邻国的不安全感,统一势必使德国再度陷于孤立。

出于以上三个方面的考虑,阿登纳将联邦德国定位于欧洲,与欧洲共命运,走欧洲联合发展的道路。从二战前一些德国人的"德国的欧洲"野心抱负转变为"欧洲的德国"的思维。将德国融入到欧洲中,而不是让欧洲臣服于德国。他曾这样说:"只有欧洲联成一片,我们欧洲人才能使我们在几个世纪中从先辈那里继承下来的财富,即欧洲的思想、西方的思想和基督教的思想重新发扬光大。"

尽管如此,德国对欧洲联合道路上将面临的困难和挑战也是有所准备的,认识到实现欧洲联合与统一必须有赖于欧洲各国的共同努力和真诚合作,而德、法矛盾是实现欧洲联合的最大障碍。有鉴于德、法同为欧洲大国,对欧洲联合成功与否将起决定性作用,阿登纳将德、法关系的改善看做是实现欧洲联合的必要前提,"如果德、法两国互不谅解,欧洲统一是不可能的"。阿登纳一再表示合作意愿,法国也愿意改善法、德关系,但中间横亘着历史遗留的问题。法国虽已放弃了分割莱茵兰的计划,但不愿在鲁尔和萨尔问题上再做丝毫让步,而德国也不能让萨尔脱离德国合法化。鲁尔虽然在面积上仅占德国的1.3%,人口仅占全国的9%,但其经济总量曾占全国的40%,是德国的最重要的工业中心。鲁尔与萨尔问题成为德法矛盾的中心。德、法关系在萨尔问题上卡住了。

而法国提出的"舒曼计划"正好回应了德国的有关德、法两国在煤、钢等重要工业领域内进行合作的想法,因而该计划使正苦无良策的阿登纳欣喜若狂。他立即通知舒曼,说后者的提议"完全符合我长久以来主张的关于欧洲基础工业联营的设想",并由衷地赞同这一提议。

由于法、德这两个西欧最重要的国家达成一致,其他一些相关国家很快跟进。1951年4月18日,法、德、意、荷、比、卢六国签订了《欧洲煤钢联营条约》,建立一个管理煤钢事务的超国家组织机构。这个机构有权决定6国的煤钢生产、投资、价格和原料分配,以至发展和关闭某些企业。它还掌管煤、钢联营同其他国家、其他国际组织的关系。煤、钢联营的形成促进了法国和西德的和解,也促进了六国经济的发展,1951—1954年期间,六国煤产量增加了23%,钢产量增加了14.5%。

在煤、钢联营取得成绩的情况下,荷、比、卢三国于1955年5月联合提出一份备忘录,要求六国实行电力、原子能、运输等部门的一体化,并成立全面的关税同盟。同年6月,六国外长在意大利的墨西纳开会,讨论三国备忘录,确定了欧洲共同市场的基本设想和目标,并决定由各国政府代表和专家组成筹备委员会,具体筹划此项事务。

由于六国的政治经济情况不同,要求各异,筹备委员会经过两年的努力才达成妥协,1957年3月25日,六国政府首脑和外长在意大利首都罗马签署了《欧洲经济共同体条约》和《欧洲原子能联营条约》,统称为《罗马条约》。1967年,欧洲煤、钢联营、欧洲经济共同体和欧洲原子能联营三个组织的机构完全合并,统称为欧洲经济共同体,又称西欧共同市场。

英国为了对抗欧洲经济共同体,拉拢丹麦、挪威、瑞典、瑞士、奥地利和葡萄牙于1960年组成欧洲自由贸易联盟。这七国集团也采取削减税收措施,但是,它不采取欧洲共同体想要达到的那种国际化程度。英国这一措施并未奏效。自由贸易联盟远远不敌经济共同体。由于英国当时不愿放弃英、美的特殊关系,不愿放弃英联邦特惠制,法国等共同体其他成员国否决了英国加入欧共体的申请。直到1973年,欧共体才接受英国、爱尔兰、丹麦三国加入,共同体从6国扩大到9国。英国最终放弃了"英、美特殊关系"和"英联邦特惠制",加入共同体,这标志着以共同体为主体的西欧国家联合是不可逆转的发展趋势。

西欧经济一体化促进和带动了政治一体化。政治一体化是欧洲共同体为西欧联合确定的更高目标,但在共同体成立的头十多年时间里,由于其内部主要国家之间争夺政治联合领导权的斗争,致使共同体政治联合进展缓慢。但从60年代末70年代初开始,随美欧矛盾的加深和苏联威胁的加重,以及经济一体化的发展,以欧洲共同体为中心的政治一体化取得了重要进展。1969年12月,共同体首脑会议重新讨论了欧洲政治联合的问题。次年10月的外长会议通过了《欧洲政治联合的报告》,建立了欧洲政治合作机制。1972年10月,共同体首脑会议进一步提出了在1980年以前建立"欧洲联盟"的目标。在整个70年代,欧洲共同体在政治一体化方面采取了一系列重要措施。例如,1973年12月提出要努力做到在国际舞台上"用一个声音说话"。1974年12月,做出了使首脑会议定期化、制度化的决定,并命名为"欧洲理事会",1975年,共同体的立法机构"欧洲议会"成立。

二、第二阶段(1975—1989)

1973年的石油危机和随之而来的资本主义世界经济危机,使西欧联合进入一个停滞时期。各成员国为着解决眼前的问题,或出于自身利益,纷纷背离共同体原则,使得共同体的许多联合机制名存实亡,原定于1980年实现的"经济与货币联盟计划"以及建立一个全面的"欧洲联盟"的计划均告搁浅。于是,超国家化的理论被许多人认为已经过时,欧共体的发展仍被定位于代表民族国家间的政府间联合。

同时,危机也有进一步促使欧洲国家加强合作的一面。为了能够克服危机,各成员国都在不同程度上需要借助共同体的力量。随着危机的不断延续,它们越发认识到进行共同合作的必要。而这种合作比较早地出现在货币金融领域。

在整个"滞胀"危机期间,货币金融问题显得特别突出,共同体各国对此问题也给予较多的关注。早在70年代初,围绕美元发生了货币金融危机。70年代初,美国的黄金储备仅105亿美元,而外国人持有500亿美元,1971年8月15日,美国宣布停止外国中央银行用美元向美国兑黄金,外国抗议,达成妥协,宣布美元贬值8.57%,1973年时,再宣布贬值10%。以欧共体为主的西欧国家联合采取被称为"蛇形浮动"的汇率浮动计划。这在共同体的历史上还是第一次,该汇率的前提是首先要把共同体各国的汇率浮动限定在一个较小的范围里,而最大限度地缩小成员国间汇率浮动的范围正是欧共体实现经济一体化的重要目标。面对居高不下的通货膨胀以及动荡不定的国际金融形势,共同体各国终于又走到一起,于1979年3月正式建立了欧洲货币体系(EMS)。该体系规定:设立作为共同货币手段的"欧洲货币单位(ECU),以及一个要求成员国间的汇率仅围绕一种中心汇率在一定范围内浮动的汇率机制"。它促成在欧共体内初步形成一个较为完整的货币区,这就为日后建立统一的内部大市场和实行新的经货联盟计划奠定了基础。

其次,与严重的经济危机相伴随,西欧国家在国际经济竞争中的竞争力出现了突出的下降。在危机前的繁荣年代,西欧的经济增长一直超过美国,虽然不及当时的日本,而那时日本的经济实力也还不足以与西欧相并列。但在危机开始以后,日本继续崛起,西欧的经济增长速度不仅落后于日本,甚至也开始落后于美国,相应地,西欧在国际贸易中的比重逐步下降。在对美、日企业的竞争中,许多欧洲公司丢掉了市场。与此同时,东亚"四小龙"的公司和产品也变得咄咄逼人。这种情况引起西欧各国政府以及共同体内企业界的严重关注。

对于在国际经济中竞争力的下降,西欧各国认为有两种突出的因素:一是对产品技术的研究与开发投入太少;二是欧洲企业的规模过小,不足以与美、日的大企业相抗衡。对于这两方面的问题,西欧各国的企业界和政府都希望借助共同体的合作来加以解决。产业的科技水准是决定国际竞争力的关键,但恰恰在这方面的有效投入上,西欧明显落后于美国和日本。落后的原因是西欧各国以及各公司的投入力量都过于分散,而且它们各自单独投入能力也比美、日小。80年代初正逢兴起一场新的科技革命,它引发战后最大的一次科技浪潮。而这次科技革命中兴起诸如信息、通讯这样的高技术产业又都需要特别大的资金投入。对此,西欧各国和各公司也更加难以单独承担。1984年,西欧的12家主要信息技术公司与由埃蒂纳·达维翁领导的欧共体委员会第三司（负责工业）合作，共同促成了共同体第一个信息通讯领域进行高科技研究合作的"ESPRIT"计划。次年，法国总统密特朗又倡议由各国政府共同实施另外一项新的高科技研究与开发计划，这便是著名的"尤里卡"计划。这样，自身力量的不足开始促进西欧政府和企业界一起采取联合行动。随着这些合作行动的日渐扩大，它们也为欧洲联合注入了新的活力。

西欧国家认为自身竞争力下降的另一个原因，便是它们之间存在过多的非关税贸易壁垒。在共同市场建立的早期，共同体已于1968年完全取消了各国间的关税。但是此后各种非关税的壁垒却还一直存在。到70年代至80年代初的经济危机期间，这一问题开始显得突出起来，因为各国为了自己的利益纷纷设置新的非关税壁垒。其中，既有边境检查、报关统计以及某些特殊政策限制等有形的壁垒，又有因各国的法规制度不同所造成的无形壁垒。它们都在不同程度上阻碍着商品、人员、劳务和资本的"四大流通"。对此感受最为直接的是企业界，尤其是那些跨国经营的大企业。它们纷纷要求取消上述壁垒，并进而在全西欧形成统一的大市场。欧洲许多大公司的代表组成了名为"欧洲圆桌会议"的论坛性组织，它积极倡导上面的主张，还努力向欧共体委员会施加影响。

1984年，"欧洲圆桌会议"的重要成员魏斯·德克主持起草了一份报告。报告中提出了建立统一的内部市场所需采取的广泛措施，这些建议成为不久后欧共体委员会提出的"内部市场计划"的重要基础。

再次，消除非关税壁垒以及建立统一大市场的努力能否实现，关键取决于共同体内各国政府的政策和态度，因为无论这些壁垒的设置、保留或是取消，最终毕竟都要经由各国政府。进入80年代以后，西欧国家在政治方面也出现了为加强一体化所需要的新的条件，提出了相应的新的要求。在70年代末80年代初，就像在经济上一样，西欧国家在政治上也遭受了巨大压力，那就是冷战和东西方关系剧烈变化。"滞胀"危机开始后不久，70年代末开始美、苏和东西方间的"缓和"陷入了危机。苏联在入侵阿富汗（1979）的同时，在东欧部署了大量指向西欧的中程核导弹；波兰又发生了针对"团结工会运动"的军管（1980）。美苏以及东西方关系的全面紧张，一场新的"冷战"代替了缓和。在新冷战当中,西欧国家不仅感到来自苏联和东欧集团的严重威胁,而且还受到来自盟国美国的强力挟制。1981年里根上台,其政府对苏联空前强硬。西欧本来同苏联签有一项合同,要铺设一条将苏联的天然气输往西欧的管道。这条管道对于正反复遭受能源之苦的西欧各国无疑极为重要。但是,里根政府强行要求西欧终止这项合同。缓和时期,美国撇开西欧竭力与苏联建立关系。而现在却又要禁止西欧与苏联保持任何联系。这使西欧各国深感自己地位的脆弱,促使它们开始寻求新的联合。

最后,对于欧洲一体化进程的启动真正具有决定意义的,还是法、德重新结成新的政治"联盟"。这次法、德两国的合作关系,是由密特朗与科尔来共同实现的。

法、德一直是欧洲共同体中最重要的两个国家,它们之间的合作构成共同体最重要的政治基础,因而两国关系也常常被称做是共同体中的"轴心"。然而,70年代的危机给这两个国家的关系带来了复杂的局面:联邦德国的经济已经变得十分强大,因此,当危机到来时,它经常能够采取单独行动以应付危机,而这时较弱的法国经济却在一旁苦苦挣扎。西德经济的强大以及它的独自行动,给法、德关系罩上了一层阴影。除此之外,使法、德关系受到更大考验的,还是1981年法国左翼政府的上台。

社会党人总统密特朗在上任之初,奉行了一条极为激进的路线。他置当时已经兴起的新自由主义潮流于不顾,继续奉行政府大规模干预的扩张性经济政策;为了突出社会党执政的性质,他还特别强调要保障工人的权利,甚至在欧洲政策中也提出要"建立工人的欧洲"。其结果,法国的经济形势愈加恶化,它在欧洲也变得孤立,法国和西德在欧共体中的轴心关系也面临着动摇。因此,从1983年开始,密特朗改变了政策,时称"大转变"。他除了使国内政策向中间偏转之外,还特别改变了他的欧洲政策,他从原来偏重于由法国自行解决自身的问题,开始转向更多地借助欧洲的途径;同时,他也迫切要求法国重新扩大在共同体中的影响。此后,密特朗便开始认识到:支持欧洲一体化的复兴是法国必须采取的行动。

西德总是将自身的发展与自己的民族统一同欧洲一体化问题联系

在一起。1982年,科尔担任联邦总理。作为具有支持欧洲一体化传统的基督教民主联盟的领导人,他比其前任更加确信,德国的未来系于欧洲,系于欧洲的一体化进程。当密特朗发生转变之后,他逐渐找到能够表达和与之一起实现这种政治理念的理想合作伙伴。

这样,在80年代中期,法、德两个大国已经表现出对于重新加强欧共体一体化的越来越近似的兴趣,而且它们之间的关系也越来越密切。1983年上半年,作为主席国总理的科尔,在欧洲理事会斯图加特会议上,积极促成了《关于欧洲联盟的庄严宣言》的通过。1984年5月,密特朗首次公开支持各国谈判缔结一项新的"欧洲联盟条约"。

1984年6月,欧洲理事会在主席国法国的枫丹白露开会。正是这次会议,成为整个欧洲一体化复兴的契机,该次会议决定法国的雅克·德洛尔为新的一任共同体委员会主席。1985年1月,以德洛尔为首的新一届共同体委员会正式就职。1985年12月,欧共体在卢森堡举行欧洲理事会会议。出席会议的有12个国家的首脑,其中包括1981年加入欧共体的希腊和即将于1986年1月1日正式加入的西班牙、葡萄牙三国首脑。会议就加速经济一体化、改革决策机制等问题达成原则协议,通过《单一欧洲文件》(又译《欧洲一体化文件》),对罗马条约进行30年来第一次重大修改。1986年2月17日和28日,12国代表分别在卢森堡和海牙正式签署这一文件。

《单一欧洲文件》的主要内容有二:一是规定在1992年年底以前实行商品、资本劳务、人员自由流通的统一大市场,二是限制否决权,实行特定多数表决制。共同体委员会的建议如获欧洲议会赞同,理事会只需特定多数就可通过决定。在德洛尔的推动下,欧共体先后通过两百多个法规,以统一政策、统一标准、统一规格,为建立统一大市场奠定基础。

三、第三阶段(1989年至今)

90年代初,东欧剧变,苏联解体,东西方冷战对峙局面结束。美国和日本成为西欧各国的主要竞争对手。面对新的机遇和挑战,西欧任何一国都难以独自对付,只有深化联合才能在未来的鼎立中处于有利的地位。另外,欧共体即将建立同一大市场,需要进一步加强经济政策上的协调,扩大政治方面的合作,来巩固发展一体化进程。在这种形势下，法国总统密特朗和德国总理科尔于1990年4月共同倡议建立欧洲政治联盟。同年召开的欧共体首脑会议认可了这一倡议，并确定了政治联盟的基本内容。这以后，展开了双边和多边的磋商。1991年12月9—10日，欧共体首脑会议在荷兰的马斯特里赫特召开，经过激烈的争论，各方都做了一些妥协让步，最后签署了《经济货币联盟条约》、《政治联盟条约》等条约，总称《欧洲联盟条约》。

经济货币联盟条约宣布至迟从1999年起实行统一货币。这项任务的准备工作始于1990年7月1日，任务是协调各成员国的经济货币政策，争取所有成员国的货币都加入欧洲货币体系汇率机制，取消外汇管制。从1994年起，开始过渡阶段。建立独立的欧洲货币局，监管各国经济、财政、货币政策和外汇储备，为将来建立欧洲中央银行做准备。从1997年到1999年1月1日，将逐步实行统一的货币和建立独立于各国政府之外的欧洲中央银行。

欧洲联盟条约确定了政治联盟的基本目标。12国决定实行共同的外交政策。大政方针由欧洲理事会一致决定，具体行动由部长理事会多数决定。关于防务政策问题，法国强调欧共体应有自己的独立的安全防务政策，主张将西欧联盟纳入欧共体政治联盟范围之内。英、意强调北约是维护欧洲安全的唯一有效的联盟，主张把西欧联盟作为北约的欧洲支柱，实际上将西欧联盟作为北约的补充。德国的立场介于法、英之间，但更多倾向于法国。最后达成的协议是：西欧联盟隶属欧洲政治联盟，是欧洲政治联盟的防务机构，负责制定欧洲防务政策。同时，西欧联盟也是欧共体和北约之间的联络机构，北约仍是负责欧洲防务的重要组织。

条约规定进一步扩大共同体的职权范围，增加环境保护、科研、工业、运输、文化等领域的职能。扩大欧洲议会的权力。在内部市场计划、科研和开发计划、环保、消费者保护等方面，议会将与部长理事会共同做出决定。这使欧洲议会由原来的咨询和监督机构变为部分权力机构。

关于欧洲联合的最终形式，法、德主张建立"欧洲合众国联邦"，而英国反对交出主权，主张最终成为"主权国家邦联"。由于"联邦"或"邦联"的提法在当前尚无现实意义，故在条约上只写上建立"更紧密的联盟"的内容。

欧洲联盟条约标志着欧共体从一个经贸组织开始向政治、外交、防务实体方向转变。它是继 1986 年签署关于建立统一大市场协定之后的又一次历史性决定,是欧洲一体化进程中的一次突破性进展。1993 年 11 月 1 日,欧共体正式易名为欧洲联盟。

第三节　欧盟的未来发展前景与历史地位

进入 90 年代,欧盟迅速扩大,其主要原因是欧盟经济的高度成功吸引了其他欧洲国家。这些国家的主要考虑是如果不参加欧盟,它们就要遭受损失,得不到经济上的好处。此外,乌拉圭回合谈判的实质是两个谈判对手美国和欧盟的较量,其余国家的谈判并不十分影响谈判的进程。因此,非欧盟成员的欧洲国家都要求加入欧盟。有些国家则是出于国内政治需要申请加入欧盟。

1995 年 1 月 1 日,欧洲联盟正式接纳奥地利、芬兰和瑞典为成员国,欧盟成员国数量达 15 个。2001 年,西欧联盟并入欧盟。2004 年,又有 10 个欧洲国家加入欧盟,主要是中东欧国家。到 2007 年,又增加了两名新成员:罗马尼亚和保加利亚。扩大后的欧洲联盟拥有 27 个成员国,几乎涵盖了除独联体国家之外的所有欧洲国家。随着欧盟的扩大,其影响与地位明显增强。2002 年 1 月 1 日零时,欧元正式流通,目前,欧盟的经济实力已经超过美国居世界第一。

影响未来欧盟发展的因素有很多,其中如何处理与美、俄之间的关系至关重要。已有研究者提出,欧盟面临三种发展模式的选择,即:两极的、单极的和三极的。两极的模式指继续冷战思维,将因苏联解体而新独立的中东欧国家吸纳入欧盟与北约,而将俄罗斯排除在外,仍基本延续冷战时期的两极对峙局面。单极的欧洲意指欧洲联盟和北约不断向东扩展,将俄罗斯也最终吸纳进来,传统上的西欧与东欧国家一道齐心协力打造一个紧密联系的统一的欧亚体系。三极意指欧盟、俄罗斯和美国构成界限分明又彼此交融的三极,它们彼此依靠、同时又充分保持自己的特性,从而使自身的凝聚力不至于受到损害。第一种模式妄图继续永久地疏远俄罗斯,这可能符合那些东欧和中亚国家的愿望,它们历史上长期受俄罗斯的支配与威胁,愿意看到俄罗斯被孤立和削弱,但不符合任何欧洲国家的长远利益。第二种模式——吸纳俄罗斯,俄罗斯可能愿意,也许凭借自己的巨大国土与人口的大国优势,可能在欧盟内发挥主导作用,但这将遭遇极大的困难,西欧国家与俄罗斯毕竟在历史文化与政治经济制度上存在巨大的差异,单极欧洲意味着这两个不同的体制要进行深层次的调整;将俄罗斯吸纳进来,意味着要摈弃美国的霸权,当年作为遏制苏联而成立的北约失去存在的理由;而欧洲其他国家也不太愿意俄罗斯的加入,毕竟相比于大多数欧洲国家,俄罗斯确实太大了。相比之下,三极模式的欧洲比较符合大部分欧洲国家的理想,也比较现实。美国、欧盟和俄罗斯各自都太过庞大,太不相同,以至于不能够在一个单一的紧密融合的体系内合在一起,让它们继续作为界限分明的实体共同拥有一个新的地区性的超级结构,各自在政治民主、经济协调和社会发展方面得到更好的发展。也就是说,欧盟成为世界多极政治格局中与美国、俄罗斯并列的一极是更好的选择。

  欧洲统一进程具有如下的地位与意义:

  首先,随着欧洲统一的进程,欧洲摆脱了二战后分裂为西欧和东欧,分别受制于美国和苏联的局面,统一的欧洲今天已经是多极世界的一极,为创造和维护多极世界政治格局提供了条件,西方有的学者甚至认为,欧洲的统一标志着美国世界霸权的终结。

  其次,欧洲统一的进程为解决民族国家间的冲突提供了一个有益的范式。欧洲是世界民族国家的发源地,民族国家成为20世纪新独立国家奋斗的目标。但民族国家的追求,往往同时带来国内和国际的冲突甚至战争,两次世界大战的发生都可以说同片面过分追求民族国家的利益有关。民族国家现在及今后仍将是世界的基本政治单位,战后,人们不得不思考既要维护民族国家的主权,同时又要避免国家间的冲突与战争的两全之策,欧洲统一的模式提供了一个答案。

  最后,人类进入21世纪后,经济全球化的趋势日益明显,人类需要和平共处,"同一个世界,同一个梦想"的大同世界是中国人的追求,也是世界所有爱好和平的人民的愿望。区域性合作组织对经济全球化和推动人类大同的理想都具有积极的作用。目前,世界上方兴未艾的各种区域性合作都深受欧洲统一进程的启发与鼓舞。

进一步阅读书目

〔美〕戴维·卡莱欧著,冯绍雷等译:《欧洲的未来》,上海人民出版社,2003年版。

徐天新、郭华榕主编:《欧洲的分与合》,京华出版社,1999年版。

〔法〕皮埃尔·热尔贝著,丁一凡等译:《欧洲统一的历史与现实》,中国社会科学出版社,1998年版。

第十二章
苏联社会主义道路的探索

第一节 斯大林"一国建设社会主义"理论的提出与实践

一、斯大林掌权与"一国建设社会主义"理论的提出

列宁不幸在1924年去世,享年54岁,英年早逝的原因是十月革命后不久,他遭遇到一名年轻妇女高普兰的刺杀。高普兰一家兄妹六人全是工人,他们的父亲1911年移居美国,她本人拥护立宪议会,刺杀列宁是因为她不满列宁用铁的手段解散议会,她也要用铁的手段来对付列宁。刺杀虽未得逞,但极大地损害了列宁的健康,加上过于劳累,导致列宁过早去世。列宁是20世纪世界历史中的伟人。这不仅因为他创建了第一个社会主义国家,他的卓越才能,也因为他的个人品质高尚,不管是他的战友、同伴还是敌人都无法说出他个人品德上的任何污点。他是一个把全部身心献给俄国、献身革命、献身无产阶级解放事业的伟人。

列宁去世前曾立过政治遗嘱,他对自己的战友、主要领导人一一做了评价,有肯定,也有批评,十分中肯。但没有指定谁为接班人。当时可能成为接班人的热门人选起码有三人,他们分别是:托洛茨基、斯大林、布哈林。

托洛茨基是当时仅次于列宁的党内第二号人物,他在十月革命时曾当过彼得堡苏维埃主席、红军总司令。在创建红军、打败国内外反动

派时立有大功,被认为是红军的缔造者。他在党内以左派自居,反对新经济政策,主张一种"不断革命"的理论,宣扬要在全世界范围内为无产阶级的利益不间断革命的思想,认为一国是不可能建成社会主义的。他谴责党内官僚化的倾向,扬言要发动一场新的群众运动让官僚主义寿终正寝。在经济上,他主张立即由中央对全国经济进行更严格的控制,实行更有力的工业化和农业集体化措施。

第二位人物是布哈林,他被列宁称赞为党的理论家,"全党最喜爱的人物"。布哈林原先观点较左,在订立布列斯特条约和实行新经济政策时曾与列宁有过不同的意见,但经列宁说明后,诚恳地接受并拥戴列宁,成为新经济政策最坚定的宣传者和执行者,他认为新经济政策不应是一时权宜之计,不主张过急地实行农业集体化。

第三位人物就是斯大林了。斯大林出生于格鲁吉亚,父亲是农民出身的皮鞋匠,母亲是农奴之女。斯大林中学读书时参加革命活动,1898年入党,1899年被学校开除,开始职业革命家的生涯。1904年他领导巴库石油工人大罢工时,第一次见到列宁。1912年当上了布尔什维克党的中央委员。1917年二月革命后,他回到彼得堡,负责编辑《真理报》,被选为政治局委员。1917年十月革命后,在革命政府中任民族事务人民委员,1918—1920年内战中,任中央军委委员。1922年4月苏共十一大上被选为中央总书记。在列宁逝世时,斯大林尚不是党内最有影响的人物,他的智力与才能同列宁相比相差甚远。他没有托洛茨基那种才华横溢、锋芒毕露的劲头,也没有布哈林的学问,斯大林的口才也不好。但当时斯大林任党的总书记,负责具体日常事务工作,当时对人十分和气、虚心、诚恳,因而在人脉上比托洛茨基和布哈林占有优势。

结果,苏联20年代党内斗争的赢家不是托洛茨基,托洛茨基的"革命言辞"没能打动党中央内的其他人,没有什么人跟他走,他被当做左倾机会主义者,受到攻击,人们谴责他反对党中央,将党内争论问题公开化。也不是布哈林,人们对他虽普遍抱有好感,但也都认为苏联需要的不是一个书呆子来当第一把手。最后的赢家是斯大林,在托洛茨基派与反托洛茨基派两派的斗争中,他有条不紊地将党内和政府内的各种权力逐步掌握在自己的手中。

在1927年党的代表大会上,95%的代表投了斯大林的票,托洛茨基的得票率不到5%。斯大林在党内高层中的极高人气,除了个性、当时由于工作关系产生的人脉因素外,更重要的是由于他所提出解决当时苏联面临经济与政治问题的主张得到党内大多数人的认可。

苏维埃政权在革命胜利后最初曾采取短暂的"军事共产主义"政策,后很快转而采取"新经济政策"。"新经济政策"使苏联在短短几年便在许多重要的经济领域恢复到战前的生产水平。但"新经济政策"也给新生的苏联社会带来一些负面的影响。新经济政策的实施必然会引起资本主义成分的活跃。在农村,土地买卖开始盛行,在1922—1924年间,一些农户买进了数百万英亩的土地,一些农户则沦为无产者,据有关数字,富农租赁了全部土地的30.5%,所使用的雇佣劳动力占出卖劳动力总数的51%。在城市,私人资本主义工商业有了很大发展,尤其在商业流通领域,资本主义更为活跃。在转入新经济政策的头两年,注册私商达40—42万人,其商品流通额达38亿卢布,占整个商品流通额的41%。在苏维埃土壤上滋长出一批新生资产阶级分子,他们占全国人口的1.5%,其收入占国民经济总收入的5%。

随着资本主义的活跃和发展,国内的阶级矛盾也日益尖锐起来。在农村,一批富农和暴发户倒买倒卖,放高利贷,甚至订立奴役性契约来剥削农民。在城市,工商业资本家破坏政府法令,偷税漏税,套购国家物资,骗取银行贷款,开设地下工厂,走私,抢购粮食和农村产品,哄抬物价,以及拉拢腐蚀苏维埃干部。这些新暴发户们挥金如土,在豪华的莫斯科饭店大肆挥霍,同街头那些尚贫困的工人形成鲜明的对比。这些现象对于刚刚取得革命胜利的苏联,无论是党内高层,还是一般普通民众,都是难以忍受的。对大部分布尔什维克党人说来,新经济政策只能是暂时地策略性地与资本主义妥协,一旦国内经济开始好转,结束"新经济政策",采取一种既符合马克思主义原则,又能使苏联尽快工业化的政策便成为当务之急。

斯大林对当时苏联面临的政治经济问题,主张采取的是一种既不偏左、也不偏右的政策。斯大林反对布哈林等人主张的继续向农民让步的政策,其理由是,如果那样做,农民不久就会拥有很大的讨价还价的力量,以致国家最终无法控制他们。与此同时,他也反对托洛茨基的推行"世界革命"的主张,因为他认为在20世纪20年代的条件下促进世界革命,只会使国内工业化的进程受到损害。斯大林的解决办法,即后来通称为"一国建设社会主义"的理论。主张迅速工业化,强制农民实行集体化,同时也赞成推迟世界革命。斯大林思想的核心是:除非俄国迅速实现工业化,否则,社会主义事业无论在国内还是在国外都将面临危险。1932年2月时,斯大林曾这样说过:"我们比先进国家落后了50—100年,我们应当在50年内跑完这段距离。或者我们做到这一点,或者我们被人打倒。"斯大林的这种思想与主张得到党内大多数人的赞同。

二、苏联的工业化与农业集体化

斯大林掌权后,很快就开始实现自己的主张。1928年他宣布开始实施第一个五年计划,目标是尽快实现农业集体化和工业化。"计划"意指由政府官员对该国的整个国民经济订出计划。马克思与恩格斯在世时,主要精力在研究资本主义的政治经济,对于社会主义经济该如何运作只有一些猜测与预想。恩格斯曾谈到:在资本主义社会,社会生产无秩序现象存在于私有企业间,但在企业内部则存在着和谐和秩序,厂里各部门之间不会存在竞争,一个工厂中所有部门的运作由厂管理部门统一协调,资本主义的托拉斯则统一管理自己属下的各个工厂,防止他们相互竞争。因而在恩格斯看来,合乎逻辑的结果是社会主义将整个国民经济当做一个大工厂来管理。在第一次世界大战期间,交战国双方实际上也采取了集中化的经济管制,各国为了争取战争的胜利,要求国民经济各部门服从大局的需要,国家设立专门的计划部门,预测发展,收集整理统计资料等,战时经济变成了某种计划经济。因此,恩格斯的设想、一战时一些国家经济的经验,以及当时苏联急于迅速实现工业化的愿望促使斯大林实行计划经济。

第一个五年计划的重点放在重工业上,目标是在没有外国贷款的条件下实现工业化。1928年时的苏联仍然是一个农业国,世界历史上尚无一个没有引进外资而实现从一个农业国向工业国转变的先例,即使像在英国,它是世界上工业化的起源地,在工业化进程中也仰仗了来自荷兰的资本。工业化除需要资金,还需要原料与市场,无论是资金,还是原料、市场都有待解决好农村、农业、农民问题。就是在英国,在工业化之前,也发生过一场农业革命,通过圈地运动,将独立小农赶出土地,然后引进科学耕种,让土地集中于资本主义农场主之手。这样,既增加了粮食的产量,又让大批人口在工业企业中找到就业机会。第一个五年计划实际上是给苏联带来一次相似的农业革命,不同的是它没同时培育起一个富有的资本主义农场主阶层。苏联的工业化是通过农业集体化这样的前提与条件实现的。

第一个五年计划原计划先让1/5的农户实现合作化,但是,斯大林于1929年冬天突然修改计划,加速农业集体化进程,将绝大部分农户集体化,成立集体农庄。平均每个农庄有千余英亩土地,所有土地和农民的私有生产资料归农庄集体所有。农村中的富农因而不满,他们抵制从城里派来的工作组,苏维埃政权使用暴力手段将成千上万的富农或镇压或流放到西伯利亚。富农阶层——这一自俄国农奴解放以来,后又经斯托雷平改革好不容易扶植起来的资本主义发展基础,俄国农村社会稳定的力量,一夜之间被无产阶级专政的铁拳一扫而光,剩下的是大批无地又无产的农民,他们被当做拥护社会主义苏维埃政权的基础,从这点意义上讲,不是1917年革命,而是1929年的集体化运动成为涉及苏联最大多数人命运和转变苏联现代化道路的一次真正的社会革命。

农业集体化对苏联农业经济的影响是深远的,它不仅消灭了农村中一个重要的社会阶层,而且是以对农村生产力的极大破坏为代价的。富农们宰杀了他们的马、牛、猪、鸡,那些中等农户和小农户也不甘落后,这导致了1932年在苏联南部地区史无前例的灾荒,数百万人死亡。集体化运动加强了国家对农村和农民的控制,农民们被束缚在村庄中,他们对土地和耕种没有兴趣,按照上面的指令进行耕种,他们被迫以低于市场的价格出售自己的产品。总体说来,集体化并没有带来粮产量的大幅增产。农业一直是苏联国民经济中最薄弱的部门。

尽管如此,农业集体化使工业化成为可能。它不仅为工业化提供粮食也提供劳动力。在1926—1939年间,有2000万人从农村移往城市,1939年苏联农民的生活比起革命前还是有所改善。

斯大林时代苏联经济最大的成就是实现了工业化。世界上还没有哪个西方国家达到像苏联在头两个五年计划中所创造出的那么高的工业增长率。德国和美国都是工业化速度很快的国家,它们是花费了几十年时间才使煤和钢的产量翻了一番,但苏联在十年间(1928—1938)钢产量扩大了4倍,煤增长了3.5倍。到1938年苏联已成为世界上最大的农用拖拉机和火车头生产国。4/5的工业产量来自那些在十年间新建的工厂,仅两个位于乌拉尔地区的新钢铁厂就生产出1914年全俄的钢铁产量。到1939年,苏联工业产量已排在世界第三位,仅次于美国和德国。

三、苏联东部地区开发

苏联工业化带来的不仅仅是量上的增长,而且在工业布局上更加合理。一些原先没有工业的地方也兴起了工业,俄国工业原先集中在欧洲部分,在五年计划期间,发展重点放在了乌拉尔山以东的亚洲部分,从而使亚洲部分也走上现代化之路。在亚洲部分出现了一大批工业企业,如乌拉尔山和巴尔喀什湖的铜矿得到开采,西伯利亚和哈萨克出现了新的产粮区,那里的谷物通过船只往西运至俄国本土,往南运往乌兹别克。乌兹别克主要生产棉花,塔什干原先只是一个有些小商品市场的小城镇,很快发展为拥有近百万人口的大城市。位于南部的库兹巴斯盆地原是个落后地区,距离海有2000英里以上,由于发现有高品位的煤,因而库兹巴斯的煤与乌拉尔山的铁矿结合起来,成为大型工业基地。这些新的经济区域的开发,使乌兹别克可以用棉交换哈萨克的粮,将乌拉尔的铁运到库兹巴斯,两地相距千余英里,从而使苏联的交通发生革命性的变革,1938年苏联铁路的货运量是1913年战前的5倍。

苏联亚洲内陆地区的工业化对苏联经济自身及世界经济都产生了影响。首先,它增加了苏联经济体系的独立自主性。苏联刚开始工业化时,许多工程师和技术员来自西欧和美国,绝大部分的机械仰仗进口。但是30年代初世界性经济危机给农产品出口价格带来灾难性的打击,使出口农产品进口机械工业品的外贸格局对苏联变得极为不利,加上国际环境对苏联也日益不利,西方敌视苏联,30年代后,德国和日本也反对苏联。从一五计划开始苏联就将建立独立自主的国民经济体系作为自己的目标,开发中、东部是这一战略的体现,而中部、东部的工业化,反过来也有效地完善了苏联的国民经济体系。同帝俄时代相比,苏联的外贸额下降了,但苏联内各部分的经济联系加强。其次,亚洲部分的开发在军事上意义重大,亚洲部分的工业许多同重工业,尤其是军工工业有关,俄国历史上就曾仰仗其深远的亚洲腹地而最终打败入侵者,而苏联时期亚洲部分的工业化使苏联在二战时比一战时处于一种优越得多的地位,乌拉尔山以东的工业使苏联在德国占领和摧毁了顿河流域的旧工业基地后,仍能存在下来,乌拉尔山以东地区仍能源源不断地制造出飞机、坦克、火炮支援前线,武装苏联红军。

苏联工业化在取得令世人瞩目的成就的同时,也存在明显的不足之处。由于它是从低起点开始,同西方工业相比,许多方面的生产水平仍然很低,许多项目是匆忙上马,在劳动生产率上明显低于西方,按人口计算的产量也低于西方。按人口平均数衡量,1937年时,苏联在煤、电力、棉花、羊毛、皮鞋、肥皂等方面的产量都低于美国、英国、德国甚至日本。

四、政治大清洗运动

斯大林时代苏联的政治生活是一个经常遭到批评的话题。在分析这一问题时,必须首先看到,苏联社会生活中有其民主的一面,苏维埃政权也将建立社会主义民主作为自己的任务。1936年,苏联颁布了宪法,作为一个苏联公民,享有就业保障,有休息娱乐的权利,有生存的基本保证,老年可以退休领取养老金,有一整套的社会福利制度,这些都是令当时全世界人民,尤其是第三世界人民羡慕和向往的。

但是,在斯大林时代的苏联,在政治生活中,尤其在高层政治生活中,也存在许多令人窒息的现象。在人类社会中,对一个问题有不同的见解,为了争夺领导权,会有不同的政治派别,这是正常的现象。在苏联这么一个大国,又是人类历史上第一个社会主义国家,不同意见、不同派别的存在就更属难免。斯大林采取残酷打击,直到人身消灭的方式来维护自己的地位。在斯大林镇压的人中,有像托洛茨基的左派阴谋集团,有像布哈林这样所谓的右派反党集团,有像加米涅夫、季诺维也夫这样党的元老,还有大批军事将领及一般党员。受害者甚至包括了像基洛夫这样的斯大林自己也时常认为是最忠实的战友,仅仅因为基洛夫在30年代在党内的威信迅速上升,让斯大林感到自己的威信受到了挑战,基洛夫因此遇害身亡,然后斯大林又将谋害基洛夫的罪名加到他不喜欢的人的头上。据有关材料,在1933年的党内大清洗运动中,有1/3的党员被清除出党。从八大到十七大前后,先后曾当选过的27名政治局委员和候补委员,有15人死于政治斗争。参加十七大的1961名代表,有1108名因"反革命罪"被逮捕,大会选出的139名中央委员和候补中央委员中有98名被逮捕或被处决。军队系统经过秘密审判或者根本不经正式审判而被处决的,有5名元帅中的3名,57名军长中的50名,195名师长中的110名,220名旅长中的186名。另据苏联克格勃公布的数字,在1930—1953年期间,有3778334人被捕,审讯后被扣上"反苏联反革命分子"的帽子,在1934—1938年间有786098人被处决,还有不计其数的人死在集中营。

由于政治上的大清洗运动,在1938年后,党内实际上已不存在多少老布尔什维克领导人,他们死的死、关的关,在领导集团内的是一批政治新人,他们在斯大林的绝对权威之下,只服从斯大林一人。

第二节 赫鲁晓夫时期的改革

50年代世界上的一件重大事件是斯大林的去世。一个人的去世对历史进程本来是无足轻重的,但由于苏联当时在世界上占有重要地位,它是世界两极中的一极,而苏联的全部权力又都集中于斯大林一人之手,一个巨人的去世也就意味着一个时代的结束。

斯大林于1953年3月5日因脑溢血去世。1953年9月,经过一系列的内部权力斗争,尼·谢·赫鲁晓夫(1894—1971)在苏共中央全会上被选举为党中央第一书记。赫鲁晓夫出生于乌克兰一个农民的家庭,先后入党、参军、上大学,1929年才大学毕业。他在苏共党内的晋升还是较快的,1939年已经进政治局,1949年时任莫斯科市委第一书记,党中央书记。

作为斯大林的继承者,世界共产主义事业的掌门人,摆在赫鲁晓夫面前的无非几种选择:一种是维护斯大林创立的体制,按旧方式进行统治;第二种是基本沿用旧方式,但做些改变;第三种是反斯大林方式而行之。在斯大林去世后的几十年里,这三种方式都先后被苏联领导人尝试过。斯大林刚去世时,马林科夫成为第一号人物,他不想对苏联在斯大林时期的做法做很大的变动,很快被赫鲁晓夫取代。赫鲁晓夫对斯大林体制想做极大的变动,在许多人眼中,尤其在党内高层中被认为做过了头,于是在1964年,赫鲁晓夫被赶下台,由勃列日涅夫取代。勃列日涅夫一直统治到1982年去世,勃的做法是继续赫鲁晓夫时期开始的一些改革,但坚持斯大林时代的基本体制不变。

赫鲁晓夫在任期内对苏联国内外政策做了一系列的调整,采取新的措施,主要有如下方面:

政治上,将秘密警察头子,连续担任内务部长达15年之久的贝利亚逮捕,经最高法院定他为外国间谍,指控他"把内务部放在党和政府之上,以便夺取权力"。法庭判处贝利亚死刑。清除贝利亚后立即改组内务部,建立国家安全委员会,简称克格勃,把保安工作置于党的各级组织领导监督下。同时,宣布要加强法制,发扬社会主义民主,对一些案件进行复查,为一些人恢复名誉。

令世人瞩目的是赫鲁晓夫的"非斯大林化"的一些做法。1954年,苏共成立了以波斯别洛夫为主席的特别委员会,负责调查斯大林滥用职权的问题。在1956年2月14—24日的苏共第二十次代表大会上,在最后一天,大会已经宣布闭幕的晚上,赫鲁晓夫突然通知代表再次开会,向他们作了《关于个人崇拜及其后果》的报告,即"秘密报告"。赫鲁晓夫在报告中揭露了斯大林的种种错误和问题,指责他破坏法制,批准逮捕镇压无辜群众。说他在法西斯德国入侵后也曾失魂落魄。揭露斯大林在对待国内少数民族和南斯拉夫问题上的错误等等。赫鲁晓夫将这些错误归结于斯大林个人品质,要求恢复集体领导。为了树立自身形象,赫鲁晓夫努力肃清个人崇拜造成的影响,将以斯大林名字命名的城市——斯大林格勒重新改名为伏尔加格勒,斯大林的塑像被推倒,斯大林的水晶棺从红场上移走并焚毁。

二十大后,苏共中央于1956年6月30日发表了《关于克服个人崇拜及其后果的决议》,在全国开展了批判斯大林的活动,同时进行了大规模的平反工作。苏联政府取消了"七八人民敌人"的罪名,解散了大批集中营。据统计,1956—1957年间,有七八百万人被释放,五六百万已死的人得到平反。在文化方面,为了争取广大支持者来反对党内那些反对变革的人,赫鲁晓夫给文化界、思想界、知识界以一种自由,政府放松了书报检查,在爱伦堡的小说《解冻》发表之后,出现了解冻文学和集中营文学,专门揭露苏联内部的矛盾和问题。突出的例子是1962年甚至让索尔仁尼琴的《伊万一生中的一天》公开出版,此书描绘斯大林时代劳改营里人们遭受的苦难。

在外交政策上,赫鲁晓夫上台后,开始改变斯大林时期的对外政策,表现出和解的姿态,呼吁通过和平方式解决一切国际争端。赫鲁晓夫努力促使朝鲜和印度支那停止战争,同希腊和以色列恢复外交关系,放弃对土耳其的领土要求,归还芬兰的波卡拉—乌德海军基地,呼吁苏日关系正常化。1955年5月赫鲁晓夫还亲自对南斯拉夫进行正式访问,承认苏联在两国关系问题上"犯了严重错误",使两国关系正常化。同年,苏联同美、英、法一起签订了对奥地利和约,并开始同美国对话。

这些外交政策上的变化都是根据或体现了苏共二十大的精神,"和平共处是社会主义国家外交政策的总路线",强调同美国实行"和平竞赛",极力谋求缓和同美国为首的西方国家的关系,缓和欧洲的紧张关系。

赫鲁晓夫的外交政策也有其强硬的一面。赫鲁晓夫仍宣称他要坚持革命的原则,确信社会主义终将战胜西方的资本主义。在他的领导下,苏联于1955年领导成立了华沙条约组织,1956年出兵匈牙利,平息了匈牙利事件。1961年在美国的鼻子底下的古巴安置导弹。对不听话的社会主义伙伴则给予颜色,赫鲁晓夫上台之初还重视中苏关系,但后来则对中国施加压力,在1959—1962年中国困难时期,撤走苏联专家,要求中国还债,中印战争期间,为印度提供武器。

赫鲁晓夫还对苏联经济进行改革与调整。赫鲁晓夫的经济改革从农业开始,他采取一系列的措施来减轻农民的负担,取消不必要的国家干预,刺激农民的生产积极性。为了扩大谷物生产,赫鲁晓夫提出开垦荒地的办法,从1954—1958年的五年期间,政府为开荒投资67亿卢布。

在工业改革方面,赫鲁晓夫采取的是简政放权做法,将原来由中央控制的企业下放到各加盟共和国,改过去的由中央政府有关部、局领导企业的条条管理转变为由各地党、政组织的块块管理,但这种做法效果不太好。后又尝试通过给企业一部分自主权和利用奖金来提高工人生产积极性的办法来推进工业发展。

赫鲁晓夫在政治上、外交上和经济上的改革为苏联带来了新气象,斯大林时期国内政治令人窒息的状况得到极大的舒缓,工农业生产、科技都有较大的发展,苏联的国力和世界影响力也在扩大。但进入60年代后,赫鲁晓夫本人却遭遇到政治危机,苏联党内高层领导中的一些人不满于他的一些做法,图谋搞掉他。1964年10月,当赫鲁晓夫在黑海海滨度假时,勃列日涅夫等人乘机秘密串联,策划对他采取行动。10月13日,赫鲁晓夫被召回莫斯科参加党中央主席团会议。会上,他遭到严厉的谴责,最后他被迫表示愿意辞职。从此,他从政治舞台上消失,作为一名退休老人生活在莫斯科,一直到1971年去世。

第三节　勃列日涅夫时期的辉煌与问题

接替赫鲁晓夫的是一个领导集体,勃列日涅夫任总书记,柯西金任总理,波德戈尔内任苏联最高苏维埃主席团主席,人称三驾马车领导。新的领导集团并不完全改变赫鲁晓夫开始的改革方针,更不想回到斯大林时代,只是改变赫鲁晓夫的一些具体做法,使改革调整更加完善。

经济上,在国营企业管理方面,改变赫鲁晓夫简政放权做法,而是注重提高企业效率,调动企业职工积极性,将企业的效益与工人的福利、奖金、住房等挂起钩。在农业方面,提高收购价格,固定收购指标,扩大农业投资,改进农业技术装备,促进农业向专业化和集约化发展,放松对私人副业的限制,鼓励私人经济,建立农工综合体,等等。这些措施总称为新经济体制。

勃列日涅夫时期,苏联加快扩军备战的步伐,尤其在70年代,苏联利用世界石油价格大涨,苏联外汇收入大增的机会,投入大量的资金于武器的研发上。据英国伦敦战略研究所估计,苏联的国防开支1955年时是324亿美元,1970年大约增加一倍,达到539亿美元,1976年猛增到1270亿美元。

在理论和意识形态方面,这时期历次党的代表大会都强调加强马列主义的研究与宣传,并同帝国主义的意识形态做斗争;加强对人民群众的爱国主义和共产主义教育,反对文学艺术创作中的"无党性"和"绝对创作自由"。在斯大林评价问题上,部分地恢复了斯大林的名誉。在斯大林诞辰90周年之际,以1956年6月30日苏共中央决议为依据,评述了斯大林的功与过两个方面,并发表一批肯定斯大林领导反法西斯战争取得胜利的文章和回忆录。1969年,在斯大林墓前树立了半身像。

在外交方面,勃列日涅夫奉行霸权主义,提出了"有限主权论"。在他执政期间,苏联对外进行了一系列侵略扩张活动。1968年8月,苏联出兵捷克斯洛伐克,武力镇压了捷克斯洛伐克兴起的"布拉格之春"改革运动。1969年3月和8月,在中国的东北和新疆地区与中国发生武装冲突。1978年12月支持越南入侵柬埔寨。1979年12月出兵入侵阿富汗。在处理同西方关系上,勃列日涅夫执政前期注意与西方搞缓和,并发展同西方国家的经贸关系。70年代中期后,随着苏联经济、军事实力的增强,转而推行进攻性的国际战略,加紧了与美国争霸世界的步伐。

勃列日涅夫时期的苏联是个成就与问题交织的时期。经过赫鲁晓夫和勃列日涅夫时期的近三十年的改革,苏联在各方面发生了巨大的进步:

工农业取得令世人瞩目的发展,苏联同美国的经济差距缩小了。据苏联官方统计,1950年苏联的国民收入只及美国的31%,1975年上升到67%,工业生产从30%上升到80%以上,农业生产从55%上升到85%。据美国国务院的计算数字,苏联1950年的国民生产总值为美国的35%,1975年上升到53%。这些数字都说明了苏美经济差距日趋缩小的变化趋势。

在军事上,苏联在这一时期的成就更加惊人。苏联的陆军一直强大,它拥有的坦克数量远远超过美国。海军原是一支近海舰队,在1962年的古巴导弹危机中暴露了自己的弱点。从那以后,在海军司令戈尔什科夫的领导下,苏联大力扩建海军,把苏联舰队建成一支有远洋作战能力的武装力量。1967年,中东战争期间,苏联黑海舰队驶入地中海,1968年开进印度洋,1970年4—5月苏联出动波罗的海舰队、北海舰队、黑海舰队和太平洋舰队四大舰队的二百多艘舰只在三大洋、七大海域举行第一次全球性海军大演习,显示了苏联的强大作战能力。总体说来,苏联的常规武装力量在勃列日涅夫时期已经达到同美国势均力敌的水平。勃列日涅夫同样重视发展核武器。据美国估计,1964年,苏美在洲际导弹上的数量对比是1:4,但以后两国的差距迅速缩小,到70年代中期,苏联的战略核力量已大体同美国相等。苏联成为与美国全面抗衡的超级军事大国。

勃列日涅夫时代苏联人民的生活是令世人羡慕的。70年代正是西方经济危机的年代,广大第三世界国家的经济也不景气。对大多数苏联人民而言,勃列日涅夫时代是他们本人,以及他们的父母,甚至他们的祖父母所知道所生活过的最好时代。这些使得苏联从上到下充满了自信与乐观的气氛。在一次中央委员会的全体会议上,勃列日涅夫做了这样的发言:[①]

> 我们必须强大,以便抵御帝国主义的势力;我们同他们进行贸易,我们建议同他们保持和平和合作,同时我们力图使我们的力量保持节奏,以避免思想的污染。我们要保持党的领导和社会监督,以便在不稳定的世界中创造一片稳定的绿洲。让我们等待西方由于它的内部经济危机和它同第三世界越来越紧张的关系而自行灭亡。我们应当避免冒风险或采取危险的倡议。历史在我们一边。

然而,今天我们知道历史并不在苏联一边。勃氏说此番话不过十余年,苏联解体了,人们在回顾历史时,许多人都指出,在勃氏统治时期,斯大林时代就已经存在的体制上的问题没有解决,有些甚至加大了。在经济上,苏联依靠出口石油,此时西方国家正进行第三次科技革命,苏联与西方国家之间的经济与科技差距开始加大。缺乏经济与科技进步的推动,苏联与美国的军备竞赛越来越吃力。在政治制度上,勃氏刚上台时还高举反对个人崇拜的旗帜,然而很快就将三驾马车中的其他人排挤掉,1977年,波德戈尔内被解职,勃自己兼任最高苏维埃主

[①] 转引自戈尔巴乔夫、勃兰特等等著,中央编译局国际发展与合作研究所编译:《未来的社会主义》,中央编译出版社,1994年版,第398页。

席,将党的领导权力和国家立法权力集中在自己手中。由于勃列日涅夫忽视政治体制改革,苏联虽然不再有斯大林时期那样的恐怖,但官僚主义滋长、营私舞弊现象增多,不正之风日盛,社会政治经济生活陷于停滞,整个苏联社会缺乏活力。

1982年11月10日,勃列日涅夫病逝,终年76岁。勃列日涅夫时代以其辉煌与停滞留在苏联人民印象中。

第四节　戈尔巴乔夫的"新思维"与苏联解体

1985年3月11日,苏共中央全会选举戈尔巴乔夫为新一代的党中央总书记,苏联历史开始进入一个新时期。戈尔巴乔夫,1931年出生在一个农民家庭。1985年4月举行的苏共全会认为,"国家已处在濒临危机的状态,必须进行根本性的变革和改造"。同时,提出"加速国家社会经济发展的战略方针"。

戈氏上台后的第一个较大举动,是从1985年4月起在全国大张旗鼓地、严厉地反酗酒运动,要求将这种丑恶现象从苏联社会中消除掉。但效果不好,很快作罢。

1986年2月25日——3月6日,苏共召开了"二十七大"。戈尔巴乔夫在报告中提出,苏共当前的基本任务是"发展和巩固社会主义,有计划地和全面地完善社会主义"。在经济方面,提出实现加速战略的"主要手段是科技进步和对社会生产力进行根本变革",并要求在15年内使国民收入和工业总产值翻一番。在政治方面,提出"进一步民主化",并"扩大公开性"。在对外政策方面,提出要广泛进行国际合作,"来建立一个无所不包的国际安全体系",并"解决全人类和全球的问题"。大会通过了《苏共纲领新修订本》,它在保留原党纲中的基本理论和原则的同时,"强调社会主义世界的多样性"。大会确认了"加速战略",并将其具体化。大会选举了新一届中央委员会,勃列日涅夫时期党的领导成员绝大多数退出了政治舞台。

代表大会后,苏联公布了关于政治、经济改革,特别是关于经济体制改革的一系列决定,要求改进经营管理体制,扩大企业自主权。还颁布了《个体劳动法》及《合资企业法》,从法律上打破了单一的公有制。

1987年6月又公布了《根本改革经济体制的基本原则》,明确要求国家对经济的管理从主要依靠行政方法转向依靠经济方法。随后,通过《国营企业(联合公司)法》,规定"企业是社会主义商品生产者",应转向全面经济核算,实行自负盈亏、自筹资金和自主经营。为此,又相继通过有关计划、科技、物资供应、财政、价格、银行等方面进行改革的决定,并要求在两年内全部企业按新原则办事,向新体制过渡。

但是,"加速战略"仓促上马,阻力较大,对长期形成的畸形经济结构的调整和对农业体制的深入改革未予重视,对企业改革的宏观决策缺乏可行的配套措施,以致各项改革效果不佳。1986—1988年的国民收入增长率仅为2.8%,尚低于改革之前,财政赤字上升。

在经济改革出师不利的情况下,苏联领导人的改革指导思想明显地发生了变化,其重点转向政治改革,政治思想向民主社会主义倾斜。1987年11月,戈尔巴乔夫在国内外同时发行其《改革与新思维》一书。书中强调"改革的最终目标"就是要"最充分地展现出我们制度的人道主义性质",认为"改革的实质恰恰就在于,它把社会主义和民主结合起来",并说"新思维的核心就是承认全人类的价值观的优先地位",即"承认人类的生存"。

1988年6月28日—7月1日,举行了苏共二十七大第十九次代表会议。会议中心议题是讨论政治体制改革。戈在报告中首次完整地提出"人道的、民主的社会主义"的概念,并把"社会主义多元论"、"民主化"和"公开性"作为三大"革命性倡议"。会议通过了相应的决议,决定把一切权力归还苏维埃,并成立由全民直接选举产生的国家最高权利机构——人民代表大会,再由它选举组成最高苏维埃作为人代会的常设机关。这次会议与以往的党代会不同,各种政治观点和对改革的不同看法在会上进行了激烈的交锋,并明显地形成了三大派,即以叶利钦为代表的"民主激进派",以利加乔夫为代表坚持党领导的"传统派"和以戈尔巴乔夫为代表的新思维"主流派"。

1989年5月25日—6月9日,第一次苏联人民代表大会在莫斯科举行。大会从2210名代表中选出542名组成了新的最高苏维埃。戈尔巴乔夫当选这个最高苏维埃的第一任主席。1990年3月召开的第三次人代会决定修改宪法,取消苏共的法定领导地位,实行多党制和总统制。戈尔巴乔夫在会上当选为苏联首任总统。

1990年7月2日—13日,苏共举行二十八大。会上提出了分别代表三个派别的纲领,即《苏共中央纲领》、《马克思主义纲领》和《民主纲领》。大会通过了中央提出的《走向人道的民主的社会主义》的纲领和"向市场经济过渡"的方针。大会期间,已任俄罗斯最高苏维埃主席的叶利钦等人宣布退党,利加乔夫落选后退休。

然而,伴随政治体制"根本改革",政局失控状况日趋严重。在"公开性"、"民主化"和"政治多元化"的口号下,无政府状态在全国迅速蔓延,社会日益动荡。罢工浪潮此起彼伏,经济和刑事犯罪率猛增,反对党派纷纷成立。据报道,新成立的非正式组织有六万多个,共和国一级的政党有一百多个,全国性的政党约二十个。其中有的组织,如支持叶利钦的"民主俄罗斯"颇有影响。这些党派大多公开声明反共反社会主义。反共势力以此形形色色的党派为依托,策划组织了一系列大规模的反共游行和集会,夺取苏共在一些地区和加盟共和国的政权。苏共党内的思想十分混乱,自由化思潮严重泛滥,从全盘否定斯大林到彻底否定十月革命和苏联七十多年的历史,反对列宁主义和马克思主义,反对共产党和社会主义制度。广大党员对形势的变化迷惑不解,相当多的人对政治冷漠和厌倦,不少人因失望而脱党、退党。从1988年下半年到1991年夏天,苏共党员已由1900万下降到1500万。苏共分裂的趋势日益严重,一些共和国的党已经分裂,领导层内的斗争不断加剧,人事变动频繁,党组织和国家政权陷于半瘫痪状态。

1991年8月19日,由副总统亚纳耶夫等人组织发动了一场反对戈尔巴乔夫的政变,要求戈尔巴乔夫停止履行总统职责,将总统全权移交给亚纳耶夫,由亚纳耶夫等8人组成"国家紧急状态委员会"管理国家,并在一些地方实行为期6个月的紧急状态。声明确定,"苏联宪法及法律在苏全境具有至高无上的权力",同时,"紧急状态委员会"发表《告苏联人民书》,说国家"面临致命的危险",由戈尔巴乔夫发起并开始的改革政策"已走入死胡同"。它决心采取重大措施,使国家和社会尽快摆脱危机,呼吁全苏公民大力支持。在这之前,即18日傍晚,戈尔巴乔夫在克里米亚黑海休养地已被软禁。

政变者们并没有控制住局势。19日中午,叶利钦等人在俄罗斯议会大厦发表《告俄罗斯公民书》,宣称这是一次"反宪法的反动政变"。号召俄罗斯公民进行反击,举行"无限期总罢工"。同时,美国等西方国家陆续宣布中止对苏联的援助,要求恢复戈尔巴乔夫的权力。次日,莫斯科、列宁格勒和一些共和国的领导人分别发表声明,拒绝支持"紧急状态委员会"。上街游行和聚集在俄罗斯议会大厦旁支持叶利钦的群众已达数万人。受命攻占该大厦的部队拒绝执行命令,一部分戒严部队也倒戈,戒严已经失控。21日凌晨,叶利钦的支持者和莫斯科戒严部队发生冲突,伤亡数人。下午,国防部下令撤军,政变领导人放弃了他们已开始的行动。同时,叶利钦主持俄罗斯最高苏维埃会议,决定派代表去克里米亚将戈尔巴乔夫接回。当晚,戈尔巴乔夫发表声明"他已经完全控制了局势"。22日,他回到莫斯科,赞扬叶利钦在反政变过程中"起了卓越的作用"。政变以失败告终,政变领导成员有的自杀,多数被捕,曾支持它的一批党政军高级干部也被捕或被撤职。

"8.19"政变失败者不仅仅是政变者们,还有戈尔巴乔夫。政变失败为以叶利钦为代表的"极端民主派"上台扫清了道路。"8.19"事变后,苏联国内掀起反共浪潮,各共和国的独立步伐加快,苏联迅速陷于解体的危险中。

1991年8月23日,叶利钦下令"终止"俄罗斯共产党活动。第二天,戈尔巴乔夫宣布辞去苏共中央总书记职务,并要求苏共中央自行解散。叶利钦的影响力大增,掌握了中央机构大权。其他共和国对急剧膨胀的大俄罗斯主义感到强烈的不安,加快了它们的独立步伐。至10月底,除俄罗斯和哈萨克斯坦外全都宣布了独立。

1991年12月7—8日,俄罗斯联邦、乌克兰和白俄罗斯三国领导人就苏联的前途问题在明斯克秘密会晤,并签署了《明斯克协定》。协定宣布三国组成"独立国家联合体",并称"苏联作为国际法主体和地缘政治实体将停止存在"。12月21日,除格鲁吉亚外的苏联11个加盟共和国在阿拉木图又签署《关于建立独立国家联合体协议议定书》,并发表了《阿拉木图宣言》。宣言再次宣布"随着独立国家联合体的成立,苏联将停止存在"。

1991年12月25日,苏联第八任,也是最后一任领导人戈尔巴乔夫不得不发表全国电视讲话,宣布辞去苏联总统职务,并当场把核武器控制权亲手交给了叶利钦。同时,苏联的镰刀、锤子红旗从克里姆林宫上空降下,升起了白、红、蓝三色俄罗斯国旗。12月26日,苏联最高苏维埃举行最后一次会议,通过宣言,正式宣布苏联停止存在。至此,十月革命后,1922年12月30日建立的苏维埃社会主义共和国联盟宣告结束。

第五节　有关苏联改革及其命运的思考

随着苏联的解体,戈尔巴乔夫的改革作为一场历史悲剧而告终。关于戈尔巴乔夫的改革及其结果引起了世人的关注与思考。有些人认为,改革的初衷是祛除苏联体制中存在的一些弊病,加快苏联的发展步伐,然而却以苏联的死亡告终。其过程与结果如同某些评论家所说的,天冷,本想弄点木材烤烤手,想不到竟将整个房子烧了。不管戈尔巴乔夫抱有怎样的改革社会的良好愿望,其实际结果如同一个顽皮和幼稚的孩子在玩火,可气、可笑复可悲。也有些人认为不能从短时间的结果评判戈尔巴乔夫的改革,戈尔巴乔夫的改革毕竟使俄罗斯摆脱了历史的负担,开始了新的发展,虽然付出了极为沉重的代价。人们思考与争论的问题大致可以归为如下三类:原有苏联体制有没有必要改革;社会主义体制能不能改革;如果可以改革的话,该如何改革,也就是说,戈尔巴乔夫改革失败的历史经验教训是什么?

斯大林时期创立的原有的苏联体制尽管在历史上有它产生的一定必然性,并且在引领苏联进行工业化和取得卫国战争胜利中发挥了关键性的作用,但它自身也存在许多弊病,随着时代的进步,这些弊病越来越妨碍苏联的发展,必须加以改革。实际上,自赫鲁晓夫上台以来,苏联领导人一直在推行改革的路线,并取得不俗的成就,戈尔巴乔夫并不是开启苏联改革事业的先驱者,推行改革方针是苏共的共识,也是苏联人民的共识,这也是戈尔巴乔夫上台并在苏联政坛执政6年的基础。戈尔巴乔夫推行改革的目标是在苏联建立一个"人道的民主的社会主义",这一目标是高尚的,有充分的理由相信,这一目标并不是乌托邦。社会主义经济中可以有市场,社会主义与民主制度并不矛盾,并不是只有资本主义制度才能与民主制度相容。苏联是个多民族国家,各加盟共和国之间有些矛盾是很自然的,但苏联各族人民在近七十年历史中形成的各种经济、政治、文化乃至民族融合形成的强大的纽带也是很强劲的,改革并不一定要以苏联的解体为代价,悲观主义和宿命论是没有根据的。那么,问题究竟出在什么地方?改革的失败全是戈尔巴乔夫的错吗?一种观点认为戈尔巴乔夫改革如同在黑屋子里抓黑猫,或者飞机已经起飞,但不知要飞向何方。一种观点认为,不是不知飞往何方,而是飞机上的人在相互厮打,最终结果只能是机毁人亡。也有的观点认为,戈尔巴乔夫生不逢时,缺乏支持他改革的社会力量。

苏联亡了,有关苏联历史的研究与争论仍在继续。普京在其总统任上说的一句话值得我们深思:谁不为苏联解体而懊恼,谁就没有良心;谁想回到过去的苏联,谁就没有头脑。苏联虽然解体了,全体苏联人民都为之付出了代价,但原苏联的各国人民毕竟也开始了新的历史进程,他们仍在努力创造他们的未来。

进一步阅读书目

俄罗斯戈尔巴乔夫基金会编,李京州译:《奔向自由:戈尔巴乔夫改革二十年后的评说》,中央编译出版社,2007年版。

〔苏〕戈尔巴乔夫、勃兰特等著,中央编译局国际发展与合作研究所编译:《未来的社会主义》,中央编译出版社,1994年版。

〔苏〕费奥多尔·布尔拉茨基著,孔庆凤等译:《新思维》,求实出版社,1989年版。

李兴耕等编:《前车之鉴:俄罗斯关于苏联剧变问题的各种观点综述》,人民出版社,2003年版。

苏联科学院经济研究所编:《苏联社会主义史》,第1—5卷,三联书店,1979—1984年;第6卷,东方出版社,1986年版。

第十三章
艰难前进中的发展中国家

二战后,国际政治中一个突出的现象是旧的殖民体系的瓦解。广大亚非拉地区的人民奋起争取民族解放,在二战结束后的几十年里先后获得国家独立,成为联合国里的主权国家。独立后的亚非拉国家在发展经济、整合民族国家、维护国家主权与统一、建设民族文化等方面取得很大的进步。但应看到亚非拉国家之间存在发展的不平衡性,一些国家已经成为新兴的工业化国家,而许多发展中国家仍未解决贫困问题,他们正艰难行进在发展的道路上。

第一节 殖民体系的瓦解

一、殖民体系瓦解的原因

殖民体系瓦解的主要原因有如下方面:

殖民地半殖民地人民长期持续不断的斗争,有武装斗争,有和平罢工示威游行,还有两种方式结合在一起的斗争,这些都对殖民统治形成巨大的压力。

美苏战后支配世界,无论是苏联还是美国,都不愿旧的殖民体系继续存在。为了争霸世界,苏联时常以支持民族解放运动来扩大自己的影响,抗衡美国和西方。美国也不愿在这方面过分疏远原殖民地的民族主义者,想争取新独立的国家站在美国和西方阵营一边。1960年12月在第十五届联合国大会上,以压倒多数票通过了43个亚非国家提出的《关于给予殖民地国家和人民独立的宣言》,要求"迅速地无条件地结束一切形式的殖民地统治"。第二年举行的第十六届联大又决定建立殖民地特别委员会,并采取措施,支援殖民地人民的独立事业。这些同美苏的态度都有关。

　　二战中,原先占有广大殖民地的英、法、日等国遭到打击。如东南亚地区,原先是英、法、荷等国的殖民地,二战中被日本占领。日本占领期间,日本人有意支持当地人反对西方人,这些人成为战后要求独立的主要力量,不愿西方殖民者卷土重来。至于原被日本占领的朝鲜获得独立,台湾回归中国则是二战结束后自然情理中的事。尽管丘吉尔扬言"不愿成为为英帝国敲丧钟的首相",但大英帝国还是崩溃了。宗主国的一些有识之士也看到,继续维持殖民统治既不可能,也成本太高,不如采用合作的新方式更为有利。因此,一些殖民地的独立式通过和平交权的方式获得。在殖民者看来,这是一个"非殖民化"的过程。"非殖民化"是民族解放运动的力量壮大但尚未足够强大,殖民主义力量削弱但又非完全衰弱的产物,是殖民主义力量与民族解放运动的力量在特定的历史条件下相互较量的结果。当然,有相当多的国家与地区的独立是经过武装斗争获得的,因为这些国家与地区的殖民统治者不愿意放弃殖民统治。

二、殖民体系瓦解的过程

　　殖民体系的瓦解经历了一个过程,根据殖民地独立的时间大致可以分为三个阶段：

　　第一阶段为战后初期至50年代中期,这一时期,大多数的亚洲殖民地和半殖民地获得独立,重大事件有：中国革命的胜利、印巴分治、朝鲜战争的胜利、印度支那抗法战争的胜利、东南亚各国的独立。在北非地区有：摩洛哥、突尼斯、利比亚获得独立,1952年埃及发生革命,1954年起阿尔及利亚开展反法武装斗争。

　　第二阶段为50年代中期至60年代。这是非洲民族解放运动高涨时期。撒哈拉沙漠以南的民族解放运动兴起,重大事件有：1957年加纳独立,1958年几内亚独立,揭开了民运高涨的序幕。西非英属殖民地的独立运动推动了法属西非和法属中非的独立运动。仅1960年一年有17个非洲国家获得独立,因而该年被称为非洲年,载入世界史史册,以后又有十几个国家获得独立。在整个60年代,非洲独立国家达32个,占非洲总面积的2/3,占总人口的3/4。

第三阶段为70—80年代,非洲民族解放运动继续向南部非洲推进,集中打击葡萄牙的殖民体系。葡属非洲占非洲总面积的7%,包括安哥拉、几内亚比绍、莫桑比克、佛得角群岛、圣多美和普林西比岛等,葡萄牙对殖民地的统治野蛮而残暴,这些殖民地通过武装斗争,在1973—1975年间相继获得独立。非洲极南部地区的民族解放运动反对的是南非种族主义者的统治。1980年,津巴布韦从南非的殖民统治下获得独立,1990年,西南非洲获得独立,更名为纳米比亚。1993年12月南非颁布新宪法,结束种族隔离制度,1994年,南非黑人领袖曼德拉当选为南非总统。

有学者研究过,战后获得独立的发展中国家共有92个(不包括社会主义国家),其中40年代11个,50年代8个,60年代44个,70年代24个,80年代5个。今天世界上除个别岛屿与特殊地区外,在地图上很难再找到殖民地的踪影。

第二节 影响发展中国家发展的问题与发展过程

这些新独立国家在历史上有共同的遭遇,独立后面临共同的问题,即尽快地发展自己。发展的过程不是一帆风顺的,在二战结束后,半个多世纪的发展过程中,主要遭遇如下方面的问题:

一、南北关系问题

旧的殖民体系瓦解后,大批新国家获得独立,但这并不意味着西方大国放弃了对亚非拉国家和地区的政治控制、经济掠夺剥削和文化渗透,甚至不时地军事入侵。例如,英法通过英联邦、法兰西联邦等同原殖民地保持联系。美国在战后大力填补老牌帝国主义退出后出现的权力真空,在亚非拉地区通过扶植傀儡政权来加强控制,在经济上,通过提供"技术援助"和投资以及组建跨国公司。在军事上,在一些国家建立军事基地,将一些欧亚大陆的周边国家拉入军事条约组织,拼凑区域性军事集团。在文化上,向海外大力输出美国的生活方式和美国的价值观。实际上,新独立国家仍然受世界大国的控制和支配,它们只是获得了名义上的独立,世界大国实行的是一种"没有殖民地的殖民主义",也称"新殖民主义"。

新独立国家的领导人和人民不是没有看到"新殖民主义"的危害,一些国家甚至在相当长一段时间里,坚持反对一切霸权主义的立场。但从 80 年代以来,这些国家开始发现,完全与西方大国隔离不说不可能,就是这样做了,受害的仍是新独立的发展中的国家。受西方国家的支配固然是原殖民地半殖民地国家人民的不幸,但如果发达国家完全置发展中国家的困难于不顾,发展中国家自身也很难得到快速发展。

因此,如何处理与西方资本主义发达国家的关系是新独立国家面临的首要问题。

二、南南区域合作问题

从理论上讲,新独立国家有共同的历史遭遇,独立后又面临相似的发展问题,他们本应相互加强合作。战后,也确实出现这样的努力。比较著名的会议与组织有:1955 年 4 月在印度尼西亚召开了历史上第一次亚非 29 个独立国家参加的会议,也称万隆会议。会议提出了各国和平相处、友好合作的万隆会议十项原则。60 年代兴起了不结盟运动,参加者大多为亚非拉的发展中国家。1961 年 6 月在埃及开罗召开了不结盟国家和政府首脑会议的筹备会议,1961 年 9 月,第一次不结盟国家和政府首脑会议在南斯拉夫首都贝尔格莱德召开,共有 25 个不结盟国家的领导人出席会议。从第一次首脑会议后,不结盟运动的规模日益扩大,参加的国家越来越多,到 70 年代中,已有 95 个成员国,进入 80 年代增加到 101 个,到 1992 年止,共召开了 10 次会议。1963 年形成 77 国集团,1964 年,77 个发展中国家和地区的代表发表了《七十七国联合宣言》,主要目的是协调立场,研究对策,在联合国讨论贸易和发展问题时维护第三世界国家利益。今天,区域性合作组织在全球十分活跃,比较著名的有:东南亚国家联盟、南亚区域合作联盟、非洲国家联盟、阿拉伯国家联盟、南美洲国家联盟等等。同时,我们也应该看到,以上的运动与组织仍然存在许多局限性,有的组织已经消失,有的名存实亡,有的受制于西方大国。而第三世界国家之间的矛盾冲突则是常态现象,有争夺资源的战争,有争夺领土的战争,有民族宗教之间的战争,甚至有的成为帝国主义的马前卒。非洲大陆在独立前还是一块比较平静的大陆,从50年代以后,却成了动乱、暴力、武装冲突不断的大陆,比较著名的冲突地区与事件有:苏丹长达几十年的内战、1991—1993年埃塞俄比亚厄立特里亚地区要求独立引发的冲突、1975—1989年安哥拉内战,1967—1970年尼日利亚内部为争夺石油利益而爆发的部族战争,1994年卢旺达和布隆迪的胡图族与图西族的大规模部族仇杀等。在亚洲与拉丁美洲的国家之间也存在各种类似的战争,印巴战争,两伊战争,阿以冲突等等。可能最需要团结合作的是第三世界发展中国家,但恰恰是它们难以团结一致。

三、民族国家建设中的世俗主义与族群主义问题

　　殖民统治结束了,殖民统治的后果没有消除,有许多被新独立国家的领导人当做历史遗产努力去继承。其中之一是殖民帝国的版图。比如,英国统治印度的结果之一是在南亚建立了一个庞大的英印帝国,这个帝国中有直接管理的英属省邦,有实行间接统治的土邦,这些行政单位的划分许多是出于殖民统治者的需要。殖民统治结束后,领导印度的国大党政府要全面继承英国统治留下的历史遗产,独立后的印度不仅包括各省邦,还要将各土邦统一到独立后的印度中,有些土邦不愿被归并,因而就产生了冲突。还有,殖民统治时期,殖民帝国内涵盖多种文化多种民族身份,但它们由于服从于外来的最高殖民统治者的统治而获得某种身份认同,一旦殖民统治结束,新独立国家的领导者想替代原殖民统治者获得这种最高权威,但往往不能如愿,因为他们的自身宗教、区域、文化、阶级的特性而被当做某一社会集团的代表。为了整合独立后的新国家,新独立国家的领导人往往倡导世俗主义,贬抑各种地方主义和教派主义。但实际结果是,随着政治经济发展进程,各式各样的地方主义与教派主义的势力不仅未能被清除,反而获得越来越大的发展势头。在印度,国大党在独立后推行世俗主义,努力证明自己是代表全体印度人民利益的现代政党,也曾靠此策略成功地维护自己的一党独大地位达30年之久。然而,1977年在选举中败给了反对党联盟,这一联盟中的成员许多带有地方、种姓、教派的倾向与诉求。为了应对

挑战,国大党此后不得不放低自己的世俗主义调门,也开始迎合地方主义与教派主义。这很大程度上加剧了印度政治中的族群撕裂,导致90年代印度的政府治理危机。地方分离主义始终是独立以来印度政府面临的一个头痛的问题。

印度在民族整合与国家建设中所遇到的问题在亚非拉国家中带有普遍性,印度毕竟通过民主的机制,将各种地方主义与教派主义吸纳入全国政治中,成功化解了它们所具有的破坏力,而将它们变为推动民主政治发展的一种潜能。许多国家却没有这么幸运。

四、政治现代化进程中的民主与威权问题

亚非拉国家的领导人在独立之初基本都认同民主制度,绝大部分的新独立国家建立了共和国,推翻了封建君主专制制度,实行西方式的议会民主制度或者苏联式的政治制度。但很快,这些国家发现这些民主制度在自己的国家中水土不服,从而导致威权主义的兴起,而在威权主义盛行一段时间后,又重新开始回到议会民主制度上来。在这方面,拉丁美洲国家已经经历了一个完整的过程。

在第二章中我们曾经谈到拉丁美洲在独立之后,经历短暂的民主尝试后,考迪罗主义盛行。考迪罗是大庄园主与军阀一身二任的化身,大庄园主需要私家武装看家护院,争夺与扩大地产,奴役庄园中的农奴,而军阀需要大地产作为自己的经济基础,也有条件凭着枪杆子去扩充地盘,经济自由主义给这些政治军事强人提供了扩张的法律依据。考迪罗主义的盛行同当时拉美的社会经济状况有关,拉美经济是一种大进大出的经济结构,拉美从欧洲进口工业品,拉美的农牧产品则输往欧洲市场,这造成拉美大陆内部各地区经济的相对独立性。这种状况随着两次大战而发生很大的变化。大战期间,欧洲无法向拉美输送工业品,拉美地区的民族工业发展获得了极好的机会,拉美开始工业化,工业化带动城市化,到二战时,在拉美许多国家地区城市人口已经超过总人口的50%。工业化与城市化造就了中产阶级的成长,城市工业而不是庄园经济成为国民经济的支柱,城市而不是农村成为政治的中心舞台,资产阶级的政治家开始取代考迪罗成为政治舞台上的精英。资产阶级政治精英们同旧的大庄园主考迪罗们在政治经济利益上不尽一

致,相互之间存在矛盾冲突,新生的资产阶级力量不够强大,他们很自然地要争取城市中中下层人民的拥戴,因而采取一些有利于工人市民的措施,诸如改善工人的医疗卫生条件,提高工人的福利,保障工人的安全,给工人以假日工资,干预工人的罢工和工会组织等。而大战期间,由于拉美没有受到战火的直接波及,反而因为出口市场的繁荣而在经济上大大受益,经济上有能力来创办这些事业。因而,这一时期在拉美重要国家地区如墨西哥、阿根廷、巴西等出现一种依靠民众力量进行统治的政治强人,像墨西哥卡德纳斯,阿根廷的庇隆,巴西的瓦加斯等,他们依靠群众的选票上台,上台后实行某些惠及民众的政策,来获取民众的进一步支持,这种政权仍然是一种威权主义政权,学者们称之为"民众威权主义",以区别于前一时期的寡头威权主义。

民众威权主义在二战结束后遭遇到危机,这种威权主义政权由于其在国际问题上不愿紧跟美国,在二战时在民主与法西斯两大阵线中保持一种暧昧不明的态度为自己获取好处,在冷战时期又在苏联社会主义集团与以美国为首的西方集团之间持一种"第三立场",而将拉美视为自己后院的美国不能容忍拉美国家不与自己保持一致,无论从价值观上还是国家利益上美国都要反对拉美的民众威权主义政权。而二战后,拉美经济失去了战时所具有的发展势头,面临着经济危机,经济的下滑使得拉美政权不得不中止和削减原来的惠及民众的政策,这立即导致民众的不满,社会动乱开始发生,一些军人在美国的支持下乘机夺取政权。

这种军人政权同旧考迪罗主义有所不同。新的军人政权具有一些新的特征,即统治集团不仅仅由军人构成,还包括经济技术专家。军人维持社会稳定,技术官僚主管发展,二者各司其职,互为补充。因而这是一种以军人政府为基础的官僚威权主义政权,它在政治上实行专制、压制民主;在经济上则积极倡导发展、热心推行工业化政策。

60年代拉丁美洲通过军人政变上台的官僚威权主义政权,运用高压统治和积极的发展政策,不仅暂时克服了民众主义政府所无法克服的经济增长和社会稳定的矛盾,而且使经济获得新的推动力,出现了高速增长的势头。1965—1974年拉美地区经济增长速度达到6.7%,其中工业产值增长高达8.1%,这是拉美经济增长最快的时期,许多国家的经济都在此期间创战后以来的最高水平。其中,巴西是最突出的例子,1968—1974年,巴西经济进入高增长期,7年间,国内生产总值年均增长11%以上。此外,还建立了石油、造船、机械制造、石油化工、电子工业和军工生产等一系列新兴工业部门。巴西不仅成为拉美实力最雄厚的国家,而且一跃成为世界第十大工业国。巴西获得了"巴西经济奇迹"的美誉。

"巴西经济奇迹"进入70年代中期后开始遇到问题。1973年中东战争,石油价格暴涨,使巴西进口石油所需费用大大增加,巴西向外借款的数额不断增多。1979年后,国际石油价格再次暴涨,巴西用于石油进口开支从1972年的4亿多美元增加到106亿美元。80年代初,西方国家大幅度提高银行利率,1980年巴西向美国银行借款的利息高达21.5%。加上西方采取贸易保护主义政策,使得巴西出口收入锐减。1983年,巴西的外债已高达910亿美元,成为世界上最大的负债国,在债务危机下,巴西的经济连年衰退,1981、1982、1983年国内生产总值分别下降1.9%、1.2%和3.3%。

军人政权之所以能获得合法性在于它能给国内带来社会安定,促进经济发展,反过来再促进社会安定。而经济形势的恶化,使人民对军人政权不满上升,社会不安定随即增加,出现工人罢工,学生上街游行。1977年,游行示威的学生向来访的美国总统卡特的夫人呈交了这样的一封信,信中说:我们想要强调的是巴西大学生目前发生的事(1.6万学生罢课)不是孤立偶然的事件,而是我们这代学生几乎一辈子受到压抑的一种反映,自从1964年以来,我国的政治也许保持了某种程度的稳定,这也许有利于美国的利益,但这是以损害言论自由、出版自由和机会自由为代价的。

这时,曾支持过军人政权的天主教会势力,面对经济的恶化和社会矛盾的加剧,开始同情民主化的要求,支持文人取代军人的统治。军人集团内部的一部分人,也主张在政治上放松缰绳,缓和国内矛盾。与此同时,整个拉丁美洲民主化进程的步伐加快,许多国家的军人开始把政权交给文人。在这种形势下,军人政权自动采取了"逐步和有控制的民主开放"的政策,向文人政权过渡。1982年11月,巴西举行了政变以来第一次州长和参、众两院议员的直接选举。在1985年1月的总统选举中,反对派领导人坦克雷多以绝对多数战胜执政党候选人,当选为总统,从而结束了军人对巴西长达21年的统治。巴西各地千百万群众涌上街头欢庆民主化的胜利。

今天拉美大陆各国基本实行议会民主制度,军人政权已经成了历史陈迹。但大部分发展中国家,包括拉美国家,民主化仍然是一个尚未完成的过程,而且世界上没有哪一个国家可以宣称自己的制度是完美的,民主化是一种过程。在此一过程中,会出现威权主义这样的现象。对民主与威权主义做简单的肯定与否定是不对的,民主的方式不是在任何情况下都能有效地解决面临的危机,而威权主义尽管声誉不佳,在一定的历史阶段却有利于经济发展和社会安定。当然发展过程中必须处理好政治转型问题,只有在民主制度下,才能获得长期的经济发展和社会安定。

五、工业化中的自主与依附问题

战后新独立国家往往面临两难境地,一方面,新独立国家领导人都认识到过去受人欺负,主要原因是经济落后,"落后就要挨打",因此独立后都把发展经济摆在首要位置上。如何发展经济呢?大家认定必须首先工业化,只有工业化才能有强大的国防;只有工业化才能摆脱对外国进口工业品的依赖;只有工业化,才能建立一个完整的国民经济体系,才能提高农业生产力。但如何实现工业化呢,谁应该在工业化中起关键作用呢?是依靠外资,和本国的私营企业的发展,还是依靠国家政府的力量?另外,新独立国家的民族主义领导人都带有很强的民粹主义色彩,以人民的利益代表自居,他们同民族资产阶级之间虽有千丝万缕的联系,但毕竟不是同一种人,相互之间存在隔阂与戒备,生怕后者过于强大失去控制。而新独立国家的一般群众出于历史上形成的对工商业者的偏见,也希望政府在工业化进程中起主导作用。同时,鉴于历史上遭受殖民统治剥削的惨痛经历,绝大多数的新独立国家的领导人和普通民众对外国资本都有高度的警惕性,他们信奉边缘地区的落后状态是由于发达的资本主义中心的剥削造成的道理,因而主张要摆脱与资本主义中心的依附状态,采取一种自力更生的工业化道路。

但工业化需要一些必不可少的条件:第一是资金,第二是技术,第三是市场。办工厂,尤其是重工业工厂,需要大笔的资金,但新独立国家全都缺乏资金,为了积累发展重工业所需资金,只能压缩轻工业与农业上的投资,并人为地扩大农产品与工业品的"剪刀差",这样造成各种消费品短缺,影响了人民群众的消费水平的提高。其实,向国外借贷是不可避免的,西方、日本在工业化进程中也曾使用过大量的外来资金。企业的发展需要先进的技术,先进的现代技术几乎全为欧美国家所垄断,西方之所以在科技上保持优势,在于它们拥有先进的教育、雄厚的科研基金和人才队伍。新独立国家的科技发展急需培养大批的科技队伍,不说这需要时间与条件,令人遗憾的是,现实情况是好不容易培养出来的有限人才往往又流向海外,使得科技力量的差距没有缩小而是在扩大。市场状况对发展中国家也是相当不利的,由于发展中国家人民的购买力低,人口虽多却市场狭小,只能依靠外国市场。

因此,尽管在独立之初,许多发展中国家采取了具有很强自力更生特性的进口替代工业化战略,但先是在东亚一些国家和地区,后又在东南亚和南亚地区被出口面向政策所取代。

随着先后实行进口替代战略和出口面向战略,发展中国家的经济实力有所增强,但同欧美国家之间的经济差距没有缩小,反而有所增大,经济上联系增强的同时,资金、技术、市场方面的依赖程度也在提高。这样就产生出一个悖论:新独立国家发展经济的目的本来是为了增强自己的自主性和独立性,摆脱对外国帝国主义的依附,结果反而加大了对帝国主义的依附。

六、现代化中的三农问题

新独立国家基本上是个农业社会,农业人口在总人口中占绝大多数,农业在国民经济中占有举足轻重的地位。在这些国家中,农业是人民的主要收入来源,农业产品是大多数发展中国家出口和外汇收入的重要组成部分,农业还是大多数发展中国家经济发展和政治稳定的基础。也就是说,农业不仅关系着大多数人的生活和收入,其他经济部门的发展从根本上说也离不开农业。它不仅要满足城市人口扩大提出的越来越多的粮食和其他食物需求,而且是轻工业的主要原料、国家积累的重要源泉、工业品的重要市场和劳动力的主要来源。因此,在今天大多数发展中国家中,农业情况的好坏直接影响一个国家的财政收支、国民经济的发展乃至社会的稳定。

然而,自独立以来,发展中国家的农业状况一直是不令人满意的。不令人满意不是说发展中国家的农业没有进步,从整体上看,独立几十年来,大部分亚非拉国家农业和粮食生产的增长率都接近3%。这一数字不仅超过独立前亚非拉国家自身的增长率,而且也超过同一时期欧美发达国家的增长率。不令人满意是因为尽管农业和粮食增长率总的说来不低,但存在的问题也是严重的。

首先,是亚非拉国家人口增长过快的问题。二战后,亚非拉地区出现了"人口爆炸"的状况。有许多国家和地区长时期人口年增长率超过了3%。下表显示1800—2000年世界主要区域人口变动的趋势(占世界人口的百分比):

	亚洲	欧洲	非洲	北美	拉美
1800	64.4	15.5	10.9	3.2	2.5
1900	56.1	17.9	8.1	9.5	4.4
2000	59.2	9.4	12.1	13.6	8.4

自70年代后,各国都在搞计划生育,但大多数国家的计划制订比较宽松,实施不够有力。而一个国家的经济越落后,就越依赖劳动力,"多子多福"的观念既有历史文化的原因,对单个家庭说来,人多劳力多,收入也会越多,经济的安全性也会越高,在现实生活中有其一定的道理。而从社会整体上看,人口太多,挤占了用于发展的资源与空间,对现代化造成极大的压力。民众陷入"越穷越生,越生越穷"的恶性循环中。问题最严重的是非洲地区,自70年代以来非洲的农业生产增长率不升反降,但人口的增长率却继续在高位运行。据联合国粮农组织的材料统计,60年代在128个发展中国家中,有56个国家人口年增长率快于粮食年增长率,70年代这样的国家增至69个。1985年年初,非洲有1.5亿人处于饥饿之中。进入21世纪后,发展中国家仍没有从根本上解决粮食问题。

其次,是农村劳动力过剩,又无法在非农部门找到就业机会的问题。人口多并不完全是一种消极因素,人口也是发展的宝贵资源。但城市化和工业化的进程缓慢,吸纳不了农村剩余劳动力。现代工业部门需要的是有文化经过培训的劳动力,而农村人口大多不具备这样的条件。问题的关键是如何使得这些人口从数量优势转变为质量上的优势,这里涉及教育发展问题。许多发展中国家本来教育的投资就有限,而这有限的教育经费又集中在大城市的精英教育上,农村教育被忽视,人口中的文盲率,尤其是妇女中的文盲率居高不下。造成本来最应该走出农村到城市谋生的是农村的贫困阶层,但实际上恰恰是他们无法走出农村。

　　历史经验证明,光靠农村和农业自身是无法解决自己的问题的,其中必须将农村中过多的人口从土地上解放出来,土地上的压力已经超负荷,将农民从土地束缚下解脱出来的推动力已经具备,当今世界绝大多数发展中国家已不存在中世纪欧洲那样将农民束缚在封建主庄园的农奴制,贫困单调乏味的农村生活早已使广大农村青年反感,走出去的推动力是强大的。然而,光有推动力尚不足完成这种历史性转变。二战结束以来,广大发展中国家农民面临的外部环境并不是很友善的,严格的护照与签证制度,以及高昂的出国费用,让广大农民出国谋生的愿望成为一种梦想,许多人不得不采取风险性极高的偷渡办法,因而国外移民的机会是减少了。国内移民遇到城市基础建设滞后的问题,广大农村移动人口要不栖身在居住条件极差的贫民窟中,要不成为流动性极强的农民工,周期性在打工地与自己的家乡来回流动。

　　再次,农业自身落后的问题。亚非拉地区农业生产水平低,许多农民终年劳累,而不得温饱。影响农业生产的因素有很多,其中最为关键的一个因素是生产关系。亚非拉国家中封建性的生产关系在农村中仍然十分盛行。占人口一小部分的地主拥有大部分土地,而占人口多数的农民只拥有很少的土地,或根本没有土地,依靠租种地主的土地或出卖劳动力为生。地主们满足于从土地上收取地租,不关心土地上的生产,他们有资金,但不愿投入到土地上;而耕种者既无资金也无动力来改进土地上的生产,产量的提高往往意味着地租额的上升,耕种者不能享受生产力提高得到的好处。

　　许多新独立国家的领导人认识到农业的重要性,也看到农村问题的症结所在,所以独立后不久便实行土地改革政策,主要是取消中间人地主、改善佃农的地位、限制土地最高占有数额。这些政策在不同国家实施的差异很大,有些国家和地区如日本、韩国、中国的台湾地区,在二战后实行了比较彻底的土地改革,有些地区如南亚的印度领导人的决心很大,但在下面实际执行中大打折扣,更多的国家是根本没有认真考虑和实行土改政策。

从60年代中期开始,以引进高产种子,增加化肥、农药等农资投入来提高农业产量为主要内容的绿色革命之风开始在亚非拉国家和地区流行起来。绿色革命在一些地区确实获得成功,增加了粮食的产量和商品率,缓解了饥荒威胁,并出现一个新富农阶层。但绿色革命仅仅是给农业带来有限的现代化,也只是在某些地区、某些作物、某些农户获得较大成功。如何使亚非拉国家农业实现现代化仍是个有待完成的任务。

今天,农业、农民、农村问题,简称三农问题,已经引起国内外学者的极大关注。

第三节 发展中国家的发展道路和理论范式

经过半个多世纪的发展,发展中国家中已经出现分化,拉开了距离,一些国家和地区成了新兴的工业化国家或地区,而相当多的发展中国家仍然是经济落后、政治腐败、社会动乱,被人称为"失败的国家"。对战后发展中国家发展问题的研究已经形成为一门新兴的学科——发展学。其中,发展中国家的发展道路是学者们经常讨论的问题,并形成相应的理论范式。它们分别为:现代化范式、依附理论范式、国家/社会关系范式。

现代化理论是50年代和60年代初由美国的一批社会科学家首先创立的。特别是以帕森斯为首的结构功能学派,是现代化理论的先驱者。按照现代化论者的观点,现代社会的特性形成于西方,西方后启蒙时代的社会文化特征被概括为现代性的基本内容,它是现代社会的基本特征,也是现代化的基本动力。第三世界发展中国家可以从外部引进这种动力,也就是说发达国家的思想观点和技术可以输入穷国并得到传播。

因此,西方工业化发展的历史不再被看做是韦伯当初认为的那种只有西方才能产生的现象,而是可以在全世界的发展中普遍见到的。正如艾森斯塔德所说:"从历史上看,现代化是一个朝着欧美型的社会、经济和政治系统演变的过程,这一过程于17—19世纪就在欧美各国完成。"

现代化理论在20世纪五六十年代曾在世界风行一时,但从60年代后半期开始,遭到了来自多方面的批评。首先,人们批评将社会分为传统社会与现代社会过于简单,"传统的"标签可以贴在一大批工业化之前的社会上,但是这些社会分明有着各自不同的社会经济结构和政治结构。按照现代化的理论,随着经济发展社会进步文化提高,传统的观念会被现代理念取代,但人们看到交通工具改善方便人们去朝圣,大学物理系教授出门照样选吉日;而传统事物在现代社会中照样具有很高的适应性,种姓观念被用来组织现代政党,印度教与现代民族主义结盟形成印度教民族主义。最使现代化理论失去解释力的是,战后新独立国家虽然努力向西方学习,走资本主义道路,但政治经济却陷入困境。因此,A.韦伯斯特这样批评现代化理论:"现代化理论是一种过于简单的发展理论,它缺乏两点基本内容,一是充分的历史阐释,二是足够的结构分析。从历史角度说,它忽略了大量的历史证据,这些证据说明,经济增长过程不能简单归结为用现代的价值观念和制度去取代传统的东西;从结构角度说,现代化理论没有揭示诸如引进技术和扩大市场这类经济增长因素在发挥作用时如何受到现存社会关系的制约。并且,构成社会关系的社会权力与社会阶级的不平等,在现代化理论中只字未提。"

对现代化理论批评最烈,并在批判中形成新的理论流派的是后来被称为依附论的学术流派。依附论者不同意现代化论者认为的第三世界国家处于"发展的初级阶段"的假说,亚非拉国家的欠发达状态是由西方资本主义造成的。即使在得到形式上的主权后,经济上依附的状态并没有得到改变,仍在束缚亚非拉国家的发展,这种新殖民主义有利于西方,不利于欠发达的第三世界。这些理论家们特别关注拉丁美洲国家持续不断的经济失败,在诸如阿根廷、秘鲁、智利和巴西这样一些国家里,民众长期贫困正是因为接受了先进国家的经济影响的结果。他们认为,当今世界上先进的工业中心的发达,同时意味着某些国家的不发达,因为这些国家的经济剩余被西方剥削去了。因此,不应当把那些贫困的国家看成是它们自身在经济发展上不成熟或者"不发达",幻想经过一定时期,他们就会有所发展。只要它们仍旧受西方经济帝国主义的统治,他们的贫困就将继续下去。

弗兰克是依附论者的代表人物,在他看来,要阻止对经济剩余的剥削,唯一的办法是打碎转移这种剩余价值的依附链条。而能够起来打碎这链条的,便是第三世界的工人阶级;唯一强有力的武器,则是社会主义革命,它将首先砸烂这个链条上最薄弱的环节,即买办阶级。

依附论者对发展理论的贡献在于从理论上对带有种族中心主义色彩的、缺乏历史观点的和概念含糊的概念模式提出了挑战。它认识到当代发展中国家在许多方面不同于过去工业化中的西方国家。它关注于对发展的系统研究中的政治、社会和经济等因素的互动。贫困是经济与社会结构的产物,而不是由于文化价值观不同所致。它让人们注意到世界经济状况对当代发展中国家的约束。注重从历史角度和国际背景上去分析不发达的经济与社会结构。这就要求人们更多地考虑第三世界各国既有的特定的社会经济关系,不应着力去区分所谓"传统社会与现代社会",而应当区分非资本主义社会与资本主义社会,区分世界经济的中心地区与边缘地区。这些都是依附论者高明于现代化论者的地方。

但依附论者理论上的缺陷也是明显的,与发达国家的经济联系并不完全导致第三世界国家的落后。历史上,欧洲的资本更多的不是输出到亚非拉,而是输出到北美、澳大利亚等发展快的地区。战后东亚经济快速发展的一个重要原因是外国资本的输入。而同一时期,闭门建设的中国大陆和实行管制经济的印度,其发展速度却落在了后面。80年代后,中国和印度先后开始经济的改革开放,取得令世人瞩目的成就。在这种形势下,依附理论不再受到人们的重视。

从80年代初开始,一些人开始关注国家的作用,最集中反映这一学派观点的是1985年出版的由斯科克波尔(Theda Skocpol)等人编写的《重新重视国家的作用》(*Bringing State Back in*)一书。该书指出,国家总是社会经济变迁的关键性的和直接的代理人,在20世纪尤其如此。之所以称重新重视,很大原因在于国家在现时代的重要作用早在

19世纪的黑格尔等人的作品中就被大量提及,马克思虽然强调社会经济是基础,但对国家的重要作用也多有论及。在许多人眼中,新国家无疑是现时代生活的主要组成部分,被认为是惊人的时代变迁后面的驱动力量。"在现代世界仅仅一种形式的政治单位被承认和允许,这就是我们称之为'民族国家'的形式。"之所以称重新重视,还因为在这些人看来,长期以来,无论在现代化理论中还是在依附理论中,国家的作用都未得到足够的强调重视,现代化理论强调社会文化功能,革命化理论强调社会经济结构、世界体系、经济依附等,而现在有必要重新强调国家在发展中的作用。

其实,学者们对国家在现代化进程中的作用的关注并不完全始于80年代,可以追溯到更早时期。1970年,瑞典经济学家冈纳·缪尔达尔发表了三卷本的《亚洲的戏剧》,该书主要分析独立后印度的经济发展问题,他将印度无力调和经济发展和再分配归之于印度的"软国家"机制。软国家以普遍地缺乏社会纪律,立法和司法中的无效率为象征,软国家还包括腐败。印度是这种"软国家"的典型,它缺乏制度性的能力和政治决断来推动急迫需要的经济发展。在缪尔达尔看来,印度国家的软弱性并不是由于其政治和社会经济结构的原因,而是其文化——宗教传统使然,特别是印度教传统和种姓制度。按照缪尔达尔的逻辑,要想经济现代化和更平等地分享发展的成果,必须先中立,如果不是摧毁原有的宗教态度和文化特性。

但国家中心论逐渐遭到一些学者们的置疑,他们从战后发展中国家的历史出发,发现国家不是万能的,一些国家领导人竭力运用国家权力来改造社会,但往往以失败告终。国家权力有影响决定社会的一面,同时社会力量也在决定着国家政策的制定和执行。如果现代化理论和依附论的缺陷在于一边倒向了社会经济决定论的话,国家主义理论的错误就在于倒向了政治决定论一边。他们因而主张采用一更为平衡的国家/社会理论视角。

进入90年代后,一些学者提出,不应将国家与社会绝对地对立起来,在现代世界中,不论及国家是无法理解"社会"概念的,国家的形成再造激活了社会。米格代尔(J. S. Migdal)提出一种"社会中的国家"(state in society)的理论视角来取代"国家中心论"。他认为应将国家作为社会的组成成分并与其他社会力量结合起来考察。虽然国家领导人力图表达他们自己不同于社会,并位于社会之上,事实上,国家仍是社会中的一个组织。并且,作为一许多组织中的组织,它服从于社会区域中的推动和拉动力量,这种社会区域会在它和其他社会力量之间变动界线。

米格代尔在《社会中的国家》一书中表述了如下观点:第一,各个国家根据他们与社会的联系而在效率上十分不同,那种将国家同社会的自主性视为国家效率的资源的观点是错误的,一个国家与社会脱节在某些情况下可能加强国家的力量,在更多的情况下是削弱整个国家的力量。因此,一个国家效能的高低同国家与社会关系相互交织的形式有关。第二,国家有不同的组织结构,从最高层到地方各级,不仅要关注位于首都的国家中心的活动,还应关注位于边缘地区的国家机关与当地社会的互动。第三,社会群体的政治行为和权力能量是耦合的,也就是说一个社会群体的政治行动和影响并不是完全由该群体在社会结构中的相对位置预先决定的。由财富分配经济活动决定的阶级属性并不必然决定该群体的政治行为。第四,国家与社会力量可以相互加强。国家与社会之间不是零和的博弈关系。国家成分与社会成分的互动可以产生更大的力量。[①]

以上三种理论范式研究问题的路径虽然不同,但都涉及对民主的评价。简单说来,现代化论者和革命化论者的重大区别是前者主张通过西方的民主方式获得新独立国家的发展,后者怀疑和平渐进的西方民主道路对发展中国家的有效性。国家/社会关系的研究视角则在承认国家在发展中作用的同时,强调社会的主体性,因而它具有反对国家强制、强调社会民主的理论取向,同时与现代化论者将西方的民主当做普世性的教义不同,它强调情境式的民主,即由于各国国情不同,各国有自己的民主的模式与道路。值得指出的是,90年代以来,研究发展中国家问题的思想界和学术界有趋同的趋势,反映在越来越多的学者认同这种调和的国家/社会关系理论范式。

也就是说,国家/社会关系理论具有对现代化理论和马克思革命理

---

① Migdal, J. S., *State Power and Social Forces*, London, 1994, pp.1-4.

论进行综合的趋势。各种理论范式相互具有更替性和综合倾向,五六十年代的现代化理论,六七十年代的马克思主义社会革命理论,80年代以来的国家/社会关系理论,它们的产生和发展既是对以前和当时人们认识的替代,又是综合,相互补充完善。因此对各种理论,既要看到它们相互之间的区别,也要看到它们之间的继承性。马克思主义在发展理论的演进中起了极为重要的作用,忽视发展理论与马克思主义的可兼容性是错误的,同时,发展理论的演进也对马克思主义本身的发展做出了贡献。社会结构、阶级、阶级斗争等概念在分析亚非拉新独立国家与社会问题时仍然是十分有用的,同时,我们不排斥对社会文化因素在历史上的作用的分析。实际上,马克思主义者在强调经济因素作用的同时也强调上层建筑对经济基础的反作用。回顾二战后发展中国家走过的发展历程,重新审视各种有关发展的理论,对我们建设科学发展观具有重大的启示意义。

进一步阅读书目

　　齐世荣、廖学盛主编:《20世纪的历史巨变》,第三编《殖民体系的瓦解和发展中国家的发展》,学习出版社,2005年版,第301—424页。

　　〔美〕斯塔夫里亚诺斯著,迟越、王红生译:《全球分裂》,商务印书馆,1993年版。

　　罗荣渠主编:《世界各国现代化进程比较研究》,陕西人民出版社,1993年版。

　　王红生:《社会科学理论范式与当代印度问题研究》,《世界历史》,2007年第3期。

第十四章
东亚的崛起

东亚意指东部亚洲。狭义上的东亚主要指中国、蒙古、朝鲜、日本，即东北亚；广义上的东亚不仅包括东北亚，而且将越南与其他东南亚的国家与地区包括进来。喜马拉雅山成为东亚与南亚的分界，西北部帕米尔高原上的一些大山系和沙漠影响了东亚与中亚的联系。正是作为世界屋脊的青藏高原与其北部中国新疆地区的沙漠带一起，构成早期人类非常难于穿越的地理阻隔，将东亚与亚欧的其他部分分隔开来，形成相对封闭的区域地理环境，这是东亚历史发展具有特殊性的重要原因。美国历史学家费正清认为"东亚"概念应有三层含义：地理上受高山崇岭和大漠阻隔的东部亚洲；人种概念上指蒙古人种居住区；文化概念指渊源于古代中国的文明圈，包括中国、日本、朝鲜半岛和越南在内，也可以说东亚就是中华文化圈。

东亚大陆部分的自然地理呈三级台地结构：平均海拔超过4000米的青藏高原构成第一级台地；环绕在青藏高原北部、东部与南部的中国新疆地区、蒙古草原南部、黄土高原、云贵高原以及缅甸高地，构成第二级台地，平均海拔在1000米以上；在二级台地的外围，西伯利亚平原、中国的东北平原、长江中下游以及朝鲜半岛、中南半岛构成第三级台地，以平原和丘陵为主，平均海拔在1000米以下。在东亚大陆的东部边缘，自北向南散布着库页岛，日本列岛，中国的台湾岛、海南岛、南海群岛，以及从菲律宾、马来西亚到印度尼西亚控制下的一系列岛屿。

东亚地区历史上曾经长期是世界上发达地区，在近代以前，东亚地区的文明程度和财富均超过欧洲。但是到了19世纪，随着欧洲的资本主义的崛起，东亚开始落后，东亚文明面临严峻的挑战。到1945年二战结束时,东亚大部分地区都遭受二战炮火的蹂躏,成为一片废墟,被认为是没有希望的地区。然而,二战后,东亚人民在其国家政府领导下,在不长的时间里,迅速恢复与发展起来,到 20 世纪结束时,东亚已成为世界经济增长最快、最具活力的地区。东亚崛起的话题日益多地被人们所谈论,并越来越成为现实。本章从政治革命、经济改革、文化建设三个层面来分析东亚崛起的动力与过程。

第一节 东亚的革命与东亚的政治崛起

一、中国革命的胜利

自 19 世纪中叶以后,西方列强开始将东亚沦为自己的殖民地半殖民地。东亚的封建统治者在最初的抵抗失败后,统治阶层中的一些有识之士倡导改良主义运动,试图通过学习西方的工业和先进技术,走富国强兵的道路,摆脱亡国的命运。然而,这种努力只有日本获得成功,而日本自己也加入到向外扩张的行列中,东亚的危机加重了。20 世纪初印度支那成了法国的殖民地,日本占领了朝鲜半岛和台湾岛,中国大陆面临被列强瓜分的局面,这些国家与地区原来的封建统治者却无力进行抵抗,为了自己的私利,不惜甘当外国侵略者的走狗。面对帝国主义的压迫和剥削,东亚各国人民掀起反帝反封建的革命运动。最初,参加革命运动的人员和规模有限,主要是一些具有民族主义意识的青年知识分子,他们在海外进行密谋活动,在国内组织暴动、暗杀等活动,试图推翻本国的封建或傀儡政权。尽管他们前赴后继、流血牺牲,但都以失败告终。第一次世界大战后,社会主义苏联的出现给东亚革命带来了巨大的影响。亚洲革命党人从俄国革命经验中认识到,东亚革命要获得成功,必须加强革命组织的建设、必须加强革命武装的建设、必须团结并唤起广大民众、必须向俄国学习,这些体现在孙中山先生的"联俄、联共、扶助工农"的三大政策上,中国革命具有更加鲜明的反帝反封建的色彩,实现从旧三民主义到新三民主义的转变。由于这种转变,国民党领导下的北伐战争获得胜利,开始朝中国统一和现代化方向迈进。但是,蒋介石领导的国民党政权不愿继续孙中山的三大政策,对共产党和工农革命力量举起了屠刀;而日本帝国主义加紧了征服灭亡中国的步伐,蒋介石政权既无力也不愿组织民众进行强有力的抵抗。结果,日本很快占领了大半个中国,蒋介石及其军队退守到中国的西南部,而共产党先是进行二万五千里长征,实现战略大转移,后又派遣大批人员,深入敌后,发动群众,建立革命政权,扩大革命武装。到1945年抗战胜利时,共产党已经拥有100万正规军、200万民兵、1亿人口的根据地,同10年前,红军长征时的状况相比,已经发生重大的变化,已经是一支不容忽视的力量。

然而蒋介石不愿让两个政权、两支军队、两个政党、两个领袖的局面继续存在下去。他高估了国民党军队的实力与优势,忽视了民心所向与战争胜负的关系,对美国的援助也存在过高的期望。虽然中国民众有向往统一的历史传统,不希望出现南北朝分裂局面,在历史上也往往是通过战争来结束分裂局面的,但在抗战胜利后的中国,经过八年抗战,人民渴望和平,以战争手段来实现统一是难以获得人民拥护的。中国人民也确实有正统的观念,经过抗战,蒋介石政权确实拥有这样的法理性的资源,所以蒋介石称自己的军队为国军,共产党的军队为"共匪"。然而,在中国的政治文化中也富有"造反有理"的精神,被压迫者拥有反抗压迫的合法性资源。共产党人也同样称国民党军队为"蒋匪军"。问题在于谁能让老百姓信服。蒋介石发动内战已经失去民心,在内战中又不断地征兵、征粮、掠取城市老百姓的资产来支持战争,更是弄得民怨沸腾。而在共产党一方,由于将自己放在反对内战的一边,有一套经长期实践形成的发动群众和组织群众的方针、路线、方法,造成了民众对共产党的忠心拥护。

抗战结束后,美、苏两国支配了世界。在东亚区域,美国将蒋介石领导的国民党政府视为战略盟友,作为在远东遏制苏联和防止日本军国主义复活的重要力量。在美国人眼中,蒋介石的军事力量强于共产党,国民党政府是世界上包括苏联在内承认的合法政府,蒋介石在中国政坛上的威望与影响力无人能替代。同时,出于意识形态的原因,美国政府将中国共产党及其领导的武装力量视为苏联的从属,因而不可能站在中共一边。只是美国希望蒋介石政权能更民主些,能和平地将共产党力量联合到国民党政权中。但美国支持蒋介石政权是第一位的,希望蒋介石政权民主化则是次要的。当时任美国国务院中国科科长的德姆莱特就直言不讳地说:"美国的对华政策,应该首先考虑自己国家的利益,中国的民主化则是次要的。"抗战胜利后不久,美国给蒋介石政权提供大量的经援和军援。当时在美国决策者和军队高级将领中,主张支持国民党,甚至不惜以武力解决中国问题的人并不只是少数。在马歇尔调停的关键时刻,美国远东部队的最高军事长官麦克阿瑟就对前来拜会的国民党政府的官员表示:"中国问题不能用马歇尔之和平民主办法解决,用武力半年就可以解决。"美国的对华政策,把维护亲美的国民党政权在中国的统治放在第一位,其实质是最大化地追求美国的在华利益,完全无视当时中国的政治、经济、军事现状和广大民众的诉求,不仅无助于国共双方矛盾的化解,反而使矛盾不断激化,美国对中国的内战负有不可推卸的责任。

出于许多人意料之外的是,共产党领导下的人民军队在不长的三年时间里就打败了国民党军队,将蒋介石赶到了台湾岛。中华人民共和国于1949年10月1日在北京宣布成立,中国人民的革命事业获得了胜利,这是自1840年以来无数中华民族优秀儿女前赴后继奋斗牺牲的结果,是中国为了摆脱受奴役压迫命运先后所进行的反抗、改革、革命的道路结局,它是中国历史上的大事件,它既是过去历史的结果,也开创了中国历史的新篇章。它也是20世纪历史的最重大事件之一,因为一个曾经是世界上最伟大的一个国家,在经历百余年的屈辱之后,重新站立起来,要重新影响世界历史进程。

新中国百废待兴,面临统一中国、解放台湾、建设国家、改善民生等诸多问题,还面临走向世界,与世界各国建立正常关系的新形势。由于美国在中国内战中的卷入,以及战后出现的冷战格局,中国要进入世界自然存在许多障碍与困难,但绝不是不可能,因为即使美国为了自己的国家利益,它也知道台湾与大陆之间相比,对美国的世界战略说来,孰轻孰重。然而,由于朝鲜战争的爆发,使得中国面临的国际形势更加严峻。

二、朝鲜战争

1950年6月25日拂晓,朝鲜战争爆发。

自 19 世纪末以来,朝鲜半岛就一直是日俄争夺的对象。1905 年日俄战争后日本确立了自己在朝鲜的统治,1910 年正式吞并朝鲜为殖民地。二战时,在雅尔塔会议上决定战后让朝鲜独立。在战争结束时,美、苏之间商定,以三八线为界,苏军占领三八线以北,美军占领三八线以南。美军之所以答应苏军占领三八线以北,一是因为美国重视占领日本,比起日本,朝鲜毕竟属次要地区,第二是当时美国力量有限,苏军在日本投降后的第三天就进入了朝鲜,当时距那里最近的美国军队驻在 600 英里以外的冲绳岛,以及 1500—2000 英里以外的菲律宾。

最初朝鲜的三八线划分是一种权宜之计,美国想通过谈判结束这种分割,并建立一个民主的统一的朝鲜。1947 年,美国将此问题交给联合国,要求该组织在整个朝鲜发起一次自由选举。于是,联合国大会在朝鲜建立了一个临时委员会,并责成它举行和监督这样一次选举。但选举没能进行,1948 年 8 月 15 日,在美国的扶植下,南朝鲜成立了以李承晚为首的大韩民国。美国立即承认了大韩民国,并给以经济、技术和军事援助。在这种形势下,北朝鲜劳动党联合南北各民主党派、社会团体,决定建立民主政权。1948 年 8 月举行了选举,9 月 9 日成立了以金日成为首的朝鲜民主主义人民共和国。于是,朝鲜半岛上出现了南北朝鲜两个政权。1948 年 12 月,驻朝苏军撤退回国,1949 年 6 月,美国宣布从南朝鲜撤军,只保留一个 500 人组成的军事顾问团。

南北朝鲜分治并没给朝鲜半岛带来和平。朝鲜战争的爆发,一方面因为美国在战后实行的冷战和争霸世界的战略,想将朝鲜变为遏止社会主义阵营和新中国的桥头堡;另一方面,金日成领导下的朝鲜革命力量受到中国革命胜利的鼓舞,想早日实现南北统一的愿望。

战争爆发后,朝鲜人民军攻势凌厉,一路势如破竹,三天就攻克了韩国首都汉城(今天首尔),到 1950 年 9 月 15 日,已经解放 92% 的人口和 90% 以上的地区。李承晚的军队被压缩在大邱、釜山东南沿海一隅。

美国不愿失去朝鲜半岛,朝鲜战争爆发的第三天,1950 年 6 月 27 日,杜鲁门总统就下令战斗部队进入朝鲜,并对三八线以北地区进行空中打击,同时命令第七舰队进入台湾海峡,阻止中国人民解放台湾,指示加强对印度支那法国殖民军的军事援助。7 月 17 日,美国利用联合国安理会通过决议,授权美国组织"联合国军"干涉朝鲜战争。麦克阿瑟被任命为"联合国军"总司令。英、法等 15 个国家先后派出军队投入侵朝战争。9 月 15 日,美军乘朝鲜人民军主力集中于洛东江前线,后方空虚之际,出动了 300 多艘军舰、500 多架飞机,掩护 4 万多军队在仁川登陆,9 月 30 日占领汉城,并越过了三八线。朝鲜人民军被迫撤退,10 月 19 日平壤陷落。美军的飞机甚至轰炸了中国东北的一些地区,从而把战火烧到中国的大门口。

1950 年 10 月 1 日,金日成给毛泽东发来了紧急求援信,中国政府决定派出志愿军入朝作战。1950 年 10 月 25 日,中国人民志愿军跨过鸭绿江。到 1953 年 5 月 21 日,朝、中军队并肩作战,经过 5 次重大战役,击退了进犯到中朝边境的美、李军队,解放了三八线以北的广大地区,扭转了战局。

1953 年 7 月,交战双方最后签订停战协定,划分了分界线,仍然是战争开始时的三八线。

朝鲜战争对东亚与战后国际局势都发生了重大深远影响。朝鲜战争促进了日本的经济发展,在战争时期,日本借为在朝美军及联合国军提供武器军需之机,发了战争财,经济得以恢复和快速发展。同时,美国加紧扶植日本,1951 年,在美国的主持下,50 余个国家齐集美国洛杉矶,与日本订立和平协定,会议及协定中没提及战争赔款,各国将分别与日本订赔款协定。同年,美国与日本订立《美日安全条约》,1954 年美、日签订《美日共同防务援助协定》。

1954 年 9 月 8 日,美国还纠集美、英、法、澳、新、菲、泰、巴(巴基斯坦)共 8 个国家在菲律宾的马尼拉订立《东南亚集体防务条约组织》,其目的在遏制共产主义在东南亚的发展。

朝鲜战争促使美国加强了与台湾的关系。1954 年 12 月,美国和国民党人签订了《共同防务条约》,根据条约,美国保证台湾及附近澎湖列岛的安全。1958 年 8 月美国的第七舰队进驻台湾海峡,为国民党的供给船护航。美国用海上和空中力量来维持台湾国民党政权。

美国就这样将南朝鲜、日本、台湾、菲律宾、东南亚纠集在一起形成一个半圆形的包围圈来遏制中国。新中国想与包括美国在内的西方国家建立正常关系的大门被关上。对于中国人民说来,为了保家卫国,他们付出了巨大的牺牲,有17万志愿军战士长眠在朝鲜的土地上。但是,正如志愿军总司令彭德怀所说:在经过3年的激战之后,资本主义世界最大工业强国的第一流军队被限制在他们原来发动侵略的地方,不仅没越过雷池一步,而且陷入日益不利的困境,这是一个具有重大国际意义的教训。它雄辩地证明:西方侵略者几百年来只要在东方一个海岸,架起几尊大炮就可霸占一个国家的时代,一去不复还了。

三、越南战争

给战后东亚乃至世界带来重大影响的另一场战争发生在越南。

越南同朝鲜一样,在历史上深受中国文化的影响,同中国的中央政府有一种藩属关系。进入近代以后,越南与整个印度支那沦为法国的殖民地,二战时日本人占领了越南。1945年9月2日,日本投降后,越南人民在胡志明的领导下,在河内宣布成立越南民主共和国。根据战时盟国达成的协议,1945年9月,中国国民党军队在卢汉将军率领下开进北纬16度线以北的印支地区,16度线以南地区由英军进驻,主要任务是解除6万日本军队的武装。当时英军拒绝承认越南民主共和国,而是与法国签订协定:完全承认法国对印支的宗主权,下令解散越南民主共和国的军队,并帮助法军入侵印支南部。法军在西贡(今胡志明市)站稳脚跟后,英军即撤出越南。

鉴于当时敌强我弱的形势,越共做出让步。越共1946年与法国订立协定,根据协定:法国承认越南是个自由的国家,有自己的政府、军队、国会、财政,同意停止敌对行动,越南则加入印支联盟,并与法国结盟,承认法国在越南的经济、文化利益,同意法军可以到越北部接替蒋介石军队,但法军必须在5年后撤军。

法国并不想真正执行协定,法军进入印支站稳脚跟后,在当年底即破坏协定。1946年12月18日,法军占领河内越南政府所在地,要求越南政府解散其自卫队,越南拒绝。12月19日,法军在河内对越军发动总攻击,于是越南抗法战争全面爆发。抗法战争从1946年持续到1954年,几乎长达八个年头。在中国的大力支援下,1954年3—5月的奠边府战役中越军打败了法军,连驻守奠边府的法军司令都成了俘虏。法国不得不同越南订立停战协定。

1954年4月,在日内瓦召开国际会议讨论解决印度支那问题。中国第一次被邀请参加这样的重大国际会议,代表团由周恩来率领。出席会议的还有:苏联的莫洛托夫、美国的杜勒斯、英国的艾登、法国的皮杜尔等。经过激烈的争论和讨价还价,最后在5月达成协议。协议的主要内容有:与会各国要真正遵守印支三国的独立、主权、统一、领土完整,不干涉其内政。禁止外国军队和军事物质进入印支三国,不得在其国土上建任何外国军事基地,印支三国不得加入任何军事同盟。关于越南,以北纬17度线为界,划定临时军事分界线,分界线南北各5公里为非军事区,这是一个过渡性分界线,而不是政治和领土分界线。停战后,双方应协商,于1956年7月在国际监督下举行自由选举,实现越南的统一。

1954年7月,法国军队从印支三国撤退。但是,美国立即取代法国的地位,加紧对该地区的渗透。美国卷入印度支那主要出于以下原因:一是从美国战略利益出发,印支三国是重要的战略要地,面向太平洋,是东亚—中东间海上交通要冲,印支三国是中国的邻国,同中国有漫长的边界线,美国控制印支三国便可北向遏制共产主义,南则可维护其已占有的地盘。另外,美国当时的执政者都相信一种"多米诺骨牌"理论,认为一旦印支落入共产党之手,下一步缅甸、泰国、马来亚、印尼都将相继陷落,澳大利亚和新西兰也将受到威胁。在当时的美国眼中,中国是一个最危险的敌人,因为中国的反美调子最高,必须抓住印支,构成对中国南翼的威胁,抓住印支便能同南朝鲜、台湾一道构成对中国的新月形的包围圈。

越南停战后,美国在南越扶植吴庭艳担任总理,排挤法国传统势力,建立亲美独裁政权。吴庭艳本人原曾任阮氏王朝的内务大臣,同法国人有矛盾,与越共有杀父之仇。1950年,吴到美国,受到美国人的重视。吴庭艳上台后,美国不断增派军事顾问和军事人员进入南越,并运进大批军事装备,修建了数十处的军事基地和战略公路,将南越变成美国的新型殖民地和战略基地。

按照日内瓦会议达成的协议,越南应在1956年举行一次大选,出于可能在大选中落败的担心,美国和南越的吴庭艳政府都不赞成选举,他们不愿越南统一,想使北纬17度线成为永久分裂越南为两个国家的分界线。为了维持自己对南越的统治,在美国支持下,吴庭艳集团发动了"控共"、"灭共"战役,向南越的爱国者举起了屠刀,吴庭艳用白色恐怖来对付越南共产党人。1958 年 12 月 1 日,吴庭艳集团在西贡附近的富利集中营制造了毒死 1000 多名政治犯的大惨案。1959 年 5 月,又颁布了"第十号总统法令",设立特别军事法庭,有权随时处决爱国人士。在停战后的头 5 年内,南越有 20 万人被投入监狱和集中营,100 多万人被拷打致残,1 万多人惨遭杀害。

面对吴庭艳政府的白色恐怖,越南劳动党中央在 1959 年 5 月召开第 15 次会议,研究南方的形势,决定由政治斗争转向武装斗争,派人到南方活动,组织武装起义。从此,南越人民武装斗争蓬勃发展。1960 年 12 月 20 日,越南南方各阶级、各民主党派、宗教教派和各民族的代表召开代表大会,通过了驱逐美帝国主义、推翻吴庭艳独裁政权,建立独立、民主、和平、中立的越南南方,进而和平统一国家的纲领。会议宣告"越南南方民族解放阵线"成立,1961 年 2 月 15 日,南越各地人民武装合并组成越南南方人民解放武装力量,越南南方人民的解放斗争进入有统一领导的武装斗争的新阶段。

1961 年正当美国年轻的肯尼迪总统上台,当时摆在美国面前的有三种选择:进行核大战、有限战争和特种战争。肯尼迪认为,美国不应将战争发展为同中、苏对抗的核大战,对付越南的"游击战",使用的应是"特种战争"。所谓的"特种战争"就是由美国出钱出枪,在美国顾问指挥下进行的反游击战。这种做法实质上是用越南人打越南人。这样做,美国既可以减少国际舆论的谴责,同时也因可以不用派出大批美国军队而减轻军费负担。

但"特种战争"未能奏效。美国不断地将战争升级。1962 年 2 月,美在西贡设立"军援司令部",组织特种部队,到 1964 年 7 月,特种部队人数达到 2.9 万人。1964 年年初,"特种战争"战略宣告破产。约翰逊政府上台后,采取战争升级步骤,1964 年 8 月初,美国制造了"北部湾事件",以"北越鱼雷舰袭击美舰"为借口,对越南北方进行轰炸。8 月 10 日,美国国会通过《东京湾决议案》,授权总统扩大侵越战争,1965 年 3 月,美国地面部队在岘港登陆,直接参战。7 月,成立"美国驻越南陆军司令部",从此,开始了以美军为主,以"南打北炸"为特点的"局部战争"。到 1969 年 4 月,驻越美军人数达 54.55 万人,南越军队扩大到近 100 万,此外还有一些其他国家的军队。

"局部战争"前后持续了 5 年(1964—1969),美国凭借其空中优势,对越南北方狂轰滥炸,扬言要将越南"炸回到旧时代去"。越共领导人胡志明发出"决战决胜"的号召,越南北方的军民开展防空的全民运动,将工厂、机关、学校等设施转移到山洞、地下,中国和苏联也派出自己的防空部队支援,美国损失了大批的飞机与飞行员。南方军民以"不输就是赢的精神"同强大的敌人展开殊死的搏斗,连续粉碎敌人的几次旱季攻势,终于赢来胜利的曙光,1968 年年初,越南军民开始发动"新春攻势",向西贡、顺化、岘港等 64 个大中城市、省会及军事基地展开猛烈进攻,美军和越伪军伤亡惨重。1968 年 3 月,约翰逊政府被迫宣布部分停止对北越的轰炸,5 月越、美开始巴黎谈判,11 月美国宣布完全停止对越南北方的轰炸,至此,"局部战争"完全失败。

战场上的失利激化了美国在国内外所面临的矛盾。到 60 年代末 70 年代初,美国已因越战陷入内外交困的境地。在国内,由于长期的战争,工人、学生、士兵反战运动一浪高过一浪,成千上万的人上街游行。美国因卷入战争,经济负担沉重。在国际上,全世界人民普遍同情声援越南人民。即使在英、法等西方国家里,统治者也不愿公开支持美国人,英国怕战争扩大,导致中、苏大规模卷入,最终影响自己在东南亚的利益,也对美国排挤自己不满。戴高乐提出中立主张,呼吁用谈判解决冲突,几次谈判都安排在巴黎举行。

一些美国政治家深感到必须变更政策。1969 年是美国的大选年,共和党候选人尼克松提出了"结束越战,从越南撤军"的竞选纲领,赢得了选举。1969 年 7 月,尼克松在关岛提出"新亚洲政策",即尼克松主义——将越战非美化主张,在越南采取"越南化"的策略,宣布从南越逐步撤出美国部队,重新采用"以越南人打越南人"的手段。美国军事力量从南越撤出,印支三国形势和敌我力量对比发生了急剧变化。1975 年初,印支三国人民的抗美战争进入决定性的阶段。3 月初,越南人民发起总进攻,连续开展了西原、顺化—岘港和西贡三大战役,打垮了阮文绍集团,4 月 30 日解放了西贡,5 月 1 日,越南南方全境解放。与此同时,柬埔寨人民武装也发动凌厉攻势,于 4 月 27 日解放金边,5

月19日柬埔寨全国解放,1976年1月,民主柬埔寨成立。老挝从1975年12月初在万象举行全国人民代表大会,宣布废除君主制,建立老挝人民民主共和国。至此,印支三国抗美救国战争取得了最后胜利。

中国政府和人民始终一贯地尽自己的一切力量支援印支三国的抗美战争,以"同志加兄弟"的感情处理中、越关系,将越南人民的胜利看做是自己的胜利。越南抗美战争,加上更早些的朝鲜抗美战争同中国革命一样,是东亚人民争取民族解放、推翻帝国主义和封建专制统治的一场革命。东亚人民付出了巨大的牺牲,终于取得了胜利。他们以自己的胜利获得了进入世界政治舞台的入场券。正是越南战争迫使美国不得不调整政策,开始同中国对话,中、美关系正常化的大门得以开启,中国作为东亚革命力量的代表开始崛起在世界政治舞台上。

第二节 东亚的改革与东亚的经济奇迹

二战结束后的几十年里,东亚地区成为世界经济最具活力的地区。东亚地区的经济发展是东亚政治经济改革的成果。

二战刚结束时,日本面临几乎灭顶之灾。由于朝鲜半岛获得独立,台湾回到中国的怀抱,日本失去了6.8万平方公里的殖民地,冲绳被美军占领,苏联占领了原属日本的北方四岛。战争中,日本死亡达200万人以上,当时日本著名大中城市几乎成了一片废墟。日本国内工业生产停顿,社会混乱,农业生产倒退,粮食减产1/3,粮食不足成为头等问题,1000万人面临饿死的危险。从1945年下半年到1946年上半年是日本最困难时期,当时日本人普遍处于"食无粮、居无室"的困境中,大批退伍军人回国,生活无着,不得不流浪街头。

同战后对德国的分区占领,出现东、西德,东、西柏林不同,战后的日本由美军单独占领。1945年8月30日,30万美军进入日本,控制了都市、交通干线、战略要地。在日本设立盟军驻日军事司令部,麦克阿瑟将军被任命为总司令。他除拥有最高统帅权外,还直接干预日本的政治经济事务。

美国一方面出于自己的国家利益与价值观,一方面鉴于当时国际上及日本国内出现的反对军国主义卷土重来、要求民主的呼声,制定了

让日本非军事化和民主化的基本方针政策,实行了一系列的民主化改革措施。这些措施主要有以下内容:

颁布新宪法。1946 年颁布了新宪法,新宪法 11 章 103 条,坚持主权在民、尊重人权、和平主义三原则。新宪法结束了天皇的神权绝对统治,把他变成一个立宪君主。首相由国会提名,内阁向国会负责,国会是最高的立法机构。国会由普选产生,所有大臣必须是文官,而非现役武官,废除军部独立的统帅权。给予妇女选举权。改变过去的中央集权制,鼓励实行地方自治,全国各地都、道、府、县、市、町、村都组成地方自治体——地方公共团体,选举自己的自治机关,地方议员、行政官员(直至村长)都由当地的选民直接选举产生。

推行农地改革。大战结束时,少数寄生地主拥有大量土地,4 万户地主拥有 47% 的土地,而 40% 的农户只拥有 7% 的耕地面积。1947 年开始推行农地改革,主要内容是:凡地主出租土地超过一町步(15 亩)的部分由政府强制征购,并通过市、町、村"农地委员会"(由地主 2 人,自耕农、工人、佃农 5 人组成),出售给无地农民,余下的出租地的地租率,水田不超过 25%,旱田不超过 15%。改革到 1949 年基本结束。其中,征购土地 193 万町步,占改革前全部出租地的 8%,买到土地的农户有 474 万户,占农户总数的 80%。结果农村中 90% 的耕地变成自耕地,近 90% 的农户成为自耕农或半自耕农,租佃关系基本瓦解,寄生地主制被废除,代之而起的是自耕农土地所有制,从而解放了农村生产力,为日本经济的恢复和发展打下了基础。

经济改革的另一项措施是解散旧财阀。日本原有财阀有十几家,这些财阀在日本经济中起主导作用。据统计,1942 年时,三菱、三井、安田和住友四大财阀的资本占有全国公司资本总额的 1/4,控制了金融资本的一半,重工业的 1/3。财阀与政府和皇室有密切联系,皇室拥有"日本银行"股票的 1/4,是许多规模最大的财阀企业的股东。美国占领当局实行"解散财阀"的目的,是对日本垄断资本进行一次改组,"重新安排"日本经济。

在政治、经济变革的同时,占领军当局还在日本推行文化思想上的改革。这主要反映在变革日本的教育体制、肃清军国主义与法西斯主义的影响方面。日本自明治维新以来,教育是最具特色的部门,一方面努力吸收西方的科技,另一方面又带有极浓厚的军国主义色彩和法西斯内容。战后,占领军当局推行教育民主化,主要有,废除教育敕语"一切服从天皇、父母、上级、兄长、丈夫",建立教育改革委员会,提出"尊重人权、教育机会均等"。

总之,修改宪法、农地改革、解散财阀、教育民主化等各项民主改革是在特定历史条件下进行的一次自上而下的资产阶级民主改革。它铲除了明治维新以后残存于日本政治、经济等各个领域的封建因素,解决了明治维新改革后遗留的问题。民主改革使日本从军事封建的帝国主义国家向资产阶级民主主义国家转变,搬掉了阻碍日本资本主义发展的绊脚石,为战后日本经济的恢复和发展奠定了基础。

除了民主化改革的因素外,战后日本经济迅速恢复的因素有很多,如朝鲜战争、越南战争给日本经济恢复发展带来的机遇,美国向日本提供的大量经济援助,日本在美国保护下军费开支低而可以将大部分资金投入经济发展,以及日本的高国民素质和很强的民族凝聚力。其中,尤其值得一提的是政府在经济发展中起了关键性作用。

战后,日本政府制定了适合国情的经济发展战略措施。实行高积累、高投资、高速度的发展政策;大力引进、有效地采用先进技术,实现技术设备的现代化;学习外国先进的经营管理办法,创造独特的企业经营管理体制,提高经济效益;大力进行智力投资,培训雄厚的科技、管理人员队伍;充分发挥国家政权的作用,推动经济文化的建设,把发展经济作为中心任务和基本国策。

经过举国上下不懈的努力,在战后不长的时间里,日本经济跃进到资本主义国家的前列。50—60年代,它成为资本主义世界经济发展最快的国家。1965年,日本的国民生产总值已达830亿美元,在资本主义世界中仅次于美国、西德、英国、法国,名列第五,仅仅又经过3年,1968年就超过西德,成为仅次于美国的第二个"经济大国"。

日本经济的发展带动了东亚其他一些地区的发展。东亚地区经济最大的特征是,从低阶段向高阶段发展的各国的工业化,是通过具有明确次序的国际间联系进行的,这一现象被称为"结构转换链"。在欧洲,像德国、法国、英国、意大利等国发展程度几乎没有多大的差距,这些国家相互间进行着各种各样的工业分工和相互间工业制品的进出口,即水平贸易十分活跃。而在拉丁美洲,由于各国与位于北方的超级大国美国之间的双边贸易极为重要。所以为促进区域贸易和投资的活动不如欧洲那么活跃。相比之下,在东亚地区,沿着日本、四小龙、东盟、中国、越南这一次序排列的结构转换链则引人注目,这些国家和地区在结构转换链中有时相互赶超,有时出现新加入者,同时,后进国家以与先行发展国家间的贸易和投资为杠杆,促进本国的工业化。日本赤松要教授把这种模式称为"雁行模式"。这是说,各国在经济发展进程中就像雁群里后一只大雁总是紧随着前一只大雁,而所有的大雁都跟随着头雁飞行一样。①

越南					纤维
中国				纤维	钢铁
东盟			纤维	钢铁	普及型电视
四小龙		纤维	钢铁	普及型电视	录像机
日本	纤维	钢铁	普及型电视	录像机	高清晰度电视

紧随日本之后,东亚其他一些国家和地区也出现经济快速发展的势头。1978年,世界经济合作和开发组织(OECD)确认了10个"新兴工业化国家(地区)"(NICs),后来改称"新兴工业化经济体"(NIEs),其中,台湾、香港、韩国、新加坡并称为"四小龙"。从70年代开始,新加坡以外的其他"东盟"国家也开始走上了经济与社会发展的快车道。1960—1990年间,"四小龙"经济平均增长率高达8%以上,从战后初期的贫困边缘状态一跃而进入富裕社会(人均所得高于6000美元)的行列。

进入90年代后,东亚经济开始遭遇到困难,1991—1995年日本国内生产总值增长率骤然下降到只有0.56%,从此陷入长期的经济停滞。1997年下半年,一场由国际投机资本恶性炒作引发的金融危机从泰国发端,很快波及菲律宾、印度尼西亚等东南亚国家,并蔓延到中国香港、台湾地区和东北亚的韩国,造成汇率和股市狂跌,物价大涨,一时间人心惶惶,社会不稳,甚至政局动荡,危机似乎从天而降,东亚"经济

---

① 〔日〕大野健一、樱井宏二郎著,史念译:《东亚发展学》,民族出版社,1999年版,第18页。

奇迹"似乎在一个晚上被消解殆尽。国际上开始充斥对东亚经济悲观的观点。但东亚经济没有崩溃,东亚各国在付出代价后终于度过了危机。进入21世纪后,日本经济在世界上仍名列第二,东亚各国的经济仍在继续发展。东亚经济整体发展势头不仅没有减弱,反而在继续加强,这是由于中国从70年代末开始实施改革开放政策,到21世纪初,中国经济已在世界经济中占有重要地位。

新中国的建立,结束了长期分裂战乱的局面,对社会经济进行革命化的改造。经过短期的经济恢复,从1953年起,中国开始全面的社会主义工业化、现代化建设。在一穷二白的起点上,经过几个五年计划的实施,中国建立起一大批大中型工业企业,初步建立起比较完整的国民经济体系,农业产量不断提高。1953—1980年经济增长速度(年均6%—8%)远远超过同时期绝大多数发展中国家的增长速度,也超过欧美国家工业化阶段2.5%—3.5%的增长速度,取得了令世人瞩目的成就。但建国后的发展模式也存在一些问题,由于帝国主义的封锁,新中国不得不走自力更生的发展道路,而这一时期世界经济由于第三次科技革命正发生重大发展,中国因而没能充分有效地分享世界发展的成果。另外,革命化虽然具有动员社会资源的优势,但革命化也影响了劳动者的生产积极性,束缚了社会生产力的发展,尤其是在农村,粮食产量虽然在增加,但农民生活仍处于贫困之中。1978年,中国在邓小平的领导下,开始了伟大的改革事业。改革首先从农村开始,实行以家庭为单位的"农业生产责任制",农民们从原来的人民公社体制下解放出来,生产积极性得以极大的发挥,农村的面貌开始改观。紧接着,中国政府实行对外开放政策,积极引进外资和技术,利用充沛的劳动力资源,大力发展出口生产,大批农民离开农田进入城市和乡镇企业。中国的经济面貌发生巨大的变化,至2008年,中国改革开放走过了30年的历程,这30年的发展速度大大超过了改革开放前的30年。

东亚在世界经济中的崛起在今天已经是不争的事实。东亚地区已经告别二战刚结束时的饥饿与贫困,实现了温饱,一些国家与地区甚至达到富裕的水平。据世界银行的统计,从1965年到1990年,东亚23个不同制度的国家和地区的经济增长速度比世界上所有其他地区都快。世界银行和国际货币基金组织预计东亚各国国内生产总值在未来几十年里将有5%—6%的年平均增长率,甚至更高。

东亚经济的崛起引发人们对东亚成功原因的思考与讨论。讨论围绕在如何评价国家与社会在发展中的地位与作用上。

东亚发展中一个突出的特点是国家在经济发展中发挥了突出的作用。无论是实行计划型经济的发展中国家,还是实行自由市场经济的发展中国家,都急于想早日实现工业化。工业化经济是一种现代经济,不可能依靠旧有的传统经济模式实现工业化的目标。实行计划经济的国家自然依靠国家政府来制订计划并动员各种资源来实现现代化,就是实行自由市场经济的国家也需要国家与政府来引进与培育市场机制,因为发展中国家的社会内部尚不存在足以产生市场经济的力量。为使这样的社会市场化,就必须有"谁"首先将"市场"这个外来物强行引入这个社会。这里的"谁",非发展中国家政府莫属。这里的"市场经济"是指,以民间企业为生产主体,在全社会规模的基础上,促进资源利用、生产分工、运输、贸易技术革新等的社会结构。而且市场经济的发展要求采取法律与秩序的维持、产业政策、贫困的消除、财政金融、外资的引进、环境保护等相应的措施。这样的系统无论如何也需要以国家为单位来进行构筑,并且最初的引入者只能是国家。地方政府、民族国家、企业团体、社区都不具备所需要的能力。其次,经济发展需要国家的统一、民族的和谐,东亚许多国家从殖民地半殖民地时代走过来,由于民族、宗教、语言等因素,存在严重的分离主义倾向。在这种情况下,作为发展的前提,有必要下工夫把"国民"和"国家"等维系着人们共同命运的概念根植在人们心中,这个任务同样非政府莫属。因此,人们普遍认为一个强政府或强国家是发展中国家取得经济发展的最关键因素。东亚地区经济发展较早或较快的国家或地区无一例外地都有一个高效的强政府。

强调"国家"和"政府"在发展中的作用并不是说,只要有了一个强政府,经济就能进入快速发展,经济毕竟是人的集体活动,社会上每个生产者的积极性,生产者之间的合作,生产出来财富的分配与再分配,发展的共识、共同价值观的建立等等不是国家与政府能完全掌控的。这些更多地需要社会的力量与文化建设的作用。因此,东亚社会组织与传统文化在东亚的发展中也起了极为重要的作用。在东亚,儒家的

"行仁政"思想转换为一种国家导向的发展主义;儒家的家族本位思想与家族伦理秩序转换为推动家族资本主义发展的契机;儒家"尚贤"、重教以及机会均等的教育思想转化成为对人力资源的大力开发;高速发展现代教育,使东亚各国能够在同西方的竞争中扬人力资源丰沛之长,避自然资源贫乏之短;从儒家的"和天下"和不事武功思想,也可以发展出反对侵略扩张恃强凌弱、实行国家无论大小和睦相处平等合作共同发展的原则。在东亚现代发展中发挥了积极作用的集体主义、团队主义,不同于西方已经带来了种种严重社会问题的自由个人主义。东亚传统的"平均"思想在走出绝对平均主义的误区后,也可以并且已经为实现"公平的增长"做出贡献。兼顾经济增长与社会公平,是当代东亚发展的成功经验和又一突出特点。

在东亚经济崛起中,外部因素也在起重要作用。50年代,苏联对中国的援助帮助中国在较短时间内建立起一大批重要项目;改革开放后,中国经济与美国经济形成强大的互补性。而包括日本在内的其他东亚国家与地区自二战以来更是长期受益于与美国经济的密切联系。有人认为美国对东亚的成功起了至关重要的作用,主要表现如下方面:美国在亚太安全与稳定中所起的作用;对东亚开放的美国市场;美国的跨国公司向东亚国家输送技术、培训人员等等。

第三节　东亚的合作与东亚的未来

东亚国家之间的合作与安定和平对东亚的过去、现在乃至未来都影响巨大。20世纪上半叶,东亚地区内忧外患,极大地阻碍了东亚的经济发展。二战结束后,尽管发生过局部战争,但还是度过了半个世纪难得的和平时期。东亚地区的未来发展很大程度上取决于东亚地区能否维护安定和平的局面,东亚各国政府必须妥善处理好如下三个方面的问题:一是东亚地区与外部世界,尤其是与美国的关系;二是如何在东亚国家之间建立更加紧密的联系,正确对待与处理历史问题,建立真正意义上的合作机制;三是正确处理各自国家和区域发展中出现的社会矛盾和问题,维护社会的和谐。令人欣慰的是,进入21世纪后,由于相关方面的共同努力,这些方面都在向好的方向发展。中美关系、中日关系尽管不时出现困难局面,但没有继续恶化,而是出现了缓和的势头。1997年12月,东盟—中、日、韩领导人举行非正式会议,从那以后,东亚领导人会议每年都正常举行,显示出东亚国家间合作的良好势头和潜力。而东亚各国政府在集中精力发展经济的同时,更加注意建立社会和谐。2008年,随着两国领导人的互访,中、日两国关系出现"融冰"、"暖春"现象。同年12月,面对世界金融危机,中、日、韩三国领导人齐集日本福冈,三国领导人第一次单独召开峰会,寻求团结,共同应对危机。

东亚文明具有悠久的绵延不断的历史,形成自己的传统,这些传统即使在殖民地半殖民地时代也没有丧失,今天的东亚各国人民比以往任何时候更加自信,更加尊重自己的历史与文化,更加相信依靠自己的力量能够解决发展中遇到的各种问题。同时,今天的东亚人民也更加开放,东亚在过去的几百年里从外部世界接受了众多有益的东西,在一个各国人民相互联系日益增多的世界上,东亚不会回到与世隔绝的状态。正如李光耀所说:"亚洲国家并不轻易放弃赖以生存的传统文化与价值观,将来也不会放弃。但如果这些价值观成为了进步的绊脚石,它们就会被抛弃或被改造。在不同程度上,亚洲人静悄悄地采取了不少西方有用的价值观、社会措施以及管理方法。因此,现在他们的价值体系中有东西混合的成分。"21世纪的东亚地区将为人类的进步做出更大的贡献。

进一步阅读书目

东亚三国共同编写委员会:《东亚三国的近现代史》,社会科学文献出版社,2005年版。

董正华:《东亚文明的演变》,马克垚主编:《世界文明史》下册,北京大学出版社,2003年版。

〔日〕大野健一、樱井宏二郎著,史念译:《东亚发展经济学》,民族出版社,1999年版。

〔新〕许通美著,李小刚译:《美国与东亚:冲突与合作》,中央编译出版社,1999年版。

第十五章
21世纪初的中国与世界

20世纪已经过去,人类进入到21世纪。在过去的一百年里,我们中国人经历了从屈辱到崛起的过程。新的世纪将具有何种特点,崛起中的中国将面临何种的挑战,我们又应保持什么样的心态,是本章要讲述的主要内容。

第一节 21世纪:历史的终结还是美国时代的终结?

苏联的突然崩溃标志一个时代的终结,世人突然发现他们面对的只有一个超级霸权的国家——美国。美国战略学家布热津斯基自豪地宣称:

> 美国在全球力量具有决定性作用的方面居于首屈一指的地位。在军事方面,它有无可匹敌的在全球发挥作用的能力;在经济方面,它仍然是全球经济增长的主要火车头,即使它在有些方面已受到日本和德国的挑战(日本和德国都不具有全球性力量的属性);在技术方面,美国在开创性的尖端领域保持着全面领先地位;在文化方面,美国文化虽然有些粗俗,却有无比的吸引力,特别是对世界各地的青年而言。所有这些使美国具有一种任何其他国家都望尘莫及的政治影响。这四个方面加在一起,使美国成为一个唯一的、全面的全球性超级大国。①

---

① 〔美〕兹比格纽·布热津斯基著,中国国际问题研究所译:《大棋局:美国的首要地位及其地缘战略》,上海人民出版社,2007年版,第21页。

美国的自豪感并不仅仅由于自己的对手——苏联的解体,而且在于90年代以来美国经济的强劲发展势头。从80年代到20世纪末,经济全球化不断向广度和深度发展,主要资本主义国家的生产关系适应新形势的要求,开始向国际垄断资本主义过渡。国际垄断资本主义与国家垄断资本主义的区别在于:不断增加的跨国公司成为资本输出的重要载体,它们十分重视在世界范围内寻找最为有利的资源配置方式,追求利润最大化;金融资本占有非常重要的地位,国际金融交易成了国际市场中最发达、最活跃的部分,就规模而论,虚拟经济大大超过实体经济,虚拟经济的日流量大大超过同时的世界贸易额。1999年,全球前1000家最大的公司中,美国占494家,前20强中,美国就占了17家。2000年,美国吸收了国际流动资金的64%。

总体说来,有利于20世纪美国经济持续发展的因素主要有:

(1) 适时有力的政策调整。面对30年代世界性经济危机,美国罗斯福总统实行新政,采用凯恩斯理论,加大国家对经济干预的力度,运用财政手段和金融货币汇率手段调控经济,加大公共事业投资发展,渡过了难关。面对70年代的经济危机,1980年上台的里根政府开始奉行"货币供应学派"的经济理论,实行银行紧缩财政,从1982年开始通胀终于被控制住,结束滞胀状态。但经济增长率不高,财政赤字连年扩大,贫富悬殊扩大,劳动人民利益受损。到90年代,美国国家干预调节经济的政策有所变化,不再片面追寻哪一派的经济理论,而是实行一种务实的"中间路线"。既放宽政府干预政策,更多地让位于市场机制,同时政府也发挥积极的作用,加强对科技、教育、环保、社会保障等部门的投入。不同时期美国政府的经济政策调整总体说来还是有效的,一些学者甚至认为:连续不断的变革与发展是资本主义的生命力和资本主义本质特征的表现。

(2) 得益于科技革命。20世纪40年代以后,世界出现意义深远的第三次科技革命。这次科技革命的前提是四项重大科学发现:爱因斯坦的相对论,量子力学,分子生物学,系统科学。在以上四项重大科学发现的基础上,战后各个科学领域,特别是原子能、电子计算机、宇航工程、生物工程等方面都有惊人的发明和突破,并形成国民经济增长的新的支柱产业。在80年代末,信息产业产值已在美国经济中占15%,

超过了汽车产业。加上新材料工业、航天航空业、生物工程,这四大产业产值已超过美国总产值的1/3,在国民经济中占了主导地位,标志着美国经济从工业经济进入信息经济的时代,工业社会向信息社会的转变。

美国经济世界第一的位置在今后相当长时间内将继续保持下去。因为美国具有如下三方面的优势:

(1)美国有广大的国内市场,这是世界上收入最高的广大地区,对商品、技术、资本有很大的需求,能为创业和成功提供机会,新技术可以迅速商品化,市场前景仍然广阔。

(2)美国具有促成创新的最有效灵活的机制,包括联邦政府对研究和开发的资助和政策支持、知识产权的保护、竞争政策等等。在绝大多数工业领域,美国的综合竞争力都居世界首位。

(3)长期形成的科技优势。美国在世界上几乎控制了高科技行业如计算机、生物技术和软件业。美国的农业和高科技产业在世界具有举足轻重的地位。这些在将来较长时间内对美国的发展都会持久地起作用。

当然,对一个国家经济发展发生影响的因素很多,远不止以上三点。政治的、经济的、文化的、社会的、历史的、地理的因素都在起作用。其中,政治制度尤为重要,起关键作用。

当今世界各国,无论民族、文化、政治制度、经济发展水平存在多大的差异,都毫无例外地关注美国,关注与美国的关系。一位研究中美关系的资深中国学者的话很有代表性:"在美国大选投票的当天晚上十点左右,在华盛顿的东北角——各国大使馆云集的地方没有一个大使馆不是灯火通明,全部在跟着美国一起'投票'。美国在玩它美国式的政治,美国式的选举,而哪个使馆不是连夜赶写报告给自己的国家?哪个国家不是调用它们的调研班子往国内送信息?"[①]世人可能不知谁是联合国秘书长,然而却很少有人不知美国总统是谁。20世纪被许多人认为是美国的世纪,已经到来的21世纪仍然是美国的世纪吗?

1989年正当冷战走向终结之际,原美国国务院官员、现美国国际

---

① 袁明:《认识美国,是一个世界难题》,《中国与世界观察》,2006年第4期,第170页。

问题专家福山教授发表了《历史的终结》一文。文中宣称,苏联的衰亡和民主的胜利正在使历史走向终结。他认为,世界正在到达一种终结状态,志同道合、温文尔雅的民主国家将一同建构稳定、和平的全球秩序。福山的历史终结理论建立在前面谈到的民主和平论的逻辑基础上,即民主国家可以和平共存的信念。"一个由自由民主国家组成的世界应该具有极少的战争动机,因为所有国家都相互承认彼此的合法性。"福山将世界划分为两个国家组合。一个组合由民主国家构成,这些国家已经实现了历史的终结,彼此之间不再参与战略竞争。在民主国家大家庭内部,对抗和竞争的传统地缘政治已经一去不复还。地缘政治划分的另一个组合是非民主国家。在他们彼此相处和与自由民主国家相处的过程中,这些国家将停留于过去,仍受制于对地位和威望的探求,他们将依旧卑劣、险恶、固守传统实力政治的规则。因此,世界新的分裂带存在于后历史世界(民主世界)和历史世界(非民主世界)的交叉地带。"仍处于历史中的国家与处于历史终结的国家之间,仍然可能发生冲突。"根据福山的观点,美国大战略的头等大事应该是扩大民主,借此消除世界唯一现存的分裂带,完成使历史走向终结的过程。扩展全球市场和用经济自由化推动政治民主化为完成这一任务提供了最佳前景。

在世界各国面对美国霸权下的种种压力时,已经有人预言美国时代的终结,并且担心美国时代终结可能带来的可怕后果。2002年,美国外交政策研究专家查尔斯·库普乾(Charles A. Kupchan)出版了《美国时代的终结》一书。

库普乾所指称的"美国时代的终结"具有两重含义,美国时代的终结不仅仅是美国优势地位的终结和世界向多个权力中心的回归,它还是一个时代的终结,美国在塑造这个时代过程中起到了巨大作用——这个时代就是工业资本主义、共和国民主和民族国家的时代。导致美国时代在第一种意义上终结的,主要是欧洲的崛起和美国自由国际主义的丧失,导致美国时代在第二种意义上终结的,则主要是历史发展本身所具有的进化和特性,以及即将来临的数字时代的全新挑战。

美国的民主文化和民主制度在美国崛起和发展过程中起了关键性的作用,美国也依靠其民主的旗帜在世界政治舞台上占据了道德制高点。然而,随着工业社会向信息数字社会的转型,美国民主文化和民主制度都面临危机。与工业时代相伴随的强烈的公民参与精神在信息时代开始下滑。调查显示,美国公民参与国家政治生活的兴趣、时间和质量都出现了明显的下降趋势。而公民参与的下降,不仅会影响美国的民主政治,而且还会直接影响国家的治理质量。公民参与的减少与治理的衰弱陷入一种恶性循环,由于美国人对公共事务漠不关心,对公共制度丧失了信任,因此怠慢的选民使当选官员对投票人更缺乏责任感。结果,治理质量遭到了削弱,反过来进一步加强了公众的玩世不恭和拒绝参与。

不仅如此,数字技术的出现和传播在影响治理制度的同时,也在影响群体身份。民族主义是工业社会的婢女,工业时代的结束可能因此削弱了民族国家的基础。数字时代的来临是以牺牲工业大熔炉为代价的,美国可能因此正在向更大的种族和社会隔离倒退。数字经济在推进社会团结一致和将移民融入多种族社会等方面都是缺乏有效性的。处于风险中的并不仅仅是种族和社会统合,数字经济可能还扩大了地区分裂。美国各个地区不同文化和经济利益方面的分歧正在随着数字时代的展开而加剧。

库普乾特别强调欧洲崛起对美国时代终结的决定性作用。在他看来,欧洲走向统一并作为一支新的地缘政治力量崛起是二战以来、特别是冷战结束以来国际政治格局的最大一次变化。由于自冷战以来,美国与西欧结成的大西洋联盟是西方体系的基石,由于对苏联的恐惧,尽管美国与西欧国家之间也存在矛盾,但总能维持住步调一致。美国支持欧洲统一进程,欧洲欢迎美国在欧洲驻军。苏联解体了,共同的威胁不存在了,统一的欧洲已经成为现实,统一的欧洲必定滋生出地缘政治野心,将不可避免地带来西方世界的一分为二,必定成为世界权力中心的一极,世界将不可避免地回归多个中心之间的对抗。因此,欧洲的统一和崛起将加速美国时代的结束。似乎为了证明库普乾所言不虚,在其书出版后一年,2003年,美国出兵伊拉克,一些重要的欧洲国家没有跟上,发出了"不"的声音,结果美国是在没有得到联合国授权的前提下出兵伊拉克的。2008年由美国次贷危机引发的世界金融危机再一次对美国的霸权地位提出了挑战。

可能人们对库普乾所说的由于信息时代对美国民主制度的冲击和欧洲崛起对美国霸权的挑战不会完全同意，认为言过其实；也不会认为美国和整个资本主义世界会因一次世界经济危机而崩溃。但有一点是绝大多数人看到并承认的，在20世纪很长时间里，世界并不是由美国一国主宰的，美国主宰世界只是一个非常短暂的现象，单极世界正在消失。因为不仅欧洲在崛起，亚洲也在崛起。亚洲的崛起应该看做美国时代终结的更为重要的原因。20世纪人类先后经历了两次世界大战，给人类文明带来巨大的破坏与损失。维护世界和平防止世界性战争是人类的共同任务。中国明确宣布自己和平发展、和平崛起和永不称霸的方针。我们也相信未来的世界是多极的，多极的世界秩序有利于世界和平。

第二节 经济全球化和一个更加相互依存的世界

在1900—2000年的一百年里，世界发生了重大的变化，变化的一个重要的方面表现在世界各国的相互依存性由于受到以下因素的推动而加强：

首先，经济全球化的趋势势不可挡。经济全球化的基本内容是指世界各国和各地区经济联系日益密切，商品、服务、资本劳动力、技术等流通量增大，流通速度加快，造成市场一体化和生产一体化的趋势。经济一体化是一个历史过程，19世纪资本主义的工业化以及殖民主义扩张本身就具有经济全球化的特征。20世纪末期，全球经济连成一体的趋势比过去任何时候都突出，主要表现为贸易自由化、生产国际化和金融全球化。体现为全球大市场的形成，全球性跨国公司的发展，生产要素全球化等方面。

"冷战"结束以后，长期存在的双边、多边贸易和各种地区性贸易日益扩大，特别是苏联东欧等国家转入市场经济体制，全面意义上的全球大市场形成了。闭关自守发展经济的国家几乎不存在。国际贸易迅速增长。1978年世界贸易占世界GDP的比重还只有9.3%，而到1998年世界贸易总额为6.5万亿美元，占世界GDP的24.3%。

二战后，跨国公司的逐渐崛起是西方资本主义经济中重大的新发展,也是国际垄断资本主义兴起的实质内容之一。跨国公司成了经济全球化的重要载体,组织国际化生产。美国生产的波音747客机,其零部件来自国外1500家大公司和1.5万家中型企业。日本马自达汽车公司的玛雅塔敞篷车,车型设计在美国加利福尼亚,样车在英国制造,主要零部件在日本采购,组装在墨西哥,主要在美国销售。甚至著名玩具芭比娃娃,其原料来自中东,假发产自日本,包装材料是美国的,组装是在中国广东和马来西亚等地。

1998年年底,全球跨国公司有6万家,在全球建有分支机构50多万家,经济实力巨大,不仅在世界总产值、国际贸易、国际技术贸易、对外直接投资等方面具有左右世界经济的力量,而且对世界各国的生产、就业、投资、贸易和收入分配等都具有直接或间接的重要影响。1997年,仅排名前100名的世界大跨国公司之间的贸易额就占世界贸易总额的1/3,跨国公司母公司和子公司之间的贸易额又占1/3,其余的1/3也多与跨国公司有关。由此跨国公司又被称为是"超级经济帝国"。也被称为"新的世界大国",甚至对民族国家的国家主权、国家职能和政策有重要影响。"失去国籍的跨国康采恩似乎成为本身日益独立的、推动全球经济的主体,雇员和国家则变成客体。"

经济全球化的重要特征之一是生产要素全球化。其中最突出和最复杂的是金融全球化。经济全球化必然导致金融全球化。全球对外直接投资在1950—1997年增长了近20倍,成为影响各国经济的重要因素;1997年,外国直接投资占国内投资的比重,在发达国家平均为8.6%,在发展中国家平均为12.5%。全球排名前100家的大银行几乎垄断了商业性金融服务。1970年的直接投资额仅400亿美元,80年代末有1700亿美元,而在1995年有3150亿美元,1999年更高达8000亿美元。

经济全球化提高了人类的生产力,改变了人们的生活。20世纪是生产力大发展的世纪,在1900年时,世界的绝大部分地区,人们的生产方式和生活方式同1000年的人们没有根本上的区别,绝大多数的人仍在使用1000年前使用的工具,仍继承日出而作、日落而息的生活方式,仍秉承着传统的价值观,一句话,仍过着传统的农耕生活,新的生产方式和生活方式——现代资本主义——只是在欧美的一些地区得到发展。而到 20 世纪结束时,情况已经倒转过来,城市化和工业化的步伐已经降临在像中国和印度这样历史悠久、人口众多的农业大国,在这些国家中,农业也已退居次要的地位。科学技术的发展在生产力的提高中起了主导作用。新科学技术革命的兴起和发展带来的全球性的重大影响是历史上的任何时期都不能比拟的。它不仅极大地增强了社会生产力,而且影响全球的科学技术、世界贸易、投资、金融、货币等经济体系的加深和一体化趋势的加强。西方学者将之归纳为四个"I"的加强,即:投资(Investment)现今已不再受地理因素限制,产业(Industry)现在也比十年前更加国际化了,信息技术(Information Technology)日益使投资和产业变得容易流通,个人消费(Individual Consumers)也同样变得更加全球化了。在当今世界,任何一国经济的发展离不开世界经济的发展和变化。世界性贸易、投资、金融、货币等经济联系的加深和集团化、一体化趋势的发展使得全球经济更加相互依存,各个地区和国家协同发展则互利互补,对抗拆台则损人害己。

其次,自然环境和生态保护问题、人口控制和人口移动、知识产权保护、杜绝毒品、控制疾病等问题早已经跨越了国界,成为全球关注的大事。尤其是生态保护问题,当代世界生态环境的恶化是全球性的,大气质量的恶化和二氧化碳浓度的增加、水资源的污染和匮乏、森林和草原植被受严重破坏、土壤沙化和耕地面积减少、野生动植物和稀有资源的减少、固体废弃物和噪声污染、放射性污染对于全球的环境恶化造成了深远的影响。保护环境是全人类的共同责任,加强环境合作,在环境和发展领域建立新的全球伙伴关系成为各国义不容辞的义务。至于当代世界的移民浪潮和难民问题同样对全球经济和社会生活带来多方面的影响,需要各国协调对策。

最后,维护世界和平,防止新的世界大战爆发成为全球关注的大事。1900 年时,欧洲是世界的政治、经济、文化的中心,英国在整个 19 世纪起了世界霸主的作用。经历两次世界大战后,欧洲衰落了,大英帝国解体了,美、苏两大国全面崛起,并形成冷战对峙的局面,世界处于两个超级大国的支配下。随着苏联的解体,东欧剧变,世界进入美国一国独大、一国独霸的时代,因此,许多人将 20 世纪称为"美国的世纪"。美国能否支配 21 世纪,在美国一国独大的状况下能否永久地维护世界和平,这是个有待将来回答的问题。但20世纪的历史告诉我们,大国的争霸与大国的兴衰是历史的常态。欧洲的统一、中国的崛起、俄罗斯的复兴,以及印度、巴西等国经济的发展,都在展示出未来多极世界的轮廓。美国入侵伊拉克以及核扩散问题,说明战争的危险以及单个国家在解决世界甚至局部地区问题的局限性。在当今世界,随着越来越多国家掌握核武器,如果不加强全球的安全合作,地球上的人类将面临毁灭的危险。

第三节　形形色色的冲突与中国面临的挑战

世界各国之间相互依存度增加的同时,应该看到相互之间的冲突也在增加,有许多是由于相互依存增加而带来的,呈现出形形色色多样化的特点。

首先,经济全球一体化的过程既有加强国际经济相互依存性的一面,也有加剧各国相互冲突的一面。

1. 经济全球化或多或少、或迟或早必然导致某种超越国家主权的现象的发生,而同主权国家发生矛盾。在经济全球化过程中,一个国家的经济政策或多或少会受到国际经济组织和跨国公司的影响,同时,国家在就业、卫生和教育等方面的社会责任反而越来越大。因此,国家的作用及自主权不可能自行消亡。国家主权与全球化有矛盾冲突的一面。

2. 经济全球化正在同经济一体化和经济自由化"三驾马车"并行。全球化、一体化、自由化是三个互有联系又彼此差别的理论概念和实际过程。经济全球化虽然意味着倾向于市场力量,而市场力量有时候也确实发挥了积极的作用,但这决不等于各国将真的逐渐减少甚至放弃国家干预,只是这些干预的领域和方式经常变化。

3. 经济全球化加大了分配不公。经济全球化倾向于市场力量,特别是在现阶段,发展中世界的一批国家转向市场经济;中欧、东欧和苏联后继者都在从计划经济向"市场经济转轨";社会主义国家正在实行主要以市场为取向的经济改革;在西方世界,在过去十几年以美、英为代表的自由市场经济和以欧洲大陆一些国家为代表的社会市场经济竞争中,后者似乎处于不大有利的地位,迫使欧洲国家也在不同程度上加重"市场",减轻"国家"的分量;再加上"资本"本性的作用,所有这一切都给在全球范围内更多地发挥市场作用创造了条件。其结果是,一方面使经济财富加速增加,另一方面则导致社会分配更加不公。这种不公表现在国际和国内两个方面。在国际范围内,在1960—1990年的30年里,世界上20%最富的人和20%最穷的人的收入差距从30:1上升到61:1。1995年,人均GDP最高五国卢森堡、瑞士、日本、挪威和丹麦的数字为36524美元;而人均GDP最低五国莫桑比克、埃塞俄比亚、扎伊尔、坦桑尼亚和布隆迪的数字为116美元,两者相差315倍。如果这种差距仅仅局限于最高与最低的少数"尖子",那么,它对国际政治和世界经济还不至于发生多么严重的影响;但是,如果考虑到发展中世界迄今还有七八十个国家尚处于经济全球化的"边缘"甚至"圈外",贫困现象依然相当普遍和严重,那么,其含义确实值得重视。就国内范围而言,近年来的世界大势也是在加剧社会分配不公,例如收入排名前20%的美国家庭平均收入与收入排名后20%的美国家庭平均收入相比,差距已从1966年的7.3倍扩大到1995年的10倍。在欧洲,包括法国和英国,社会分配不公的问题也日益引人注目。尤其值得指出的是,在发展中国家分配不公、贫富分化的现象更加突出。

4. 经济全球化加剧了竞争。这种竞争加剧的原因来自各个方面:即参加竞争的主体的增加和作为竞争对象的客体的扩大。1989年以前,经济全球化的参与者基本上是西方世界的10亿人口,而今正在逐步向囊括全球60多亿人口的方向发展;作为经济全球化的客体,过去主要是国际贸易,而今国外直接生产、大量资金流动、技术、信息、知识、就业岗位、人才等领域,都已成为各国,主要是西方国家争夺、控制、垄断的对象。

5. 在经济全球化过程中,除原有的南北矛盾外,还会出现"快经济体"与"慢经济体"之间、"维护旧经济秩序"与"建立新经济秩序"之间、国家权力向上转移与国家权力向下转移之间、经济的"全球化"与经济"地区化"之间的矛盾与冲突。

6. 金融全球化是一个金融活动和金融风险联系日益紧密的过程,利弊皆有。一方面有利于多元化和更有效率的资本流动,提高资源的全球配置效率,促进国际贸易增长和各国经济发展;也有利于一些国家筹集资金,或者充分利用国内盈余资金,或者弥补国际收支赤字。另一方面,国际金融动荡时常发生,使各国都面临一个不确定的金融世界,这是金融全球化最不利的影响。金融全球化的一个突出特征是每天都有数以万亿计美元的"热钱"游资,通过各种各样的金融衍生工具和交易方式在全球快速流动,其中大多数都是在全球金融市场中寻找短期利益,实为投机。在国际金融的动荡中,巨量和迅速的资本流动常常会迅速传递给所有关联国家。2008年爆发的世界金融危机集中体现了金融全球化可能给世界各国经济带来破坏性影响的一面。

总之,经济全球化不会是一个平稳的过程。

其次,地缘政治的冲突与挑战将继续存在。地缘政治指基于地理因素的国家间关系。在国际关系史上,领土控制是大多数政治冲突的焦点。领土要求一直是驱使民族国家采取侵略行动的主要动力。民族国家仍是世界体系的基本单位,基于领土考虑的竞争仍在世界事务中占主导地位,地理位置仍是民族国家对外政策优先目标的出发点。国家领土面积的大小也仍是衡量其地位和力量的主要标准。在苏联解体还不到一个月时,俄罗斯首任外长科济列夫说:"我们很快就认识到,地缘政治正取代意识形态。"

美国是目前唯一的全球性超级大国,而欧亚大陆力量分配的变化,对美国在全球的首要地位和美国的历史遗产,都具有决定性的意义。美国国际政治学者布热津斯基认为,苏联的解体打破了中东、中亚、西亚的势力平衡,在欧亚大陆形成一个不稳定的椭圆形圈,包括东南欧的一部分、中亚、南亚的一部分、波斯湾地区和中东,该地区被称为"欧亚大陆的巴尔干"。由于美、欧、日的密切联系,位于这椭圆圈周边的中、俄、伊朗由于国内、国际压力,可能结成外交上的同盟,与美、欧、日对抗,中国可能起重要作用。

布热津斯基认为,在欧亚大陆新政治地图上至少可辨明五个关键的地缘战略棋手和五个地缘政治支轴国家。法国、德国、俄罗斯、中国和印度是主要和积极的地缘战略棋手,而英国、日本和印度尼西亚虽然无疑也是十分重要的国家,却不具备当棋手的资格。乌克兰、阿塞拜疆、韩国、土耳其和伊朗起着十分重要的地缘政治支轴国家的作用。美国最大的潜在危险是中国与俄罗斯或许还有伊朗会结成大联盟。虽然出现这种情况的可能性微乎其微,但为了防止出现这种情况,美国必须同时在欧亚大陆的西部、东部和南部边缘巧妙地施展战略手段。

中国在地缘政治上还可能与美国在东亚地区发生冲突,在美国眼中,中国是这么一种国家,采取社会主义的口号与福利政策来解决社会问题,用一些带有法西斯专政色彩与特征的做法来强调国家的作用,用民族主义口号和旗帜来促进国内政治上的团结,用资本主义的一些方式来发展国民经济。① 显然,在一些美国人眼中,他们对中国的崛起以及可能到来的影响是抱着深深的担忧与恐惧心理的。而东亚地区既是充满经济活力的地区,也存在许多不稳定因素,在许多有争议的问题上都存在着出现突发事件的可能,每一个问题都很容易被人煽动和利用,从而可能是爆炸性的。如台海问题、南海问题、东海问题。

最后,20世纪是趋同与多样化同时并存的世纪。21世纪这种趋势仍将继续下去,世界各国的文化价值观既有相互吸收认同的一面,冲突也在所难免。在冷战刚结束、苏联解体不久,美国哈佛大学著名教授塞缪尔·亨廷顿(Samuel Huntington)就于20世纪90年代早期提出了后来一直在许多国家的政界和学术界争论不休的"文明冲突"理论(Clash of Civilization)。

亨廷顿的"文明冲突论"的核心观点有以下几点。其一,未来世界国际冲突的根源将主要是文化的而不是意识形态和经济的,全球政治的主要冲突将在不同文明的国家和集团之间进行,文明的冲突将主宰全球政治,文明间的(在地缘上的)断裂带将成为未来的战线;国际政治的核心部分将是西方文明和非西方文明及非西方文明之间的相互作用。冷战后的国际政治秩序是同文明内部的力量配置和文明冲突的性质分不开的。同一文明类型中是否有核心国家或主导国家非常重要;在不同文明之间,核心国家间的关系将影响冷战后国际政治秩序的形成和未来走向。其二,文明冲突是未来世界和平的最大威胁,建立在文明基础上的世界秩序才是避免世界战争的最可靠的保证。因此,在不

---

① 〔美〕兹比格涅夫·布热津斯基著,潘嘉玢等译:《大失控与大混乱》,中国社会科学出版社,1994年版,第210页。

同文明之间,跨越界限(Crossing Boundaries)非常重要,在不同的文明间,尊重和承认相互的界限同样非常重要。其三,全球政治格局正在以文化和文明为界限重新形成,并呈现出多种复杂趋势:在历史上第一次出现了多极的和多文明的全球政治;不同文明间的力量对比及其领导或核心国家正在发生重大转变,文明间力量的对比会受到重大影响;一般来说,具有不同文化的国家间容易相互疏远和冷淡甚至敌对,而文明之间更可能是竞争性共处(Competitive Coexistence),即冷战和冷和平;种族冲突会普遍存在,在文化和文明将人们分开的同时,文化的相似之处将人们带到了一起,并促进了相互间的信任和合作,这有助于削弱或消除隔阂。其四,文化,西方文化,是独特的而非普遍适用的;文化之间或文明之间的冲突,主要是目前世界七种文明的冲突(基督教、儒家、伊斯兰、印度教、斯拉夫、拉丁美洲、非洲)。而伊斯兰文明和儒家文明可能共同构成对西方文明的威胁或提出挑战,等等。

第四节　我们应有的心态

21世纪的中国比起100年前的中国,甚至是50年前、30年前的中国,其对世界的依存度大大提高了,很难想象,今日中国离开了世界,将如何能继续生存和发展下去。同样今天的世界也离不开中国,中国经济在世界经济中的比例在逐年加大,中国成了"世界的制造工场";在国际政治中,中国积极参与,成为负责任的一员,当今世界的许多问题离开了中国无法圆满解决;中国在经济发展的同时,也在努力建设自己的中华民族文化,这一古老文化在东亚乃至世界正重新复兴焕发其青春。同时,我们也应该清醒地看到,崛起的中国面临的挑战也是严峻的。随着经济全球化进程,我国的经济对世界经济的依存度在增加,对世界市场和世界的资源、技术的依存度更高,在这些领域,我们不仅面临发达国家的制约,与一些发展中国家也存在竞争,矛盾冲突在所难免。不仅如此,经济全球化进程中,我国的贫富分化在加大,出现了许多社会问题,如何维护社会和谐,防止社会动乱,成为大家关注的话题。在国际政治中,我国领导人经常在不同场合公开表明,中国不追求世界霸权,但地缘政治的许多问题光靠我们的善意是无法回避的,如何缓解形形色色的矛盾,追求双赢和共赢的局面,需要有关各方的共同努力。其中,培养全体国民的良好心态对于崛起的中国尤为重要。有了良好心态,我们就能防止极端的情绪,避免决策上的失误。而良好心态的养成需要明了别人在怎样认识我们,我们应怎样认识别人(国)和世界;中国的国际政治理想和抱负(应)是什么,能实现吗?我国的领导人已经就这些问题提出看法和主张。上个世纪90年代,江泽民同志向全党提出了"三个代表"的理论,他说:时代在发展,形势在变化,我们党要不断巩固自己的执政地位,必须紧跟世界进步的潮流,始终代表中国先进生产力的发展要求,中国先进文化的前进方向和最广大人民群众的利益。他还说,我们党之所以赢得人民拥护,是因为我们党在改革建设的各个历史时期,总是代表着中国先进生产力的发展要求,代表着中国先进文化的前进方向,代表着中国最广大人民群众的根本利益,并通过制定正确的路线方针政策,为实现国家和人民的根本利益而不懈奋斗。

学者们也在思考与探索。季羡林先生是研究亚洲文化的著名学者,在上个世纪80年代末90年代初,他对21世纪世界文化发展趋势,做出两点预测:一、东西方文化的发展规律是"三十年河东,三十年河西";二、21世纪东方文化将再领风骚。

如果说季先生表达的是一种文化自信的态度的话,我国著名社会人类学家费孝通先生则主张的是"文化自觉"。费孝通指出:"文化自觉只是指生活在一定的文化中的人对其文化有自知之明,明白它的来历,形成过程、所具有的特色和它发展的趋势,不带文化回归的意思,不是要复旧,同时也不主张全盘西化或全盘他化。自知之明是为了加强对文化转型的自主能力,取得决定适应新环境、新时代文化选择的自主地位。文化自觉是一个艰巨的过程,首先要认识自己的文化,理解所接触到的多种文化,才有条件在这个正在形成中的多元文化的世界里确立自己的位置。经过自主的适应,和其他文化一起,取长补短,共同建立一个有共同认可的基本秩序和一套与各种文化能和平共处、各抒所长、联手发展的共处原则。"费孝通将其文化自觉的主张归结为"全球文化多元一体"思想,为了表述得更加简便,费孝通将他的思想提炼成为16个字,就是"各美其美,美人之美,美美与共,天下大同"。

季先生的文化自信心激励着我们,费先生的文化自觉的主张给我们指引了方向。中青年学者们也在思考,其中,章百家的《改变自己,影响世界》一文值得认真一读。该文对20世纪中国与世界的关系做了历史回顾。文章认为,20世纪国际体系或者说国际政治格局出现过三次重大变化。每当国际体系发生重大变动的时候,也正是中国内部出现深刻变化的时候。第一次世界大战前后,中国发生了辛亥革命和五四运动;第二次世界大战结束后,中国爆发了内战,这场内战以中国共产党的胜利告终;20世纪最后10年,苏联解体冷战结束,又出现在中国改革开放不断深入发展的时候。这种历史的"巧合"意味着,变动的世界与变动的中国之间存在着直接的或间接的互动关系。

文章接着提出,改变自己是中国力量的主要来源,改变自己也是中国影响世界的主要方式。纵观20世纪,中国依靠自身不断的革命性变化改变着国际政治经济力量的对比,中国的国际地位也随之提高。这种影响随时光流逝方显其韧性和力度。1911年的辛亥革命、1919年的"五四运动"、1937年开始的全民族抗战、1949年新中国的成立和发端于1978年的改革开放,是20世纪各历史时期推动中国自身变化的一系列事件。加以对比,我们就会发现:哪个事件给中国带来的变化越大,其对世界的影响也越大;哪个事件的社会内涵越丰富,其对世界的影响也越深刻。

最后,文章主张,把国内的事情办得更好,仍将是我国发挥对外影响的最主要的办法。20世纪,中国正处在从弱国向强国发展、从封闭向开放转变的过程中。但是,到21世纪,中国和世界之间的相互影响一定更直接、更有力。迈向新世纪,中国改变自己的一项重要工作是培养国民健全的大国心态。最重要的是要从屈辱和恐惧的旧梦中彻底摆脱出来,充满自信而又谦虚谨慎,能够做到处变不惊。

只有同时具有文化自信心、文化自觉意识以及文化自省的精神,21世纪的中国人才能更好地面对21世纪的机遇与挑战,从而屹立于世界先进民族之林,为世界的和平与发展做出自己的贡献。

进一步阅读书目

齐世荣、廖学盛主编:《20世纪的历史巨变》,学习出版社,2005年版。

〔美〕兹比格纽·布热津斯基著,中国国际问题研究所译:《大棋局:美国的首要地位及其地缘战略》,上海人民出版社,2007年版。

章百家:《改变自己,影响世界》,《环球时报》,2000年2月18日,第七版。

费孝通:《反思、对话、文化自觉》,《北京大学学报》(哲社版),1997年第3期。

大事年表

1898 年,美西战争。
1899—1902 年,英布战争。
1900 年,义和团起义,八国联军占领北京。
1902 年,《英日同盟条约》签订。
1903 年,美国莱特兄弟试飞"飞行者 1 号"成功。
1904 年,日俄战争爆发。
1905 年,俄国资产阶级民主革命开始。
1905 年,爱因斯坦创立狭义相对论。
1907 年,英俄协约签订,英法俄协约国集团形成。
1910 年,南非联邦成立。
1908 年,伊斯坦布尔青年土耳其党人夺权。
1910 年,日本完全吞并朝鲜。
1910—1917 年,墨西哥革命。
1911 年,辛亥革命爆发。
1912—1913 年,巴尔干战争。
1914—1918 年,第一次世界大战。
1917 年,俄国十月革命胜利。
1917 年,美国参加一战。
1918 年,美国总统威尔逊提出"十四点"和平纲领。
1918 年,德国爆发十一月革命,霍恩索伦王朝被推翻。
1918 年,塞尔维亚—克罗地亚—斯洛文尼亚王国成立,1929 年改名为南斯拉夫。

1919年,巴黎和会召开,签订《凡尔赛条约》。

1919年,共产国际成立。

1919年,中国五四运动。

1919—1922年,土耳其凯末尔资产阶级革命。

1920年,国际联盟正式成立。

1920年,印度国大党通过甘地的非暴力不合作计划。

1921年,中国共产党诞生。

1921—1922年,华盛顿会议召开。

1922年,埃及独立。

1922年,墨索里尼在意大利上台。

1922年,苏联成立。

1923年,土耳其宣布成立共和国。

1925年,《洛迦诺公约》签订。

1926年,德国加入国联。

1927年,协约国结束对德国的军事管制。

1927年,日本召开"东方会议",《田中奏折》出笼。

1927—1933年,斯大林带领苏联进行第一个五年计划,启动集体化进程。

1929—1933年,资本主义世界经济危机,经济大萧条。

1930年,印度第二次非暴力不合作运动开始。

1931年,日本发动九一八事变。

1931年,英国议会通过《威斯敏斯特法案》,宣布建立英联邦。

1933年,德国希特勒上台,开始建立法西斯政权。

1933年,日本、德国相继退出国联。

1933—1939年,罗斯福就任美国总统,实行新政。

1934年,欧洲反法西斯会议在巴黎召开。

1934—1939年,墨西哥卡德纳斯改革。

1935年,共产国际第七次代表大会召开,确立反法西斯统一战线的策略方针。

1935年,意大利军队入侵埃塞俄比亚,意埃战争爆发。

1935年,美国通过中立法。

1936 年,日本广田弘毅组阁,军事法西斯专政建立。

1936 年,苏联新宪法通过。

1936—1939 年,西班牙内战。

1937 年,日本发动全面侵华战争。

1938 年,英、法、德、意签订《慕尼黑协定》。

1939 年,《苏德互不侵犯条约》签字。

1939 年,德国进攻波兰,第二次世界大战爆发。

1941 年,《苏日中立条约》签订。

1941 年,罗斯福、丘吉尔发表《大西洋宪章》。

1941 年,德国进攻苏联,苏、德战争爆发。

1941 年,日军偷袭珍珠港,美国参战。

1942 年,英、美军队在北非登陆。

1942 年,日、美中途岛海战。

1942—1943 年,斯大林格勒战役。

1943 年,共产国际正式宣布解散。

1943 年,意大利投降。

1943 年,苏、美、英三国首脑德黑兰会议。

1943 年,中、美、英发表开罗宣言。

1944 年,美、英军队在诺曼底登陆,开辟欧洲第二战场。

1944 年,布雷顿森林体系建立。

1945 年,苏、美、英三国雅尔塔会议。

1945 年,杜鲁门接替逝世的罗斯福任美国总统。

1945 年,联合国制宪会议召开,通过《联合国宪章》。

1945 年,苏、美、英三国首脑波茨坦会议。

1945 年,德国投降,苏、美、英、法分区占领德国。

1945 年,美国向日本广岛、长崎投掷原子弹。

1945 年,苏联对日宣战。

1945 年,日本投降,美国对日本实施军事占领。

1945 年,国际货币基金组织和世界银行正式成立。

1946 年,第一台计算机在美国问世。

1946 年,丘吉尔在美国富尔敦发表反苏演说。

1947年,印、巴分治,印度和巴基斯坦独立。
1947年,美国"杜鲁门主义"出台,冷战开始。
1947年,马歇尔援欧计划出台。
1948年,印度甘地被刺身亡。
1948年,以色列宣布成立,第一次中东战争爆发。
1948年,南非政府加紧推行种族隔离政策。
1948年,第一次柏林危机。
1948年,欧洲经济合作组织成立。
1948年,大韩民国和朝鲜民主主义人民共和国先后成立。
1949年,经济互助委员会成立。
1949年,北大西洋公约组织成立。
1949年,东德和西德分别建立政权。
1949年,中华人民共和国成立。
1950年,中、印边界争端。
1950—1953年,朝鲜战争。
1950—1960年代,美国黑人民权运动。
1951年,欧洲煤钢共同体建立。
1951年,旧金山会议,美国等国签订对日和约。
1953年,斯大林逝世。
1953年,埃及共和国成立。
1953年,朝鲜停战协定签字。
1953年,赫鲁晓夫任苏共中央第一书记。
1954年,日内瓦会议,签订印度支那停战协定。
1954年,周恩来与尼赫鲁会谈,发表和平共处五项原则的联合声明。
1954年,东南亚集体防务条约组织在马尼拉成立。
1955年,亚非会议在万隆召开。
1955年,华沙条约组织成立。
1955年,巴黎协定生效,西欧联盟成立。
1955年,巴格达条约组织成立,后改名中央条约组织。
1956年,苏共二十大召开,赫鲁晓夫作关于反对个人崇拜的秘密报告。
1956年,波、匈事件爆发。

1956 年,埃及收复苏伊士运河。第二次中东战争。

1957 年,苏联发射第一颗人造地球卫星。

1958 年,美国发射人造地球卫星。

1959 年,古巴革命胜利,卡斯特罗上台。

1960 年,民族独立的"非洲年",喀麦隆等近二十个非洲国家获得独立。

1960 年,石油输出国组织成立。

1961 年,越南战争爆发。

1961 年,刚果(利)总理卢蒙巴遇害。

1961 年,苏联发射第一颗载人宇宙飞船,加加林进入地球空间轨道。

1961 年,柏林墙建成。

1961 年,不结盟国家第一次首脑会议召开。

1962 年,古巴导弹危机。

1962 年,中、印边界武装冲突。

1962 年,加勒比海危机(古巴导弹事件)。

1963 年,非洲统一组织成立。

1963 年,美国总统肯尼迪被刺身亡。

1964 年,中国制造出第一颗原子弹。

1964 年,勃列日涅夫接替赫鲁晓夫担任苏共中央第一书记。

1965 年,美国扩大对越战争,局部战争开始。

1966 年,中国"文化大革命"开始。

1967 年,"欧洲共同体"形成。

1967 年,第三次中东战争。

1967 年,东南亚国家联盟成立。

1968 年,美国黑人运动领袖马丁·路德·金被刺身亡。

1968 年,法国发生"五月风暴"。

1968 年,"布拉格之春",苏军入侵捷克斯洛伐克。

1969 年,美国总统尼克松在关岛发表新亚洲政策(尼克松主义)。

1969 年,美发射宇宙飞船把人送上月球,人类第一次登月。

1970 年,勃兰特访问莫斯科,签订联邦德国—苏联条约。

1971 年,东巴基斯坦宣布独立,成立孟加拉国。

1971 年,苏、印和平友好条约签订。

1971年,中国恢复在联合国合法席位。
1972年,尼克松访华。
1972年,中、日两国邦交正常化。
1973年,第四次中东战争爆发。
1973—1977年,石油危机。
1975年,越战结束。越南、老挝、柬埔寨三国抗美战争获得胜利。
1975年,"欧安会"在赫尔辛基召开。
1978年,中共十一届三中全会召开。
1978年,越南军队入侵柬埔寨。
1979年,中、美正式建交。
1979年,撒切尔夫人成为英国历史上第一位女首相。
1979年,巴拿马收回运河主权。
1979年,伊朗爆发伊斯兰革命。
1979年,苏联入侵阿富汗。
1980年,伊拉克与伊朗爆发战争。
1981年,里根任美国第四十任总统。
1981年,埃及总统萨达特遇刺身亡。
1982年,发展中国家在新德里召开南南会议。
1982年,英阿(阿根廷)马尔维纳斯群岛武装冲突。
1982年,墨西哥宣布无力偿债,引发拉丁美洲债务危机。
1983年,美国启动"星球大战"计划。
1984年,英·甘地遇刺身亡。
1985年,戈尔巴乔夫当选为苏共中央总书记。
1985年,西欧17个国家举行会议,讨论法国提出的"尤里卡"计划。
1985年,南亚七国宣布成立南亚区域合作联盟。
1986年,欧共体12国分别在卢森堡和海牙签订《单一欧洲文件》。
1987年,苏共中央全会强调"民主化"和"公开性"。
1987年,纽约股价暴跌,随即扩及整个西方股市。
1988年,两伊战争结束。
1988年,巴勒斯坦宣布成立。
1989年,苏联从阿富汗撤军。

1989 年,民主德国开放柏林墙。
1989 年,亚太经合组织成立。
1990 年,戈尔巴乔夫当选第一任总统。
1990 年,德国统一。
1990 年,南非黑人领袖纳尔逊·曼德拉获释。
1991 年,海湾战争爆发。
1991 年,叶利钦当选俄罗斯联邦总统。
1991 年,华约军事机构解散。
1991 年,欧共体在荷兰马斯特里赫特举行首脑会议,签订《欧洲联盟条约》。
1991 年,苏联解体,独立国家联合体(独联体)成立。
1992 年,北美自由贸易区形成。
1992 年,波斯尼亚—黑塞哥维那宣布独立,波黑燃起战火。
1992 年,印度印度教徒与穆斯林冲突。
1993 年,巴勒斯坦与以色列相互承认。
1993 年,欧盟建立。
1994 年,卢旺达与布隆迪发生部族大屠杀。
1994 年,曼德拉当选南非首任黑人总统。
1995 年,瑞典、芬兰、奥地利加入欧盟,欧盟成员国增至 15 个。
1995 年,以色列总理拉宾被刺身亡。
1997 年,亚洲金融危机。
1997 年,香港回归中国。
1998 年,巴、以签署和平协议。
1999 年,澳门回归中国。
1999 年,北约空袭南联盟。
1999 年,欧元正式启动。
2001 年,"9.11"事件,美国遭恐怖主义袭击。

主要参考书目

齐世荣、廖学盛主编:《二十世纪的历史巨变》,学习出版社,2005年版。

马克垚主编:《世界文明史》下卷,北京大学出版社,2004年版。

徐天新主编:《世界通史·现代卷·当代卷》,人民出版社,1997年版。

〔美〕斯塔夫里亚诺斯著,吴象婴、梁赤民等译:《全球通史,从史前到21世纪》下,北京大学出版社,2005年版。

〔美〕帕尔默、科尔顿:《近现代世界史》下册,商务印书馆,1992年版。

〔英〕霍布斯鲍姆著,郑明萱译:《极端的年代》,上、下册,江苏人民出版社,1998年版。

罗荣渠:《现代化新论》,北京大学出版社,1991年版。

〔英〕马丁·吉尔伯特:《二十世纪史》,第1—3卷,陕西师范大学出版社,2001年版。

〔英〕莫瓦特主编:《新编剑桥世界近代史》第12卷,中国社会科学院世界史研究所译,中国社会科学出版社,1987年版。

〔美〕伯恩斯、拉尔夫著,罗经国等译:《世界文明史》第4卷,商务印书馆,1995年版。

〔英〕巴勒克拉夫著,张广勇、张宇宏译:《当代史导论》,上海社会科学出版社,1996年版。

〔美〕斯塔夫里亚诺斯著,迟越等译:《全球分裂,第三世界的历史进程》,商务印书馆,1994年版。

〔美〕亨廷顿著,周琪等译:《文明的冲突与世界秩序的重建》,新华出版社,1998年版。

〔美〕保罗·肯尼迪著,蒋葆英等译:《大国的兴衰》,中国经济出版社,1989年版。

王列、杨雪冬编译:《全球化与世界》,中央编译出版社,1998年版。

〔美〕查尔斯·库普乾著,潘忠歧译:《美国时代的终结》,上海人民出版社,2004年版。